ETHICS AND
PUBLIC POLICY

「正しい政策」がないならどうすべきか

政策のための哲学

Jonathan Wolff
ジョナサン・ウルフ［著］
大澤　津・原田健二朗［訳］

勁草書房

For my mother and in memory of my father

Authorised translation from English language edition published by Routledge, a member of the Taylor & Francis Group.

Japanese translation published by arrangement with Taylor & Francis Group through The English Agency (Japan) Ltd.

日本語版への序文

この本の日本語訳が企画されていると聞いたとき、それはとても嬉しいことであったとともに、驚きでもあった。著書の新たな読者を獲得することはいつでもすばらしいことだから、喜ぶのは当然だ。だが驚いたのは、この本を書いているとき、私はイギリス、もっと広くいっても英語圏以外で読者を獲得するとは予想していなかったからだ。この本はイギリスで起きた政策問題をベースにしており、多くの例や政策が他の国にはうまく当てはまらないかもしれないということを、私は自覚していた。しかし、私はひょっとすると間違っていたのかもしれない。国によってことの詳細には興味深い違いがあるのかもしれないが、この本で議論される問題は世界中で直面されているものであるのは事実だ。どんな国もギャンブルや快楽用薬物についての政策を持たなくてはならない。犯罪はどこにでもあるし、リスク、あるいは動物を科学の実験に使うことについての受け入れ可能なレベルの決定もされなくてはならない。保健制度、障碍、自由市場はわれわれすべての人生に影響している。これらの問題において争われている諸々の価値はどこでも似たものであるが、間違いなく異なった場所や時代で異なったバランスが達成されるだろう。そして、ある国にとって正しいと思われるものが他の国では誤りでさえあるか、少なくともずっと論争的であるかもしれない。この本で取り上げたすべての問題について、〔国と国の〕比較研究を行い、われわれがみな何を互いに学ぶことができるのかを知るのは、興味深い。日本人の著者がこのトピックについて本を書いたら、異なった例を選び、異なった結論にいたるだろうか。私は西洋にいるわれわれがそのような研究から多くのことを学べるだろうと確信する。しかし、比較のアプローチを行いうるためには、第一に背景にある問題と前提を明らかにせねばならない。そしてこれこそが、私が公共政策の問いと、政策に関するわれわれの道徳的なジレンマを生んでいる哲学的な思考をつなぐことによって、この本でしようとしたことだ。われわれは明快な解決を見つけられると望むかもしれないが、残念なことにこれはほとんどそうならない。簡単な答えなどなく、じっくり考え、反省することに代わるものなどない。だが、思考と研究によって、われわれは理解を大きく向上させることができる。

初めに、この本の方法は多くの読者が期待するものとは、おそらくとても異なるということを言っておくべきだろう。政治哲学と政策の問いをつなぐ一つの方法は、明確な正義の理論や共通善の説明を作り上げ、それが多くの政策課題についてもつ含意を示すことだ。明白な魅力にもかかわらず、序論で説明される理由によって、私はこのアプローチが成功するとは思っていない。たとえば、われわれが最初に議論を始めた正義や善の理論をすべての人が共有しているわけではないと知ったら、われわれはどうすればいいのだろう。むしろ私は、現実世界でわれわれが直面する政策問題から出発し、なぜそれらがわれわれにとって、今、このときに問題になっているのかを解明し理解しなくてはならないと思う。われわれは問題の核心に、ある種の価値の相克を見出すはずだ。そしてわれわれのするべきことは、相克を和らげたり解決したりする進歩はどのように可能かを知るために、もっているすべての資源――哲学だけでなく、歴史学、社会学、科学的証拠などありとあらゆるもの――を使うことだ。これはさまざまな哲学的理論や伝統に由来する諸価値に基づく、プラグマティックな妥協を導くかもしれない。伝統的な哲学の見地からは、これは不徹底だとか、非哲学的にさえ思われるかもしれない。対照的に、私はこれこそが本当の進歩を可能にする唯一の方法だと論ずるだろう。私が正しいかどうかは、読者の判断に委ねる。

私はこの日本語訳を可能にしてくれたすべての人に感謝したい。とくに、大澤津博士と原田健二朗博士だ。二人は自身の教育、研究、そして大学の行政からなる学者の一般的な生活とのバランスをとりながら、この翻訳をしてくれた。私は二人に非常に感謝している。

謝辞

本書は10年あるいはそれ以上の時間をかけて、ゆっくりと生まれた。それぞれの章はさまざまな形で、さまざまな人々に対して発表された。たとえば講義の中で、哲学会において、会議において、公開講演の形で、また専門家団体に対して。私は、そこでいただいた何百ものコメントや質問から多くのことを学んだ。ただ残念なことに、私の悪い癖の一つは、ほとんどノートを取らず（あるいはもし取ったとしても、それを探し出すことができず）、いつも記憶に頼っていることだ。もう一つの私の欠点は、記憶が思ったほど定かではないことだ。そのため私は多くの場合で、他の人から聞いたアイディアを組み入れてしまっているに違いない。もし読者のあなたが、本書で自分自身の考えを見つけたとするならば、私はあなたの助力にとても感謝している。もし見つけなかったとしても、とにかく読んでくれたことに感謝したい。とはいえ、まずもってお礼を言わなければならないのは、完成間近の原稿に貴重なコメントを寄せてくれたマーク・ハナムとカリーナ・フォーリー、そして完成版から二つ前の原稿に対して鋭い意見を寄せてくれた四人の出版閲読者に対してだ。これらすべての読者に対する私の応答によって、本書が改善されていることを望む。ラウトリッジ社のトニー・ブルースからの支援と励ましにも深く感謝したい。

出版のための最終稿を仕上げる少し前に、政治倫理に関する北欧ネットワーク（Nordic Network on Political Ethics）のキム・エンジェル、ベアテ・エルヴェバックとロバート・ヒューズビーが、オスロ大学でこの原稿に関する二日間のシンポジウムを開いてくれた。これを実現してくれた彼らに感謝したい。また、素晴らしい論文を報告し、私の多くの立場と議論の焦点と定式化を改善するのに役立つ貢献をしてくれた、トム・ブルックス、マーティン・オニール、エリ・ファイリング、ヒルデ・ナゲル、ハルヴァルド・フォスハイム、ジェイコブ・エルスター、レネ・ボマン＝ラーセンを始めとする参加者たちに感謝したい。索引の作成を手伝ってくれ、改善する上での有益な示唆を与えてくれたリ・サ・インにも深く感謝したい。

別々の機会に書かれた文章を集めた原稿を一冊の本に仕上げる作業のほとんどは、チャネル諸島のジャージー島のアン・ポートにある、フェルステッドと呼ばれる家のバルコニーで行われた。集中できないときに、私はそこで海や遠くのフランスの陸を眺めることができた。作業には何度もの夏を費やしたが、宿主であるブレイヴァリー家のジェーン、マイケル、アリス、グレースに大変感謝している。ブレイヴァリー一家、そしてジャージー島のマクドナルド家のリサ、サイモン、トッド、ルル、ジョス、マーサとグリーン家のジェーン、マーティン、メイヴ、ステラの非常に手厚いもてなしがなければ、本書はもっと早く仕上がっていただろう。

「正しい政策」がないならどうすべきか——政策のための哲学

目次

凡例

・本書はJonathan Wolff, *Ethics and Public Policy: A Philosophical Inquiry*（Routledge, 2011）の全訳である。但しNote on the chaptersは著者の了解のもと割愛した。
・原著にある明らかに誤りと思われる記述は、著者に確認の上、訂正して訳した。
・文中で重要と思われる語句や必要と判断した語句に関しては、直後に（　）を設け原著に使用されている表現を注記した。
・本書に引用された文献については、日本語訳があるものでも原則として新しく訳したが、ルソーの*Discourse on Inequality*については本田喜代治・平岡昇訳、『人間不平等起原論』（岩波文庫、１９７２年）を参照した。
・訳者によって補足した場所は〔　〕で明示した。
・訳注は番号を★で示し、傍注とした。

序論

電話にあるメッセージが入っていた。それは、内務省にある酒類・賭博・データ保護課という怪しげな響きのする部署にお電話をいただけませんか、というものだった。私は電話をかけてみると、驚いたことに、電話の相手はデータ保護について話したいわけではなかった。これをきっかけに、私は哲学者の視点が役に立つと思われた公共政策における問題に、初めて実践的に取り組むようになったのだ。このときの課題は賭博法の見直しについてだった。それ以来私は、鉄道の安全性、犯罪、殺人に関する法律、ドラッグの規制、動物実験、医療資源の分配、障碍者支援、サステイナビリティ、オーダーメイド医療に関するプロジェクトに携わってきた。いずれについても、私は主として興味があり有意義に感じたので参加することにした。さらに私は、やや尊大に言うと、政治哲学者は公共政策の問題に真剣に取り組む責任があり、国庫から給料を受け取っている人は、できる限りの貢献をする義務があるとも考えていた。また、哲学者はこうした政策分野のすべてについて、何らかの寄与ができるとも思われた。しかし、私が——少なくとも当初は——予想していなかったのは、こうした関わりがいずれも、哲学について何らかのことを教えてくれるということだ。

その例として、人間による動物の取り扱いに関する道徳性の問題に、私が最初に深く関わった際のことを述べさせてほしい。それは私が、ナフィールド生命倫理審議会に設置された、動物を扱う研究の倫理に関する調査委員会のメンバーだったときのことだ（その最終報告書はNCB 2005である）。調査委員会のメンバーの大多数は科学分野での経験をもっており、その一部の人々にとって、動物実験は何十年にもわたって日常的な科学実験の一部として行われていた。彼ら科学者の多くは、基礎研究のためであれ、新薬の効能や安全性をテストするためであれ、動物を用いる何らかの分野における専門家だった。われわれはみな最初に、自分の専門分野における現在の知見について、簡単な報告書を提出するよう求められた。私は動物をめぐる倫理的問題について研究したことはなかったが、道徳哲学者の資格で参加していたので、私の最初の仕事は、倫理的思考における「最新の知見」を説明する報告書を書くことだった。

そこで私は、哲学分野における主要な研究成果と、概説文献のいくつかを調べることにした（たとえば、Singer 1989, 1995, Carruthers 1992とDeGrazia 2002）。ひと目で分かったのは、最新の知見などというものは存在しないということだった。議論は分かれていた。一つの極端な議論によれば、現在、少なくともいくつかの、より複雑で発達した動物を食べ、実験に用いていることは、同じことを人間に対して行うのと原理的に変わりがない。よって、それは単に間違っているだけでなく、道徳的に恐るべきものであるという議論だった。これと対極に、娯楽のために闘鶏、クマいじめ、動物の虐待を行うことを、まったく道徳的に問題と考えないであろうような意見をもつ人々もいた。もちろん、このような結論をただちに主張しようとする人はいないだろうが。

そこで、私はまったく躊躇せず、意見の対立が存在することを報告した。それは科学者〔の委員〕たちが、現在行われている実験の一部をコンピュータ上の模擬実験に代えることの現実性や、魚が苦痛を感じる度合いといったことについて、意見の対立があると報告したのと同じである。しかし、私はこうした意見の対立のもとになったさまざまな見解を説明することについては、かなりはばかられた。というのは、哲学者は概して、現在の状況からはかけ離れすぎて、哲学者以外の人にとってはまったくとんでもないと思えるような見解を擁護しているように思えたからである。社会が、提示された意見をどれでも採用することができるなどという考えは、ほとんど馬鹿げている。控え目に言っても、〔哲学者が提示している〕さまざまな見解は、公共政策の観点からは不適切で、受け入れられにくいものだった。

これはショックだった。私は、道徳・政治哲学は公共政策を分析するために構築されており、基礎的な価値を探究し、それを理論や政策モデルに結合させていくものだと思っていた。また、そうした理論や政策は、適切な修正を経て、われわれの公的生活の道徳的質を向上させるための現実的なニーズを充たすことができるものだと思っていた。しかし、この通俗的な見方は一つの重要なポイントを見落としている。道徳哲学と政治哲学は、そもそも哲学の一分野である。そして、他の学問分野と異なり、哲学は、その発展の仕方によって、公共政策上の必要性とやや相性が悪くなっている。自然科学と社会科学の研究者は、他の研究者が関心をもったり有用と考えたりして、採用するような見解を提示することによって有名になる。〔しかし〕哲学における状況は、概してこれと逆だ。哲学者は、人を大きく驚かせ、腹立たしくさえ思わせる、そして安易な反論を許さない見解を提示することによって、有名になる。よ り逆説的であればあるほど、また常識から離れていればいるほど、よいのだ。哲学は意見の対立によって発展するのであり、意見の一致を強いられるプレッシャーはない。それどころか、意見の一致は議論を妨げるものであるため、無用とされる。学会や連続セミナーで、その集団を代表する共通見解を示すために、会議の議事録をとる人などいない。セミナーでは、参加者と同じくらい多くの異なった見解が示される。あるいは、古いジョークをもじって言えば、参加者の数よりも多い意見が出されることもある。しかしながら、公共政策においては、報告書が書かれ、勧告が出され、法律や政策が立案されねばならない。それは、自然科学と社会科学において、実用的な成果が求められるのと同じだ。実用的な成果において合意せねばならないという必要性は、意見の収斂を迫るプレッシャーになる。〔しかし〕哲学はこのようなプレッシャーの下になく、フロイト（Freud, S.）が別の文脈で述べた、「小異にこだわるナルシシズム（the narcissism of minor difference）」によって発展するのである（Freud 1963［1930］）。

哲学者たちが、大いに努力したとしても合意に達するのが困難なことを示す例として、１９１２年に出版された、『新実在論——哲学における共同研究』という著作ほど適切なものはない。これは、哲学における新しい実在論の学派を打ち立てようとした、六人の著名なアメリカ人哲学者による研究である（Holt 1912）。この本は、その副題が示すように、共同、協力という貴重な精神において執筆された。このプロジェクトの目的の一つは、著書の補遺において、「プログラムと第一方針」と呼ばれるもの——すなわちマニフェストのようなもの——を提示することだった。しかし、執筆者たちは他の人が起草した文言に賛同できなかったようで、そのためこの本は、一つではなく、各執筆者の手による、微妙に異なった六つのプログラムと第一方針が結論として示されている。（哲学における協力についてのこの失敗事例は、故バートン・ドレベン（Dreben, B.）によって教えられたものだ。）

哲学者はなかなか妥協できない。このことは、委員会での作業という場面においては問題かもしれない。しかし、それは大きな強みでもある。あらゆる知的探求の基礎にあるのは、理念と推論をそれ自体のために追求することである。純粋な哲学的省察、また他人にとっては荒唐無稽な考えに見えるかもしれないものの断固たる追求がなければ、知的な議論は平板で静態的なものになってしまうだろう。ここで重要なのは、哲学的推論を捨て去ってしまうことではまったくなく、それをどう公共政策と関係づけるかを探ることだ。われわれは、公共政策の文脈において生ずる道徳的問題にアプローチする方法が、次のようなものであるとつい考えてしまう。つまり、正しい道徳理論を定式化し、それが検討中の政策課題をどのように解決できるかを示すこと。そして、自らの道徳理論が正しく、それが政策上の難問を解決しうることを政策立案者に説得できると期待しつつ、自己の主張を擁護することだ。もちろん、こうした努力は公共政策を形成するために不可欠な要素である。しかし、これは概して、それほど議論の深化をもたらさないだろう。すでに極めて広範なコンセンサスが存在するのでなければ、道徳的議論がこのような〔大きな〕力をもつと想定するのは現実的でない。それどころか、さまざまな問題について、多くの異なった考えを擁護しようとする、極めて強い主張が存在するのである。すべてではないが、道徳的熟慮に基づいている――これは他の道徳的立場と衝突するかもしれない――主張もあるし、再選を目指そうとする政府の利益といった、強力な利害と結びついている主張もある。このため政府は、報道あるいは有権者の間で不人気になるかもしれないと危惧する問題を決定する力を、制約されると感じることもある。ある人の議論がもつ知的な力がどのようなものであろうとも、公共政策は純粋な理性の領域ではないということは受け入れられねばならない。そして、もし公共政策は純粋な理性の領域であるとしても、他人を説得せねばならないという課題は残るのだ。

公共政策の場における討議は、少なくとも三つの点で、抽象的な道徳的議論とは異なる。第一に、「不同意することに同意する」ための余地はほとんどない。つまり、何であれ政策が求められるのだ。第二に、現状維持を有利にするバイアスが不可避的に存在する。いつであっても何らかの公共政策が必要になるが、ほとんどの状況において、改革を主張するためのコストは、自覚的あるいは無自覚的に現行制度の維持を主張するコストよりも高い。第三に、ある道徳的見解が正しいあるいは説得的であるかどうかは、それが広く共有されているか、多くの人々がそれに我慢できるという意味で、少なくとも広く受容されているかどうかという問題に比べれば、二の次である。これは、いかなる主観主義や相対主義も是認するものではなく、むしろロールズ（Rawls, J.）が「判断の重荷（the burdens of judgement）」と呼んだものの現実的な帰結を受け入れることである。つまり、理性の自由な使用を前提にすれば、良心をもち合理的で、道徳的に思考する人々は、互いに異なる矛盾した判断をもつに至るだろうということだ（Rawls 1989）。もしそうであれば、ある見解が正しいとか間違っているとかということを証明できる見込みはほとんどない。広く受け入れてもらうことさえ困難なこともあるが、「あくまで」それが道理に適った希望であり、ほとんどの状況において、われわれが適切に望むことのできる最善のものである。

私は先に、公的生活においては、まずもって何らかの政策が必要になると指摘した。第二に指摘したのは、われわれは現在の状態から出発するということだ。第三には、物事を進展させるための最良の方法は、より多くの人を一致した見解に引き入れ、人々がその政策を支持する理由は異なるとしても、政策がより広く支持されるようにすることだと示唆した。この点で、ロールズの別の概念とのアナロジーを引き出す意味がある。それは、重なり合うコンセンサス（overlapping consensus）という概念だ（Rawls 1989）。ある公共政策を、異なった道徳的な前提に立ちつつも支持することは可能である。極めて単純な例を挙げれば、絶対的な道徳的条件を奉ずるカント主義者と、苦痛に対する快楽の差し引きを最大化しようとする功利主義者は、その深い相違にもかかわらず、何の意味もないのに無実の人を殺すことは間違っている、という点では意見が一致する。哲学的な相違がすべて、政策レベルでの相違をもたらすわけではないということを示す例は、もちろん他にもたくさんある。

殺人は分かりやすい例だ。しかし、いつも意見の一致が存在するわけではない。もし意見の一致がつねにあるなら、本書の問題関心を生んだ道徳的ディレンマは、そもそも生じなかっただろう。このような意見の不一致にかんがみて、われわれは先に次のように指摘した。つまり、応用倫理学あるいは公共政策の道徳性の問題を論じる研究者の中には、議論している問題を解決するために用いる道徳的な枠組みあるいは原理を、まずもって提示することから始める人々もいる、と。これをすることによって、彼らの研究は、それが倫理学の専門家が守るべき作法であるかのように、極めて厳密で、原則に基づいたものになる。私は、本書を通じてより明確にしていくが、これは立派な考えではあるが、最終的には成功しないと思う。われわれの価値観には多くの源泉があり、それはさまざまな哲学的、文化的、宗教的な伝統に由来する。拒絶されるべきものもあるし、改良されねばならないものもある。しかし、もしそれらがすべて、何かの競技のルールや幾何学の公理のように、整然と秩序づけられることがあるとすれば、それはほとんど奇跡だ。私の考えでは、倫理学は物理学よりも医学に似ている。理論的で技術的な知識は重要だ。しかし、その知識がすべて、明確で単純な原理によって示されたり、単一の完全に首尾一貫した枠組みに合致したりすることがあるとか、あらゆる問題を複雑なアルゴリズムによって解決することができるとかいったことを、あらかじめ想定しておかねばならない理由はない。

この点で、私が採用する全般的な方法論は、ジョエル・ファインバーグ（Feinberg, J.）が示している見解に似ている。ファインバーグは『他者に対する危害』という著作——これは刑事法の道徳的制約に関する、彼の四部作のうちの一作目である——の序論において、次のように述べている。「私はさまざまな場面で、ごく何気なく、現実の議論の中で普通に用いられるあらゆる種類の理由を、論拠としても ち出す。それは効率性や功利性から、公正、一貫性や人権までの、さまざまな理由だ。しかし私は、このうちの理由の一つを他の理由から導き出したり、それらをその基本的性格の度合いによって分類したりしない。……終わりから二番目の問題を進展させるために、最終的な問題が解決されるのを待つ必要はない」（Feinberg 1987, 18）。ファインバーグは、総合的で体系的、包括的な〔理論〕枠組みの可能性を疑っているわけではない。むしろ彼は、そうした枠組みは、自らが議論する問題を進展させるためには必要ないと指摘しているにすぎない。私はファインバーグの不可知論をさらに押し進めたい気持ちが非常にあるが、彼と同じく、当面はそうする必要はないだろう。

本書で採用する方法論について、別の側面も明らかにしておきたい。それは、私は批判する前に、できる限り理解することに努めるということだ。つまり、改革を唱える前に、一体なぜいまある政策が存在するのかを理解しようと努めることには意義があると思われる。いくつかの場合では、なぜある一連の政策が存在するのかを説明できるように構築されている、筋の通った道徳的議論の形式が見つかるかもしれない。何といっても、古来の知恵（wisdom of ages）という考えには一定の理がある。他方で、ジョン・スチュアート・ミル〔Mill, J.S.〕らが指摘したように、古来からの偏見もまた存在する。単に時代遅れの、あるいはそもそも是認されるべきではなかった価値体系の反映や、残滓であるような政策もあるかもしれない。しかし、歴史はなお重要である。歴史的状況に由来する問題（政策的失敗など）に対処するために、既存のさまざまな政策が寄せ集められるということがあるかもしれない。また、ある政策分野の歴史を知ることで、われわれは新しい提案にともなう落とし穴に対して敏感になることもできる。もちろん、なぜわれわれが現在の状態に至ったのかを説明しても、決してそれ自体が、現状を維持するための充分な正当性になるわけではない。しかし、それによってわれわれは、現行の政策が実現可能な最善のものである、と他の人々が考えた理由を理解し、ときとして、それを改善できるわずかな可能性を知ることもできる。

いま述べたことやその他の多くの点が、次章以降において例証されるだろう。本書の大部分は、別の目的のために書かれた文章に基づいており、いくつかの章は、他の機会ですでに発表された論文をもとにしている。私は公共政策に関する本を書こうと計画していたわけではない。むしろ、それを意識しないまま、半分までそうしていたのに気づいたのである。よって、ここで論じるトピックは、私が長い間考えてきたものであり、今日の人々の間で最も関心を呼んでいるトピックであるというわけではない。結果としてここでは、たとえば戦争、テロリズム、移民、気候変動については取り上げていない。しかしながら、本書はある固有の目的をもっている。その目的の一部は、当然ながら、哲学的推論を極めて重要な一連の政策的諸分野に適用することである。安全性や生命の価値といったいくつかの事例においては、専門家でない人々にとって、そのような〔哲学的〕議論が存在するということは自明ではないかもしれないのだが。しかし同時に、私はこの議論の中から、哲学に対するメッセージを引き出したいと思う。各章を通じて、われわれは、将来において他の政策分野に取り組む上での助けになる、さまざまな方法論的主張――主張は一つ以上になることもある――を行うことができるようになるだろう。したがって、本書の目的は、議論されているテーマに関する論争を紹介するだけでなく、読者に、より哲学的な知識に裏づけられつつも、ただし教条的でない形で、他の政策分野を考察するための素養を与えることでもある。よって、各章の最後では、方法論的な結論が強調される。そしてそれは最終章において集約され、そこでは、公共政策を形成するための哲学的思考の可能性について、いくつかのより一般的なポイントも述べることにする。

本書における各章は、目前に与えられた諸課題を考え抜こうとした私の試みを反映している。多くの場合、それらはさまざまな経歴をもつ他の人々との共同の討議のために提供したものであり、最終的な共同報告書は、ここで示される議論とはやや異なっている場合が多い。また本書は、哲学者が公共政策に関わりうる方法を網羅的に論じようとしたわけではないということも、ことわっておかねばならない。ここでは、新聞に投書したり、メディアに出演したり、圧力団体を設立したり、キャンペーンに資金援助したり、公職に選出されたりといったことは論じていない。それらはいずれも有益なもので、議論に値するだろう。〔しかし〕私のここでの関心は、哲学者が議論を通じて政策論争に関与しうる方法についてである。私の場合は、それは委員会での審議という形をとる場合が多いが、他の方法もありうるだろう。ただし私は、哲学者がなしうるのは議論すること（そしてさまざまな区別をし、曖昧さや複雑性を見極め、諸々の概念の間の論理的関係を考察することなど）だけである、と示唆しているとは思われたくない。もちろん、おそらくこれが、哲学者が哲学者としてしうることのすべてではあるのだが。また、私は哲学者だけがこうしたことができると主張したいわけでもない。他の分野の学者や公務員、法律、会計、ビジネス、ジャーナリズムなどに携わる人々も、哲学者と同様に、議論における曖昧さや誤りを指摘することはできる。哲学者としてのわれわれの優位点は、われわれがこれを、教育と研究の経験に裏づけられて行うということだ。哲学者は何世代にもわたって同じような問題と格闘してきたのであり、われわれの職業生活の多くは、哲学者がそれにどのように格闘してきたか、またそれをどうもっとうまくできるかを研究し、考察することに費やされる。もちろん、本書の議論には、そのような背景知識があるからといって、正しい答えへの早道が分かるわけではない、という議論も含まれる。しかしそのことは、公共政策における倫理的ディレンマを考察するための別の情報源を与えてくれるし、議論に多様な視点をもたらすのに役立つ。これについては最終章で再び触れることにする。

さらにことわっておかねばならないのは、私は哲学と公共政策を結びつけるための特定の方法を採用しないが、そのような見方をしたのは私が最初である、と主張しているわけではないということだ。むしろその逆である。本書は、道徳・政治哲学において台頭しつつある、ある思想系譜に連なっている。その系譜は、現実的な政治的・道徳的問題に対する、「最初に自分の理論を選択せよ」式のアプローチと呼ばれるものを拒否することを特徴としている。応用倫理学において、「トップダウン型」（あるいは理論主導の）アプローチと、「ボトムアップ型」（課題主導の）アプローチを区別することは、ますます一般的になりつつある。本書は当然ながら、ボトムアップ型の理論に寄与しようとするものだ。それは、まず、ある政策分野を十分に理解し、なぜその政策分野が道徳的な難問を生んでいるかを把握し、その次に、そうした難問やディレンマを、哲学的な議論と考察の形式に結びつける方法である。私がこのアプローチを最初に知ったのは、ジャネット・ラドクリフ・リチャーズ（Radcliffe Richards, J.）が、医学生に倫理学を教える方法との関連で述べていたときだと思う。いまでは、このような方向性をとる研究が次々と生まれており、『ジャーナル・オブ・アプライド・フィロソフィー（応用哲学雑誌）』といった雑誌に見出すことができる。この一般的な考え方を、政治哲学に即して適切に、また比較的に早く述べていたのはジョン・ダン（Dunn, J.）である。

政治理論の目的は、現実の苦境を診断し、それにどのように最善に対処できるかをわれわれに示すことである。そのためには、われわれは互いに異なる三つの能力を養う必要がある。第一は、われわれの生活の社会的、政治的、経済的な条件が現在どのような状態であるのか、またなぜそうなったのかを理解する能力である。第二に、どのようにわれわれが首尾一貫して、また正当に、あるべき世界の姿を望むことができるかを、自分自身で探求するための能力である。そして第三に、われわれはどの程度、どのような行動を通じて、またどのようなリスクの下で、現在の世界を望ましいと思える方向へ動かすことを現実的に期待しうるかを、判断する能力である（Dunn 1990, 193）。

コリン・ファレリー（Farrelly, C.）は、政治哲学における「理想的理論（ideal theory）」を批判する最近の著作において、このダンの意見に従っている（Farrelly 2007）。またアマルティア・セン（Sen, A.）は、近年の著作『正義のアイデア』（Sen 2009）において、このアプローチに向けたアジェンダをほぼ示している。ただし、『自由としての開発』（Sen 1999）といった彼の初期の著作の方が、このアプローチをおそらくより適切に示しているのだが。私の方法に影響を与えた他の著作については、次章以降で触れることにする。

本書はさまざまな読者層を想定している。たとえば、哲学的素養があり、公共政策についても考察してみたいと思っている人々や、政策に携わっていて、その政策分野において生ずる哲学的諸問題を考えてみたい人々だ。よって、私がどれだけの、またどのような背景知識を前提にできるかという問題はある。そこで私は、哲学的あるいは政策的問題を説明する別々のセクションや章を設けるのではなく、問題が登場するたびにそれをすべて説明して、問題を文脈において理解できるようにした。ある人にとっては議論が遅すぎる、また別の人にとっては速すぎるということもあるかもしれない。私はあらかじめお詫びしておきたいが、私はそれが問題であるとはまったく思わない。ということは、私は本当はまったく謝っていないのかもしれない。

第一章　動物実験

イントロダクション

　人間ではない動物たちを、人間はどのように扱うべきだろうか。この問いは「動物の権利」や、だいぶ違うものではあるが「動物の解放」などといったテーマの下でしばしば論じられる（たとえあなたが、厳密に考えて、動物は権利をもちうると思わないとしても、あなたは動物を解放したいと思うかもしれない）。これは、未来〔の人々〕から見れば、われわれの時代を特徴づけるような問いかもしれない。未来の人間たちは、肉を食べたり動物を科学の実験に使ったりするという現在の行為を、われわれが過去の奴隷制に感じるような恐怖感とともに、振り返ることになるのだろうか。実際、われわれが動物にしていることは、奴隷たちに対し、少なくとも日常的にされていたことに比べるなら、もっと酷いという見解もある。

　われわれについて、将来の世代がどう思うかを正確に予見できるようにはなりそうにない。だが、動物の扱い方に関する倫理的な問いへの正しいアプローチの仕方についてなら、われわれは見通しを得ようとすることができる。しかし、この章の終わり近くで暫定的な結論は出すものの、私のここでの主要な課題は、この問いについての特定の答えを支持するような議論を提供することではない。むしろ私は、人間以外の動物に対するわれわれの扱い方に関して、道徳的な問いへの標準的なアプローチの仕方は役に立たず、哲学的にも政策論の面からも、他のフレームワークの方がよっぽどうまくいきそうだということを論じたい。私の議論は、科学的な研究での動物の使用に焦点を当て、動物を食べることやスポーツとしての狩りといった他の行為についてはあまり触れない。

科学実験での動物の使用

哲学的な議論を始める前に、科学実験での動物の使用の詳細について、少し見ておくのが良いだろう。私の議論は、規制が世界で最も厳しいとときどき言われる、イギリスでの動物実験に着目する。とはいえ、同じような考察が他の国にもあてはまる。イギリスでの動物実験に関わる主要な法律は、1986年制定の動物（科学実験手続）法（Animals (Scientific Procedures) Act 1986）だ。毎年、内務省はその年に与えられた〔動物実験の〕ライセンスについての統計を出している。ライセンスを得ることがつねに必要なわけではないものの、内務省が説明するように、「この法の下では、あらゆる生きている脊椎動物、またはある種のタコ（マダコ）について行われる、その動物に痛みや苦痛、苦悶、または持続的な損傷を与えるようないかなる科学的行為も、ライセンスを要する規制された行為である」（Home Office 2009, 3）。イギリスでは、現行の議会制定法が施行されてから、大型類人猿（チンパンジー、ゴリラ、オランウータン）への実験について、ライセンスが与えられたことはない。

当局の見解では、研究の利益が〔動物に対する〕危害を上回り、動物実験が、必要とされる情報を得ることができる唯一の実行可能な方法である場合にのみ、ライセンスが与えられる。これは、明らかで直接的な実用性をもたない「基礎的な」科学的研究を排除することを意図してはいない。だが、実験が人間や動物の福利への最終的利益をもたらす可能性のある科学的な事業に寄与する見込みが、少なくともなくてはならない。実験や他の認可された行為は、軽度、中度、重度、等級なし、の四つの等級に分けられる。等級なしとは、たとえば、実験中ずっと動物が意識を失ったままで、決してそれを回復することがない実験のように、動物がいかなる痛みも経験しないものだ（このようなケースについては、後でより詳しく取り上げる）。軽度、中度、重度は、〔実験に〕含まれる痛みや苦痛の程度についてのものである。これらの〔等級間の〕境界についての現実適用上の定義を得ることは、おそらくは不可能な課題なので、ある特定の実験の行為がどのように分類されるかは一般的に判断と経験の問題になる。重度と判断される実験にライセンスが与えられることは比較的まれで、ほとんどのライセンスは中度のものに与えられている。

しかし、〔実験に〕使用される動物の数の多さにはおそらく驚かされるだろう。2008年には、三七〇万件の実験に対してライセンスが与えられた。これはその前年の約三二〇万件からは増加しているが、五〇〇万件を超えていた1970年代のピーク時に比べて、かなり減少している。使われる動物のほとんどは、ネズミ、クマネズミ、魚で、それに一万一千を超える犬やネコ、人間以外の霊長類が加わる。獣医学に関する実験では、ブタや七面鳥、他の家畜類も使用された。多くの種類の実験が行われたが、動物はとりわけ薬の発見やテストのための実験に使われた。初期の段階で、特定の物質――通常は化合物――の効果を立証するために、動物が用いられる。これらの化合物は実験室で作られたものか、たいていは熱帯雨林、果ては海底まで含むような自然の資源から引き出されたものであることが多い。生物進化のことを考えれば、自然が健康を守る働きのある化合物の素晴らしい源泉と考えられることは、おそらく驚くにあたらない。ひとたび望ましい効果が発見され、十分に立証されると、その物質を人間にテストする前に、化合物が安全か、あるいは不利益となる副作用をもつかを知るために、それをテストするのが次の段階だ。

科学目的の動物使用は、とりわけ解剖の分野で長い歴史をもっている。じつに、17世紀の哲学者デカルト（Descartes, R.）は彼の著述の中で、人体解剖学についての理解を深めるために、動物解剖に極めて熱心であることを明らかにしている（Descartes 1985［1637］）。デカルトはもしかすると生体解剖――生きている動物に対する実験――すらしていたのかもしれない。生体解剖は18世紀、19世紀にはさらに一般化し、かなりの反発と動揺を呼び起こし始めた。われわれがいま見ているような大規模な実験は、エーテルとクロロフォルムで麻酔をされた動物を使うようになる20世紀に始まったにすぎない。研究での動物の使用は、つねに反発を招いてきた――それはますます強固で声高になり、じつに、ときには暴力をともなうほどの活発さになってきている（NCB 2005）。また、どの程度動物実験がされているのかということについてもつねに明らかにされているわけではない。たとえば、あなたが心臓病やがんの研究のための募金箱にお金を入れたならば、あなたの寄付したお金が動物実験に使われる可能性は高い。実際、生体解剖に反対するチャリティーを支援している人々は、他のチャリティーを支援することにより、知らず知らずのうちに、まさに彼らが禁止したい仕事〔生体解剖実験〕を支援してしまっているかもしれない。われわれはナフィールド審議会のためにデータを集める中で、動物実験の最も強固な支持者に、重病の治療法を必死に探している学会や慈善団体がいることを知った。

道徳哲学と政策論争——動物実験

この本の序論で、私は、哲学的議論によって動物実験に関する公共政策に影響を与えようとする際に生じる、いくつかの難題について言及した。哲学者たちは彼らの間で根本的な意見の対立を抱えており、そしてしばしば、彼らの見解が指示するところが現在実際に行われていることからかけ離れたものであるので、哲学的議論は、それ自体としては、政策をめぐる実践的な議論に関しては、ほとんど意味をもたないものとして扱われるだろう。しかし私は、〔政策論争をめぐる〕知的な環境の変化に哲学者たちがもちうる影響力を、ないがしろにしたいわけではまったくない。たとえば、ピーター・シンガー（Singer, P.）の「動物の解放（animal liberation）」のための議論は、これらの〔動物実験をめぐる〕問いの考察と議論のあり方に大きな影響を与えた。そしてシンガーや他の人々の努力の結果として、極めて重要な変化が起きたのである。ただ単に研究者たちの好奇心を満たすためだけの、とてつもない損傷や苦しみを〔動物に〕与える多くの種類の実験は、１９６０年代と70年代には当たり前と思われていたが、いまは非合法である。しかし、最悪の虐待のいくつかはもはやなくなったとはいえ、動物がいまや解放されたとか、世界がそれに向かって進みつつあるとか言うことはできない。これは、哲学者たちが政策の実践的な分野で、より大きな影響力をいかにもちうるのか、あるいは一体全体、影響力をもちうるのか、という問いを呼び起こす。

さらに話を先に進める前にはっきりさせておくべき、第二の背景となる問題もある。動物を使った研究の倫理に関する議論では、二つの個別だが混ざり合った問いが区別される必要があるのだ。第一に、人間に関する発見をするために、動物実験は有用な方法なのか、という科学的な問いだ。動物で示されたモデルは「役に立つ」のだろうか。ある批判者たちは、それはうまくいかないという。もし、チョコレートの安全性をビーグル犬で試したなら、それは決して市場に出回らなかっただろうといわれている。チョコレート・チョコレートをひと箱も食べれば、ビーグル犬は死んでしまうかもしれない。他の批判者たちは、もっと微妙な見解を取る。ある研究者は、「私はクマネズミが感じる痛みについては非常によく知っているが、人間が感じる痛みについてはどの程度知っているのかは分からない」と私に言った。だから、動物実験の科学の有効性についての科学的な議論がなされるべきなのだ。

しかし、明確に定義された動物実験はわれわれにたくさんのことを教えてくれるのだが、それでもそれは道徳的に間違っている、と信じることも可能だ。結局、われわれは大変有益な情報をもたらすような多くの人体実験——ニュルンベルクの裁判にかけられたナチスの科学者たちはそのいくつかを行った——を想像することができる。だが、それがどんなにわれわれの知識を増やすだろうとしても、嫌がっている被験者にこの類の実験を行うのは間違っているだろうと、われわれのほとんどは強く思うだろう。実際、たとえナチスの実験によって得られた情報から重要な利益を得られるであろうとしても、それを使うのは間違いであると考える人々もいる（Moe 1984）。しかし、大事なポイントというのは、たとえ動物実験が有効であったとしても、このことはそれら〔動物実験〕は認められるべきであるかという道徳的な問題を解決しないことにある。だが逆に、極めて極端な見解だが、〔動物〕実験は役に立たないということが証明されてしまえば、それは〔動物〕実験は科学的に欠陥があるということのみならず、道徳的にも誤っているということを示すのに十分だろう。よって、実験の有効性についての議論は、それ自体では、実験は間違っているということを示すことができるだけで、それが正しいということを示しえない。違うタイプの実証的証拠、たとえば痛みを感じる能力についての証拠はもちろん重大な含意をもつかもしれないが。

標準的なアプローチ——道徳的なコミュニティを定義する

道徳的に適切な動物の扱いについて議論を進めていくための一つの一般的な方法は、人間についての何が、われわれを「道徳的な〔扱いを要求できる〕コミュニティのメンバー」にするのかを定義し、そしてそのことが——それが何であれ——少なくとも何らかの動物についても言えることであるかを探求することである。ここで、この問題をたちどころに解決するだろうある明快な提案がある。それは、「人間であること」が決定的に道徳的な意味のある特徴であり、そしてこのことが、なぜすべての人間が、そして人間だけが道徳的コミュニティのメンバーであるのかを説明するだろう、というものである。このような考え方は、「人間は動物よりも大事であるのは明らかである」というよく聞く考えと共鳴している。しかし、この主張の仕方は、「男性の方が女性より重要なのは明らかだ」とか「白人は黒人より重要である」といった、以前聞かれた主張とうさんくさいほど似通っている。もちろんこれらは現在、道徳的に明確なことの表明というよりは、性差別主義や人種差別の表明ととらえられており、いまの〔動物実験の〕文脈では、同じような〔道徳的問題〕点を指摘するために、「種差別（speciesism）」という語も作られている（Ryder 1975; Singer 1995）。実際には、ここでの課題は、どうして人間であることがそんなに重要なのかを明らかにすることにあるのだ。人間がもっていながら、少なくとも〔他の〕一部の動物にはない、道徳的に重要な特徴というものがあるのだろうか。その場合には、それらの動物を排除するように、道徳的コミュニティの境界線を引くことが正当化され、われわれは〔それらを〕食べ、狩り、実験の対象にする――言い換えればわれわれが人間に対してであれば絶対にしないような仕方で扱う――ことになる。この見方では、「人間である」という特徴は十分ではない。ある種の一員であるということは、それ自体では道徳的に意味がないのである。

そこで、われわれはなぜ人間が道徳的に特別なのかを説明する、何らかの根本的な特徴を探す必要がある。先取りしていえば、道徳哲学者たちによって提案された見込みある候補には、感覚（sentience）、自律（autonomy）、善の観念をもつこと（possession of a conception of the good）、発展開花する潜在能力（capability to flourish）、社会性（sociability）、生命をもつこと（possession of a life）、などがある。これらはみな、人間が一般にもち、また多かれ少なかれ、動物ももっている特徴だ。そこで、われわれの問いはこれらの特徴のうちのいずれかが、道徳的コミュニティのメンバーシップのための判断基準となりうるか、というものだ。ただちに生じる困難をジョン・ロールズが指摘した。一見、これらの特徴の多くには程度の差があるが、道徳的コミュニティの問題となる限りでは、あなたはそれのメンバーであるか、そうでないか〔という二者択一の問題〕になりそうである。そこでロールズは、彼が「領域的特徴(range property)」と呼んだものが必要だと論じたのだ。つまり、あなたがそれをもつかもたないかでしかないような〔白黒はっきりつく〕ものだ。ロールズの〔この件についての〕例は、平面上の点が、「円の中にある」かどうか、というものだった。もちろん、ある点は他の点よりも、円の中心に近いかもしれないが、しかしこれは円の「より内側」にある、ということと同じではない。〔円周を形作る点を無視するとすれば、〕点は円の内側にあるか、外側にあるかでしかない。同様に、道徳的コミュニティの境界線を引こうとしている現在の文脈では、われわれは、それがあるかないかでしかないような〔程度を考慮する必要のない〕特徴を必要とするだろう(Rawls 1971, 508)。

先のリストの冒頭に提案されていたのは、喜びや苦しみを経験したり感じたりする能力として理解されるべき「感覚」だった。おそらく、これは領域的特徴だろう。もちろん、ある生物は苦痛や快楽のさまざまなレベルや強さを感じる能力をもっているかもしれないが、ある個体について、その能力をもつかもたないかのどちらかだと想定することは、突拍子もないことではない。ジェレミー・ベンサム(Bentham, J.)の言うように、「問題は彼らが話したり理性的に思考したりできるか、ではなく、彼らが苦痛を感じることができるかどうかである」(Bentham 1996 [1781], 283)。しかし、このアプローチには、道徳的コミュニティの境界線の問題については、かなり決まりの悪い答えを与えるという問題があることがよく知られている。この見方によれば、程度の差こそあれ、神経系をもつあらゆる生物は道徳的コミュニティのメンバーである。じつに、先ほど述べたイギリスの〔動物実験についての〕規則には、この考えが興味深く反映されている。先に見たとおり、すべての脊椎動物とマダコへの実験には、ライセンスが必要となる。おそらく、このことを正当化するのは、このような生物が苦痛を感じるとても明白な能力をもっているということをわれわれが知っているということである。しかし、苦痛を感じる能力がある生物を道徳的コミュニティに加入させるとする立場がもつ、一つの明確でかなり問題となる帰結は、少数の人々を〔道徳的コミュニティから〕排除してしまう、ということである。つまり、極めて機能の損なわれた神経系をもったり、永久に続くこん睡状態にあったりする人々だ（ひょっとしたら、これらの人々も別の仕方で苦痛を感じているものと見なされうるかもしれないが）。

感覚能力を道徳的コミュニティへの参加の基礎として受け入れることに大賛成の人もいるかもしれないが、われわれはそうすることがもたらす極めて急進的な帰結については自覚すべきだ。それは、人間としての地位には、道徳的に特別なものは何もないということだ。このことは、われわれの現在の動物の取り扱いについて反対する多くの人々には、もちろん歓迎されるだろう。だが、このような見方のもつさらなる含意については、それほど定かでもない。しばしばそれは、動物は権利をもつということを含意すると考えられている。もし人間が権利をもち、人間と他の感覚をもつ動物に道徳的な違いがないのであれば、そのような動物もまた権利をもたなくてはならないことがその根拠となる。われわれが見たように、感覚能力こそが重要であるという見解を擁護したベンサムは、同じほど有名な話として、いかなる実質的意味においてであれ、人間は権利をもつということを否定したのだ（Bentham 1987［1796］）。ベンサムにとって、感覚に基づいて道徳的コミュニティの境界線を引くということの帰結とは、他の動物たちが、権利ではなく、功利計算上人間と同じ重みをもつということだったのである。おそらくこの理由から、現代の功利主義者であるピーター・シンガーは、自らの本を『動物の権利

（*Animal Rights*）』ではなく『動物の解放（*Animal Liberation*）』と名づけたのだろう。

権利と功利合算の対立という問題についてはまた後程見ることにしよう。さしあたっては、道徳的コミュニティの境界線を引く上での、第二のアプローチを見ていくことにしよう。それは、道徳思想の中でもよりカント的伝統に基づいたものである。それにはいろいろなバリエーションがある。しかしどれをとっても、自律や意志または自由のようなものを道徳的コミュニティの加入条件となる特徴としている。そしてそれらは自身の考えを反省する能力をおそらくは含むような、何らかの高いレベルの認知機能であるか、それに基づいたものだ。したがって、それは道徳的コミュニティの境界線を、感覚能力のアプローチよりももっとずっと厳密に引き、ほとんどの――すべてではないが――人間ではない動物は排除されることになる。多分、大型の類人猿やイルカは入れられるだろうが、それ以外は入らないだろう。

われわれが動物を食べたり、実験したりし続けることが許される仕方で境界線引きが行われることに、多くの人は満足するかもしれない。しかし、われわれを立ち止まらせるであろう、よく知られた二つの帰結が直ちに指摘できる。第一に、高いレベルの認知能力をもたない生き物たちがそこで道徳的コミュニティから排除されてしまう。するとこのことから、彼らは、命なきモノ以上の関心を呼ばないのだということになるだろう。そうであれば、動物たちは、われわれが植物や金属鉱石などを扱うのと同じように、すなわち彼ら自身の福祉や利益にまったく関心が向けられることなく扱われうる、ということになるだろう。これはカント的見解がもたらす評判の悪い結末である。カント（Kant, I.）自身の応答というのは、われわれは動物を、自分自身の道徳的な地位を汚すことのないよう、自己への関心から適切に扱うべきであるというものであった（Kant 1997, 212）。しかしこれは、まさに話をあべこべにしているだけに思われる。もし、動物たちをひどく扱うこと〔自体が〕が何らかの意味で間違っていないというなら、なぜ彼らをそのように扱うことがわれわれの人間性を損なうことになるのかまったく明らかでない〔からだ〕。

もう一つの明白な問題は、ちょうど感覚能力に基づくアプローチと同じように、一部の人々もまた排除されてしまうかもしれないということである。だが、このケースでは、問題はもっとずっと深刻である。赤ん坊や、深刻な学習障碍をもつ大人、認知症を患う人々も排除されてしまうだろう。赤ん坊は、潜在的に得られるはずの道徳的地位によって、ひょっとすると救い出せるかもしれないが、他の分類の人々についてはさらに問題は根深い。

そこで、社会性や生命の所有などの他の特徴が、道徳的コミュニティのメンバーシップの、ありうる基礎として提案されてきた。しかし、これらの一つひとつを見ていかなくても、このうちのいずれからも、われわれは（多くの）人間でない動物に道徳的関心を寄せねばならないものの、（これらのすべての）動物を人間と同様に扱う必要はない、という「常識的な」立場を生み出すことはできそうにない、ということを指摘できる。もし、われわれが動物を食べるために殺すことが正当化されるとしても、彼らがどのように飼育されるか、または扱われるかについてわれわれはまったく関心をもつ必要がないと考える者は少ない。だが、われわれが考察しているアプローチでは、もしわれわれが「領域的」特徴に基づいて考えるなら、ありていに言ってしまえば、あなたは〔道徳的コミュニティの〕中にいるか外にいるかなのだ。だから、われわれは動物たちに、〔尊重を要求するような〕何かを負っているが、それは人間に対するものとは異なる、という常識的な立場は、支持されえないのである。「道徳的コミュニティ」アプローチでは、われわれは動物たちを人間と同じように扱うべきであるか、われわれは彼らに対してまったく何の道徳的義務ももたないかのどちらかである。このように、哲学的な議論が非常に二極化してしまっているという事実は、なぜ哲学者たちの見解が、哲学者たちが概して考える以上に複雑な構造をもってしまったような現在の政策や規制に、こんなに不手際な対応しかできないのかという問題の核心となるものだ。これはもちろん、公共政策は正しくて哲学的理論は誤っているという議論ではありえない。だが、ここから先に話を進める前に、少なくとも、常識的な見解の背後にある、道徳的な前提を理解するように努めるべきだろう。

別のアプローチ——道徳的に意味のある特徴

以上の見方への明らかな代替案は、われわれが領域的特徴を必要とすることを否定して、道徳的コミュニティのメンバーシップは、程度の問題だとすることだ。多分、われわれはたとえば人間のような生物を、他の、たとえばネズミのような生物とは異なった方法で扱い、そしてさらに〔ネズミが〕アリと異なった仕方で扱われるべきなのはなぜかを説明する、何らかの「スライディング・スケール（sliding-scale、計算尺）」となる特徴を見つける必要がある。私が思うに、この考えには見るべきところがあるが、このような表明の仕方はミスリーディングだと思う。第一に、「道徳的コミュニティ」という考えは役に立たず、捨て去られるべきだろう。これは、われわれが見たように、あなたが入るか入らないかという、足切りのポイントを含意する。だが、ひとたび〔ある特徴に関する程度を測る〕スライディング・スケール、つまりは連続した指標が採用されれば、われわれが何らかの方法で規制しなくてはならないような境界線がある、とすら考える理由がなくなると思われるのだ。

第二に、道徳的義務の源泉を単一の「スライディング・スケール」となる特徴で説明すべきだ、という前提は、より複雑な説明を生み出そうとする際には、おそらく誤った方法である。このことは、われわれがすでに取り上げた、感覚能力、自律または高度な認知機能、善の観念の所有、発展開花する潜在能力、社会性、生命の所有、などといった特徴を再び振り返ってみればわかる。さて確かに、これらのうちのいくつかはスライディング・スケールを与える特徴になりうるだろう。しかし、そのようにして一つの特徴を本質的な特徴として取り上げることは、他の特徴を道徳的にまったく無関係なものとして取り扱うべきだ、ということを言っているようなものだと思われる。だが、これは正当化しがたいだろう。例として、感覚能力を考えてみよう。ひとたびわれわれが、ある生き物が痛みを感じることができると知ったならば、それをどのように扱うかを考える際に、そのことを考慮することが道徳的義務であると、どうして感じないでいられるだろうか。私はこのことのみが、痛みを加えることに対する絶対的な禁止を正当化すると示唆しているのではない。むしろ、たとえある生物に対する実験を正当化する理由が見つかるとしても、それが痛みを感じることができるという事実を単に無視してしまうことは、非人間的で冷酷なのではないかと言いたいのだ。

痛みを考慮しなくてはいけないということに合意したならば、これで事足りた、と結論してしまうのは大変奇妙に思われるかもしれない。われわれは意味のある特徴を発見しました、はい、これでおしまいと結論するのもおかしいだろう。ある種の動物たちは高度の認知能力をもちうるし、本能的に群れの中で生きようとするかもしれない。彼らに対して、どのように〔われわれが〕ふるまうべきかを決めるときに、生物についてのこのような事実を無視するのは、やはり、端的に言って誤っていると思われる。そして、ここでもまた、ある動物が高い認知能力をもっているとか、それが群れで生きるとかいう前提から、われわれはそれを人間を扱うのと同じ仕方で扱わなければならない、という結論を導くべきだと、私は思っているのではない。むしろ、結論はもっとぼやけたものだ。つまり、われわれが動物をどのように扱うかという課題に取り組むにあたっては、それについてのこのような事実を考慮に入れなければならないのである。これはもちろん、その動物をわれわれが人間に対して示すのと同じ敬意をもって扱うことや、もっと控えめな形では、それを特殊な環境に住まわせたり、それが特殊な刺激を受けたりすることができるようにしてやったりするということを意味しうる。そこで、重要なことは、生物のある特定の特徴に対して、ある特定の取り扱い方に対する関心をマッチさせることができる、ということである。ある生物が痛みを感じることができるという事実は、それに痛みを生じさせる恐れがあるような取り扱い方にだけ関係がある。ある生物が生まれながらに社会性をもっているという事実は、社会性が関係してくる問題にだけ関わりがある。それはおそらく、その生物がどのように管理されるか、また、それがいなくなったり苦痛を味わっていたりすると、他の生物がどのような影響を受けるであろうかといった問題である。

言い換えれば、道徳的なコミュニティのメンバーシップの規約を定め、そしてメンバーシップがその規約に基づいた完全な道徳的関心をもたらすと想定するのではなく、われわれは別のアプローチをとることもできるのだ。われわれはむしろ、世界の極めて多様な事物は、道徳的に関心事となるような特徴をもっている、と言うこともできる。これらの事物は人間も動物も含み、ここでのわれわれの直接の関心事ではないが、植物や山や川といったものまで含むかもしれない。しかし重要なことは、道徳的な主体は、これらの事物を取り扱う際に、すべての道徳的に意味のある特徴を考慮に入れる義務がある、ということだ。道徳的に意味のある特徴のパッチワークは、問題となるかもしれない取り扱い方のパッチワークを生む。単一の「スライディング・スケール」となる特徴があるというのではなく、生物は道徳的に意味のある特徴において異なるのであれば、スライディング・スケールに似た何かが生み出されるということを、われわれは見て取ることができる。それはスムーズな目盛ではないだろうが、異なったタイプの動物の間の、原理的な差異を含むだろう。たとえば類人猿やイルカは、たとえば犬やウサギなどよりも、より実質的な道徳的に意味のある特徴をもっていると十分に思われ、このことはイギリスや他のいくつかの国で、政策の問題としてそれらが現在いかに扱われているかということと関係するだろう。だが、ある生物は他の生物よりもある点で「より高次」でありながら、他の側面で「より低次」でありうる。重要なことは、生物学的なリーグ・テーブルを作ることではなく、われわれが動物を扱う際に、彼らの道徳的に意味のある特徴のすべてを真剣に考慮に入れるようにすることである。

どの特徴が道徳的に意味があるのかという問題については、多少の議論が生じうるが、後で触れる大変重要な一つの例外を除けば、これらはかなり小規模の論争だけしか起こさないだろう。だが、これらの特徴がどのように考慮されるべきかということは、より一層合意しがたい問題となるだろう。じつに、これこそが問題の焦点であり、ここでこそ、われわれの動物の取り扱いに関する倫理をめぐる論議を引き起こす現実的な問題を、われわれはモデル化し、理解することができるのである。

哲学的な対立を理解する

ここまでの論議の役目というのは、じつに、動物の倫理についての標準的な哲学的議論は、ある意味で行き詰まりに来てしまっている、ということを示すことだった。その〔動物の取り扱いに関する倫理的な〕問題を、どのような特徴をもつことが、ある生物に道徳的コミュニティへのパスポートを与えるのかという形で問うことによって、哲学者は文字通り信じがたい帰結を背負い込むこととなった。もし、〔道徳的コミュニティへの加入〕条件が、感覚〔をもつこと〕であれば、人間は神経系をもつすべての動物たちと道徳的に完全に同等である。もし、その条件が高い認知能力であれば、多くの動物について、少なくともこれらの動物を慮る必要はなく、許される扱い方には何の道徳的制限もなくなる（これは、そのように〔動物に対して無制限に〕ふるまうことによって、われわれは自分たちを貶めることになるという人間中心の反論とは区別される）。私の提案というのは、むしろ、あらゆる特徴が道徳的に意味あるものであり、すべてが考慮されるべきであるというものである。だが、このことはそれらがどのように考慮されるべきかは説明しないし、そして先に述べたように、ここでこそ——〔動物取り扱いの倫理の〕議論の参加者たちがそうは考えないかもしれないとしても——われわれは現在の議論の核心にたどり着くことになるのである。

〔動物たちの〕特徴がどのようにさまざまな方法で考慮されうるか、という問いの有効性を知るために、たとえば、ピーター・シンガーの仕事から人々がどのようにインスピレーションを得てきたのかを考えてみよう。シンガーは、動物たちは人間と同じように痛みを感じることができるので、人間と同じ道徳的配慮をもって扱われるべきだと論じる。『動物の解放』というシンガーの本は、しばしば「動物の権利運動のバイブル」と言われる。しかし、先に指摘したように、シンガーの本は『動物の権利』という題名ではない。人間と動物が同じように扱われるべきだ、と言うことは、そのような取り扱いが何であるべきかを言うことと同じではない。ある人がシンガーの本を読んで、われわれは人間を食べるのを始めるべきであるとか、非常に有害な実験を彼ら〔人間〕に対して行うべきである、と結論することもあるかもしれない。シンガーが動物の権利の擁護を提供したと思う人は、もしある生物が痛みを感じることができるのであれば、おそらくその生物の利益にならない限り、その生物に痛みを与えてはならない、あるいは痛みを与えることを認めてはならない、という絶対的な道徳的要求がある、と論じているようである。

これは極めて強い結論である。もしすべての動物が平等であるとしても、すべての痛みが同等というわけではない。われわれはときどき、より大きな便益のために、避けうる痛みや、少なくとも不快感を人間に与えることを認める。群衆整理の仕方はしばしば極めて不快だし、状況によっては、たとえば狭い場所に立つようなことは、苦痛になりうる。だが、もし緊急事態が起こり、警察が人々を狭い場所に囲い入れてスペースを空ける必要があるときには、このような〔苦痛のある〕ことを、われわれはときとして人々に無理やり要求するかもしれない。だが、このことは脇に置くとしても、主要な論点とは、シンガーと動物の権利の活動家がともに、痛みを感じる能力は道徳的に重要な特徴であり、われわれがどのように生物を扱うかということについては、それが引き起こしうる痛みを考慮するべきだということに合意することができるとしても、彼らはこの能力をもつことがもたらす道徳的な帰結については合意していないということである。動物の権利の理論家たちは、この特徴をもつことが痛みを引き起こす行為の絶対的禁止を正当化する十分な理由であると論じるが、他方でシンガーは、帰結主義者として違った意見を取るに違いない。もちろん痛みは帰結主義者の物差しの中でも測られなくてはならないが、それはいつでも他の要素より重要性において上回るべきであると考える理由はない。

そこで問題は、道徳的に意味のあるそれぞれの特徴がどのように考慮されるべきかということであり、そしてその〔考慮の方法の〕主要な候補は、それら〔の特徴〕が考えられる〔動物の〕取り扱い方法について、絶対的禁止を課するものとするか、または、それらは、より大きな痛みの防止のような他の要素と比べて測られ、バランスを取られるような特徴にすぎない、としてしまうかのいずれかである。明らかに、道徳的に意味のある特徴を、絶対的（または絶対に近いものであれ）禁止を課すものとして取り扱うことは、その特徴の持ち主はそれを侵害されない権利をもつという考えにとても近い。すべての理論家がこの結論を引き出したいと思うかは彼らの権利の理論によるが、ここでわれわれがそれに時間をかける必要はない。対照的に、ある特徴を、絶対的禁止を課すというより、考慮されるべき何ものかとして扱うことは、それは天秤にはかけられるものの、他の考慮によって覆されてしまうこともありうる、という考えに親和的と思われる。たとえば、他の条件が同じなら、われわれはいかなる生物についてであれ、軽度の不安を与えるべきではないが、重大な医学上の進展という潜在的利益に比して考慮されたときには、帰結主義的な計算は、その不安を認めることを支持するものとなるかもしれない。もちろん、その計算は逆の方に行くかもしれない。たいていのものは、害と利益の可能性や、さまざまな要素について与えられた特定の重要性によるだろう。それについては、実際のケースの詳細を検討してみると、同じ「〔現実からは距離のある〕高次の」理論を受け入れている理論家たちであっても見解が一致しないかもしれない。

道徳的な要素が考慮されうるさまざまな方法を説明するには、現在のイギリスの動物実験に関する規制の道徳的根拠を探求するのみならず、人間を対象にした実験についても含むように議論を広げるのがよい。他の多くの国と同様に、規制の枠組みは一見して、推論の組み合わせに依っている。人間を対象とする実験のルールとは、誰であれ、その人の同意なくしては、危害をもたらしうるいかなる介入も受けるべきではない、というものだ。医療行為や医学の研究、また人間を扱うその他の研究での「インフォームド・コンセント」という考えに対する尊重は、このアイデアがいかに一般的に重要であるかを示している。たとえば、現在、〔人を〕騙すことを含むような人間に対するいかなる実験についても、倫理上の承認を得ることはほとんど不可能であり、それゆえ、社会心理学やその他の分野でのさまざまな研究は極めて問題のあるものとなっている。たとえば、実験対象者たちが、他の人に〔実験中に〕極めて重度の、死に至ることすらあるような電気ショックを与えていると信じ込まされるような、「権威への服従」に関するミルグラム（Milgram, S.）の有名な実験を行こうとはもはや不可能だろう（Milgram 1974）。現代社会心理学の今日の基礎にある実験の多くは、現在の規制の下では行われえなかったであろう。ゆえに、インフォームド・コンセントは、現在もっているような重要性をつねに与えられてきたわけではない〔ということがわかる〕。おそらく、過去には、もし科学的な目的が十分に重要であると考えられたのであれば、騙すことも容認されうると思われたのだろう。だが現在、インフォームド・コンセントは医療倫理と人間を対象とする研究において中核的重要性をもっている。

このような尊重は、高い認知能力をもつと考えられるが、自分の願望を表現するための人間の言語をもたない生物たちにも拡大されるべきだろうか。先に見たように、イギリスでは――すべての国がイギリスを手本にしたわけではないが――たとえば、類人猿に対して害を与える科学実験を行うことには許可が下りないであろう。しかし、猿などの他の霊長類や、ネズミ、クマネズミ、ウサギ、犬、魚やその他の動物については、間違いなくほとんどの動物たちが〔実験に〕合意しないことを、すきを見て逃げ出すことによって表明することができると思われるにもかかわらず、概して同意を与えたり留保したりする能力がないものであるかのように扱われる。それはそれとして、われわれは争点になっている道徳的な前提を次のようにまとめることができるだろう。すなわち、自分でものを考えることができる生物は、彼らが危害を被ることになる取り扱いの対象とされるかどうかを決める権利が与えられるべきである（ここでは「危害を与えること（invasion）」は広く理解され、単に騙すことも危害を与えるような取り扱いの一形態として考えられるだろう）。〔そのような実験に対して〕明白な同意を与えていない高い認知能力をもつ生物は、合意していないものと推測される。

しかし、痛みや苦しみを感じる能力は、かなり異なった事柄として取り扱われる。表面的には、現在のイギリスの規制はいかなる生物についても、科学実験の一部としてであれ、食料にすることやその他の目的のために動物を育てたり殺したりすることにともなうことであれ、重度で長時間にわたる痛みを与えることを許していない。そこで、可能な限り、実験は麻酔をかけられた動物に対して行われ、飼育場の動物は殺される前に失神させられる。鎮痛剤についての実験などの例に明らかな、実験の一部として痛みを避けることができない場合には、痛みの長さと程度を可能な限り少なくするために、科学者たちはあらゆることを行う。イギリスの規制は、一方で重度かつ長時間にわたる痛みや苦しみと、〔他方で〕おそらくは普通あらゆる感覚のある生物が日ごとや週ごとに体験するものの一部であるような種類の、軽度なあり方とを区別しているようである。重度で長時間の痛みは絶対的禁止に近いものを生じさせるか、または少なくとも帰結主義のバランス配分の中で極めて大きな重きを置かれる。われわれは、動物たちは人間によって扱われる結果として長時間にわたる重度の痛みによって苦しめられてはならないという、「準権利（near right）」をもっていると言えるかもしれない。このような関心が、狩人が野生動物を捕えるときに使ってもよい罠の種類についての〔規制に見る〕ように、動物についての法律と規制を貫いているのを、われわれは見て取れる。短時間の弱い痛みや苦しみは疑いなく危害として扱われるものの、他の要因の方が重要とされるかもしれないようなものにすぎない。これらの間には、長時間の弱い痛み、短時間の強い痛み、さまざまな時間にわたって続く中程度の痛みなど、決定を下さなくてはならない大きなグレーゾーンがある。

次に、「善の観念をもつ」という道徳的に意味のある特徴の話をしよう。ここでの考えというのは、ある動物のタイプに応じて、その成長を進めたり妨げたりするという意味で、ある動物に対する良いまたは悪い扱い方があるというものだ。現在の実践の問題として、このような論点が最も明白に考慮されているのは、動物たちが飼育されている条件に関してだ。可能であれば、「自然の条件」に似た何らかの状況〔を作ること〕が試みられる。たとえば、餌を探して食べる生物は、しばしば、木の削りくずや似たような素材の中で、ウロウロすることができるような環境に置かれることがある。社会的な集団の中で生きる動物は、一緒に飼育されることが多い。再びわれわれは、動物たちの道徳的に意味のある特徴が、その動物をどのように扱うべきかを決めるために、いかにして用いられうるかを——科学的調査と飼育の条件は〔動物の行動への〕制約がさまざまに解釈されることを意味するのだが——理解する。科学的調査のケースでは、すべての側面がコントロールされる必要があり、そうすれば、シミュレーションされた形での〔動物の〕自然な行動が——もしあればだが——示されそうだ。もちろんこれは科学的調査の費用を増やすものだが、多くの実験や処置にかかる多額の費用に比べれば、かなり少額である。さらに、科学者たちは、〔取り扱い状況に〕満足し、心配をしていない動物たちの方が実験には適しておりし、純粋に科学的な点では、費用は適切に使われていると、しばしば論じる。飼育のケースでは、「放し飼い」卵の場合のように、「人間的な」仕方の飼育によって生産物を差別化することも普通であるが、わずかなコストも、非常に競争的な市場で消費者に転嫁されなくてはならないので、より重要になる。しかし、〔科学調査と異なり〕飼育された動物の生活のすべての側面を規制する必要性は少なく、〔動物の〕普通の活動を可能にするような行動の仕方は、もちろんいつもではないが、ときとして可能である。だが、飼育の場合では、ある生物のタイプにとって自然な生活を送るその生物の能力よりも、ちょっとした費用への配慮が優先することをわれわれがしばしば許してしまっているのは、かなり問題である。

私が論じる最後の特徴は——だからと言って〔これまであげてきた特徴の〕リストが完全であることを想定するものではないが——「生命の所有」である。ここで問題になることは、いささかよりドラマチックで潜在的には論争的である。これまで見てきたように、現状では、痛みと苦しみは非常に重大なものとしてイギリスの規制では取り扱われているが、一匹の動物の死は対照的に、「人道的な結末」であるとみられている。調査科学者や農場経営者、食肉処理場の労働者は、動物の死を、それが正しい方法で起こる限りは、道徳的に問題がないものとして受け入れることを学ばなくてはならない。痛みや苦しみといった、ある生命の中で起こる諸々の体験と、生命〔それ自体〕は別のものであり、後者は――もしあったとしても――たいした重要性のないものとみなされる。

「回復なき麻酔（anaesthesia without recovery）」として知られる実験処置を例として取り上げよう。それは動物――通常はウサギ、ネズミやクマネズミ――を用いて、実験物質（しばしば「化合物」と呼ばれる）の即効性を究明することを目指して用いられる。このような処置の一つのやり方は、一方は麻酔を運び、他方は試験する化合物を運ぶ二本のカテーテルに動物をつなぐことである。まず、動物は麻酔によって意識を失わされる。次に、動物は、その内臓を見せるために、何回もの徹底した外科的切開にさらされる。その皮膚は剝がされ、固定して内臓が見られるように、実験室の作業台の上にピンで留められる。そして、実験中のそれらの状態をモニターするために、さまざまな探針が臓器と血管の上に据えられる。それから化合物が注入され、その血流や代謝への影響、その他研究中のあらゆることについての精確な観察がなされうるのだ。動物を意識不明に保ち、痛みを感じさせぬよう、麻酔が必要に応じて追加される。おそらくはものの数時間の実験が終了すると、動物が死ぬまで麻酔が増加される。痛みのない「人道的な結末」というわけだ。

人手がいるのでこのような実験は相対的に高くつくが、珍しいものではない。だがもちろん、それらは科学、農業、娯楽のどの領域のものであっても、人間の目的のために動物が殺される唯一の方法というわけではまったくない。これらの領域すべてにおける現在の規制は――再び言うが、正または負の価値をもちうる、ある命の中で起きる体験からは区別された――動物の生命それ自体にはほとんど価値がないと想定しているようである。〔種の保存には重要な価値があると思われているが、それは、そのような〔種の保存の〕価値は何らかの仕方で、その種に属するメンバーすべてに「及んでいる」というわけではないことに注意してほしい。〕

さて、もし人間と他の動物がみな生命をもっていて、動物の生命は価値がないとの扱いを受ける一方で、人間の生命が尊重されているなら、その違いを説明するような、何らかの関連する差別化のポイントが提示されるのでなければ、一見したところでは、〔この扱いには〕人間に肩入れする正当化されない不公平さがあることになる。これを受けて、生命自体がそれをもつその人にとって価値があるということは、人間にとって正しくないと論ずる哲学者がいることを指摘しておきたい。もちろん、他人の生命に――彼らの交際や支援、功績などについて――、〔彼らの〕家族や友人、そしてファンたちすらが、価値を見出すことはできる。しかし、このことは生命自体がその所有者にとって価値があることを一切意味しない。

それでも、とりわけ、圧倒的に多数の人々ができる限り彼らの命を延ばすための処置をするという証拠を目の前にすれば、生命は人間にとって価値があるということを否定するのは非常に奇妙に思われる。しかし、もしかするとこのことは、人間主体の、彼または彼女の将来についての希望や願望、恐れの観点から理解できるかもしれない。そこでおそらく、価値があるのは生命それ自体というよりは、これらの〔人生の〕計画やプロジェクトが連続することなのだ。〔人生〕計画、楽しみの源泉、家族や友人、そしてこれらについてのいかなる見込みももたない人は、彼あるいは彼女の生命が続くことにほとんど何の価値も見出さないかもしれない。そしてじつに、このようなことを言うのはおかしく聞こえるかもしれないが、生命はそれ自体としては価値をもたないという主張は聞き慣れないものではない。たとえば、これと逆のこと――生命は価値があるということ――を信じることは、できる限り多くの生命を生み出す義務を意味する、ということが時折言われるが、これは魅力ある主張ではなさそうだ。本当にそのようなことになるのかは、価値と義務の関係についての何らかのかなり強固な想定によると思われる。だがいずれにせよ、われわれはいくつかの結論を導くことはできる。第一に、動物の使用に関する現在の規制は、もし生命に価値があるとするならば、それは他の要素によって簡単に乗り越えられてしまうような弱い価値しかもたないと想定している。第二に、このような想定は、人間に肩入れしたわれわれの実践に、正当化されない不公平さがあるということを必ずしも示すものではない。というのも、人間の生命に与えられた、明白なさらなる価値が、人間の〔人生〕計画の価値や、またケアを相互にしあう関係といったものも含んだ、幅広い社会のネットワークの中での彼らの願望や位置づけなどのような、他の一般的に認められた価値の源泉から引き出されることもありうるからだ。

人間による動物の取り扱い――その問題ある状況

結局、ここまで私がしてきたのは、人間による動物の使用についての意見の対立をどのように理解するかを説明し、現在の規制を最も裏づけていそうな道徳的な前提を考察することだけである。大まかに言って、その見解とはこのようなものだ。第一に、高い認知能力をもつ生物は、〔動物実験などの〕介入に反対する強い権利をもっている。第二に、感覚能力のある生物は、重くかつ長時間にわたる痛みにさらされない「準権利（near right）」をもっている。他方で、より軽度の痛みと苦痛は〔禁止事項というよりは〕懸案事項とされ、帰結主義的な計算の中で注意を払われる。最後に、社会性と善の観念の所有もまた、若干程度が軽くなるが、考慮される。だが、生命そのものについては、ほとんど重きが置かれない。だが、私はこのような見解のどれについても、それが擁護可能と考えるかどうかについては、述べていない。私について言えば、生命が――それが人間の生命であれ、人間でない動物や植物のものであれ――価値がないということを受け入れるべきかどうか、単純に分からない。他の点を考慮しなければ、生きている生物や植物が死ぬならば、それはより悪い世界であるが、それはさまざまな要素から説明できる。もし、生命そのものに価値があるならば、科学的調査や飼育において、いかなる動物が死ぬことにも、何か残念に思うことがある。同じく、これはあまりもっともらしく聞こえないが、一年生の作物として成長したものも含んだどんな植物の死滅にも――大木や深い森林などの死や破壊による喪失の方が理解しやすいのではあるが――何か残念に思うことがある。

しかし、植物のケースを脇に置けば、もし動物の生命に価値があるなら、現在の規制を裏づけている道徳的想定は、疑わしいものとなる。われわれが見たように、そこでは生命の（潜在的）価値がまったく認められていないように思われる。しかし、おそらくより問題なのは、規制の一方的な帰結主義である。利益に対する費用が測られ、利益が費用を十分に上回るかについて判断がなされる。もし、大きな潜在的な利益のために、さまざまな要素のバランスを取ることが必要であるということが正しく、小さく弱い痛みや、〔動物の〕自然の行為に対する抑制や制限を許すことが受け入れられうるとしても、費用がすべて人間でない生物の上に降りかかり、利益が人間にもたらされるという事実には、何か極めて疑わしいものがある。動物に使われるための薬剤を開発するために実験が行われるときでも、利益は通常、人間の目的のために求められるのであり、苦しむ特定の個々の動物が利益を受けるのではない。一般的に、他のグループや個人の利益のために、苦痛があるグループや個人にシステマティックに負わされる場合、われわれはそれを、少なくとも搾取的だとみなす。そこで、人間は動物を、問題ある仕方で搾取しているという非難から逃れることは難しい。

これに対する一般的な応答は、苦しむ動物もまた、まったく異なる方法で利益を得ていると論じることである。結局のところ、非常に多くのケースで、問題になっている特定の動物たちは、人間の目的がなければ、そもそも存在しなかったであろう。人間によって使われるほとんどの動物は、とりわけそのような目的のために繁殖されたのであり、そこで、もし生命に価値があるというなら、この価値は生み出された動物すべてに与えられているのだ。加えて、あるいはこれとは別に、人間によって使われる多くの動物の命は、その命を価値あるものにするような、否定的な経験に対し肯定的経験が上回るという意味あるバランスを含むのかもしれず、そこでは搾取の非難は幾分か緩和される（Scruton 2000）。

この擁護が適切なケースもあるかもしれないが、人間によって使用される動物のごくわずかしか、彼らが自然な死を迎える年齢まで生きることを許されないという事実に、われわれは立ち止まるべきだろう。安全テストで犬や猿のような動物が使われる方法を考えてみよう。試験中の化合物に短期間——数週間から数ヵ月——さらされた後で、彼らは、内臓に影響があったのかどうかを観察するための検死を行えるよう、「安楽死」させられる。これらの動物たちは他方では、生の盛りにあるのだ（そしてこのことこそが彼らが実験に選ばれた理由である）。先ほど説明された回復なき麻酔の例も考えてみてほしい。さらに、食物の生産にも考えを向けよう。丘の羊たちはかなりユートピア的な生活を送っているように思われる。だが、われわれが普通に食べている子羊――羊毛や繁殖のためにとっておかれる大人の羊とは区別される――は、生後一ヵ月から一年の間に食肉処理されてしまう。それは、おそらくは彼らの大きさと柔らかさの組み合わせが最大の経済的利益をもたらすところだ。それらの事実を単純に自覚すれば、私も含めた多くの人々は、動物実験の廃止や菜食主義の採用への道徳的主張に対してとても共感を覚えさせられるだろう。

しかし、少なくとも私にとって奇妙な点は、そのような議論にはどんなに知的に説得力があっても、私は動機に訴えるそれほど強い力を見出さないということなのだ。私はいまだに、動物で試験された薬や家庭用品を使っている。私の大学で行われている動物実験について、私は抗議していない。だいぶ後ろめたいものの、私は肉を食べ続けている。道徳哲学者のR・M・ヘア（Hare, R.M.）なら、表明された信念と行動のこの組み合わせに対して、私の主張は不誠実なのだと論じて応答するだろう（Hare 1952）。ヘアは誠実な道徳的信念はつねに行動にあらわれると論じたが、私の行動は私の主張する信念に従っていないのだから、動物への危害ある取り扱いに対して私が行ういかなる道徳的主張も、必然的に不誠実なのだ。だがこの議論は、私には教条主義的で説得力がないように思われる。現象学的には、道徳的議論は良心のレベルで最も強く衝撃を与えるものであり、それが行動を生み出すものかどうかは、さらなる別の問題であると、私には思われる。私は思うのだが、ある程度は、われわれは自身の道徳的信念に則って行動することの帰結を考慮に入れなくてはならないのだ。良心が促すように行動することが、犠牲にするものが大きいとか、あるいは無様だとか都合が悪いといった程度でしかない場合でさえ、人々は、彼ら自身が何らかの〔良心の〕レベルで肯定しないあり方で、自ら行動しているのかもしれない。類比のために、19世紀のアメリカ南部における奴隷制の存在を考えてみよう。各々の奴隷所有者たちが、一人の人間が他の人間を買い、彼または彼女に対して恣意的な力を振るう慣行の中に、何も問題がないと心から信じていたということは、私には信じがたい。多くの人がそれは何らかの点で自然な物事のあり方だと考えていたことは間違いないだろうが、確かに疑いを抱いていた人々もいたのではないだろうか。これらの「後ろめたい主人たち」は、誰も他人の奴隷であるべきではないという道徳的議論を受け入れたであろうが、ある程度の生活水準で生きていくには〔奴隷をもつより〕他の方法がないと信じて、彼や彼女の奴隷を解放することを真剣に考えなかったのだ。同じように、われわれの多くは、熟慮しているときには道徳的に受け入れがたい動物の使用であると思うもののもたらす利益を、あきらめようとはしない。というのも、そうすればわれわれの生活はより不便で快適でなくなってしまうからだ。

もし追求しようと選んだ行動が、われわれが信じるに道徳的に正当化されないなら、われわれは選択に直面する。われわれは明らかな偽善とともに生きるか、生き方を変えるか、または道徳的信念を調整することができる。だが、政治的、または〔社会の〕構造的には、もう一つの選択肢がある。それはわれわれの目的を、われわれが正当化されないと信じる行いを受け入れることなく追求できるようにする、制度や技術の進歩である。おそらく、奴隷なしでビジネスを継続することが経済的に可能となったということが明らかになったときには、奴隷制はより容易に廃止できただろう。同じく、もしわれわれが、肉と同じくらい美味で栄養がある非動物食を生産する方法や、動物を用いない薬剤の試験方法を見つけることができれば、われわれは求める目的を、道徳的に問題がある仕方で行動することなく、追求し続けることができる。結局それは、道徳的問題を、それを避けることで解決しようという望みなのだ。

動物実験の場合、〔問題〕回避という方向でなされた先導的な提案は、ラッセルとバーチ〔Russell and Burch 1959〕により提議された、「三つのR」の理論である。その三つのRとは、改善（refinement）、削減（reduction）、置き換え（replacement）である。改善とは、実験はできるだけ動物に対して危害が少なくなるように修正されるべきだとする考えである。減少は、当然だが、使用される動物の数の減少を要求する。置き換えとは、動物に実験することによって追求される知識は、他の何らかの方法でも達成可能かもしれないという考えである。

改善と削減はおおむね科学者たちによって歓迎されている。結局、もしあなたが、科学〔的な目的〕を妥協することなく、動物への苦痛や巻き込まれる動物の数を減らせるなら、どんな異議があるだろうか。置き換えはずっと複雑だ。あるケースでは、それは研究室で培養された細胞や組織に実験――試験管内実験と呼ばれる――を行うことの問題である。それらは役立つ知識を生むことはできるが、現在のところは、研究の初期段階でのみ用いられるのが通常である。他の可能性はコンピュータによるモデル化だが、これは未発達であり、コンピュータ・モデルはつねに現実世界の単純化であろうから、今のところ極めて限定的な可能性しかないようだ。しかし、置き換えには他の方法もある。たとえば、１９６０年代に行われた、幼いサルたちを母親のケアから引き離し、彼らがどう反応するかを観察する実験を考えてみよう。これらの実験のうちのいくつかを行った科学者は、人間の鬱についての知見を得ることを期待していたと主張した（Kaufman and Rosenblum 1967）。しかし、そのような実験は、倫理的な問いから離れても、科学的にはとても奇妙に思われる。というのも、確かに、この種の情報を得るには、心理学的で社会学的な研究の方がずっと有効な方法だろうからだ。より一般的には、時として研究課題は、動物実験よりも社会科学や統計的分析によって対処する方がうまくいくかもしれないのだ。これは実験科学者を神経質――〔彼らのしていることが〕余計であるという神経質――にさせるだろう。置き換えは動物実験に反対する者の目標ではあるが、もちろん、三つのRの中では道を拓くことが最も難しいものだ。

公共政策での進歩

現在の文脈では、科学的実験での人間による動物の使用についての道徳的態度を、大まかに三つのグループに分けることができる。第一に、そのような実験がもたらしてくれる科学的また医学的な利益は、すべてを考慮すれば、動物への危害よりも上回ると考える人々がいる。第二に、どちらの側にも反論しがたい議論があり、これは明確な解決のない真正の道徳的ディレンマだと結論する人々がいる。第三に、道徳的な考察に従えば、われわれが科学的調査のために動物を使うことは間違っていると感じる人々がいる。これらのグループの中で、第一番目の人々の見解が、最も明確に現在の諸規制の中に反映されている。それでもなお、第二と第三のグループのために言うのでもあるが、変化はつねに起きているのだ。

結局、規制する側は、どうすればわれわれは、より多くの人にとって反対する余地がより少なくなるように、われわれの動物の扱いを変えることができるか、という問いを引き受けてきたのだ。言い換えれば、規制する側は、われわれが序論で、ロールズに倣って重なり合うコンセンサスと呼んだものを練り上げようと試みている。ここ数十年の間に起きた変化を考えてみよう。それは、飼育と食肉処理における動物の福利に対する関心の激増、化粧品や日用品のための動物実験の禁止、類人猿への実験の禁止、試験管やコンピュータ・モデルを通じた、動物実験に代わる方法の探究などといったことだ。このような動きが、人間による動物の使用に反論する人々を完全に満足させたと言うのは間違いだろうが、彼らもこれら〔の動き〕を正しい方向へのステップだと思うに違いない。同時に、そのような新しい諸規制によって、自分たちの活動が制限されたと思っている人々も、全体的には、それほど多くのものをあきらめなくてはならなかったわけではない。一般的に、彼らは新しい状況に適応することができる。そこで、ぎりぎりのところでの妥協を繰り返すことで、相対的に少ない代償で、公共政策上の道徳的進歩が生まれているように思えるのだ。しかし、同じく明らかなこととして、この場合には、なされるべきことは残ってしまう。

これは、根本的で斬新な変革が不可能だということではない。奴隷制は廃止された。また変革の裏には、つねに合意がなくてはならないということもない。しばしば、変革は大変に異論を呼んだり、人気がなかったりする。犬を連れた狩りの禁止がその例である――後で考察するように、広範な合意がない中での法改正は、法令順守の重大な問題を生むかもしれないが。研究と飼育における人間による動物の扱いの場合には、目下のところ、われわれが短・中期的に望むことができる最善のものは、現在の慣行をより多くの人にとって、より反対しにくいものにしていくことなのだ。

結論——哲学にとっての教訓

この章は、序論で手短に説かれたポイントを詳細に説明してきたと私は思いたい。公共政策の問題に、あたかもあなたが何かの撲滅運動にでも参加しようとするかのように、「まず、あなたの〔正しいと思う〕理論を選びなさい」という方法論によって取り組むことは、哲学的には興味深い帰結を導くかもしれないが、現在の政策論争にとって有用な〔論争上の〕貢献につながることはまずない。もちろん——私はまたこのことを明確にしてきたと思いたいが——根本的な哲学的議論は、論争における極めて重要な部分であり、議論を豊かにする多くのアイデアをつけ加えてくれる。だが、それらは、それら自体としては何も解決はしないだろう。ここで暗黙の裡に推奨された方法論は、実践的な問題について考えるときには、他方の極から始めるべきだ、ということを提案する。つまり、哲学的理論ではなく、公共政策領域における目下の意見の対立から始めるべきということである。われわれは次のことを問う必要がある。人々は、自分たちがどう意見が対立していると考えているのか。そして、それは意見の不一致を理解する最善の方法なのか。他によりよい方法はあるのか。そして、もしそうなら、それは進歩を生み出すための新しい道筋を拓くのだろうか。哲学者は公的議論の条件を明らかにするのに貢献できる、とよく言われる。もちろん、哲学者はこれができる唯一の人々ではないが、区別をつけたり、結論に向かって議論を追究したり、比較的に緩い議論をより厳密な形式で再構成したりすることは、われわれの

〔哲学者として受ける〕トレーニングの一部である。だが、このことをするためには、まず、自分が介入したいと思う論争に突っ込まなくてはならない。

公共的な論争に参加する人たちは、何について意見が合わないのかを、つねに完全に理解したり完璧に表明したりすることはないということが、私が提案している方法論には含意されている。単純なスローガンや原理は、キャンペーンには便利だろうが、議論にはゆがみをもたらすような効果をもちうる。私の見解では、人間による動物の扱いについての、現代の公共政策上の論争は、中心的には、動物が権利をもつかどうかとか、すべての動物は平等かどうかといったことについての論争ではない。それらは、生物のどの特徴が、道徳的に意味があるのかについての論争ですらない。むしろそれらは、動物たちの道徳的に意味ある特徴が、どのように人間による動物の取り扱いにおいて考慮されるべきか、ということについての論争なのだ。

私は、道徳的議論と人間の動機についてもまた、さらなる主張をした。ここで私は、私が証明というより説明しようとした主張を行ったということを、認めなくてはならない。その主張とは、道徳的議論は、人々の行動を変えるというよりは、自分がしていることに罪悪感を抱かせる力の方がずっと大きく、もしそのことが本当なら、それは、社会的目標を実現するために必要となりそうな構造的変革のあり方について含意をもつ、というものだ。われわれは、後半の章においてであるが、動機に関する問題を再び扱うことにする。

第二章　ギャンブル

イントロダクション

私は序論において、賭博法の規制を検討する政府の委員会に参加してみないかと尋ねてくる、内務省からの電話について触れた。私が聞かされたのは、それは12回ほどの会合と、同じくらいの回数の「ギャンブル施設」への視察を含むということだ。どうして断れようか。私はすぐさま承諾した。結局、それはその後一年半にわたって、私の研究時間のほとんどを占めることになった。私は、安ぴかのものから信じられないほど豪勢なものまでの、ドッグレース場やスプレッド賭け場、ゲームセンター、カジノを訪れた。あるカジノは、ほとんどの日でギャンブラーよりも多い料理人を雇っており、ロンドンの季節の雰囲気に合うように、店内のレストランを二週間ごとに改装していた。私が訪れたのは、ウィンブルドン選手権の開催期間中だった。さらに私は、何千ページもの提出書類や、多くの研究論文、報告書を読まねばならなかった。しかしそれをやる価値はあった。

この委員会は、「ギャンブル制度再検討委員会」というさえない名前で呼ばれた。イギリスにおける、国営宝くじを除く――それはわれわれの検討範囲外だった――ギャンブルのあらゆる側面を検討することがその任務だった。私の理解によれば、政府はいくつかの理由から、見直しが必要だと考えたようだ。第一に、当時、つまり2000年の初めにおいて、インターネットがギャンブルのあり方を大きく変えようとしていたのに、適切な規制がなかったからだ。この空白を埋める必要があった。これは一つの難問であり、われわれは委員会として、インターネット・ギャンブル産業がどう展開し成長するかを予測する必要があった。次のような予測は容易にできた。つまり、インターネット上の業者が、イギリスの賭博税を回避するために税率の低い地域に移転し、より競争力があり利益の上がるサービスを提供するようになる、というものだ。われわれが審議を始めた時点では、ブックメーカー〔私設馬券屋〕での賭け事には税が課せられており、それは自分の賭け金か賞金によって払えるものだった。しかし、競馬場内で行われる賭け事には課税されていなかった。よって、場外馬券屋で払う税金がもうけ分を食ってしまうので、プロのギャンブラーたちは〔実際の〕競馬場に通っていたのである。しかし、マルタ島とチャネル諸島のオールダニー島に拠点を置く会社が、新しく無課税のオンラインによる賭け事を提供し始めた。それにより、かなりの数の業者が海外に移転しようとしていた。したがって、税制改革が喫緊の課題だったのである。

このようなインターネット上の展開は容易に予測できた。しかし、これと別の問題を予測するのはより難しかった。それは、どのような種類のインターネット・ギャンブルが提供されるようになるだろうか、という問題だ。伝統的な競馬やスポーツ賭博が提供されるだろうということにはほとんど疑いはなかったが、その他のものはどうであろうか。われわれは、スロットマシーンを危惧した。そして、あらゆる家庭や仕事場のコンピュータが、極めて中毒性の高いギャンブルマシーンと化していくのではないか、という可能性も心配した。〔しかし〕結果的には、われわれは間違った心配をしていたのかもしれない。つまり、インターネット上のギャンブルでおそらく最も人気になったのは、他人とのポーカー対戦なのである。このようなことは、われわれには可能性としてさえ思い浮かばなかった。人々がインターネット上でさえ、機械と対戦するのではなく、人との交わりを求めているというのは、ある意味で安堵できることだ。

インターネットは明らかに規制の抜け穴であり、実際のところこれに対処するのは困難だった。第二に対処すべきだった問題は、政府は国営宝くじを創設することにより、他の業者に対して課したルールを自ら守っていない、という疑いが生じていたことだった。それにより政府が提訴される可能性もあった。喫緊の問題は、ギャンブル業者が、サービスを宣伝する機会を厳しく制限されているということだった。たとえばこの当時、テレビで場外券売り場やビンゴ場を宣伝することは認められていなかった。その理由は後に吟味する。しかし問題は、商業的なギャンブル業者は広告を打てないのに、宝くじにはそのような規制がなかったということだ。国営宝くじの宣伝には莫大な力が注がれていたのに、他のギャンブル業者は、競争法に違反しかねない不公平な競争条件のせいで、妨害されていると感じていた。

さらに、当時の法律には、公平な手続き（fair procedure）、という一般的に理解された考えとは合致しないであろう側面が他にもあった。たとえば、後に述べる理由により、許可当局はカジノを開設しようとする申請者に、理由を説明しなくとも、また抗弁の機会を与えることなく、申請を却下することができた。このやり方は、人権に関する法律と合致するのだろうか、と問う人々も出てきた。また、極めて古めかしい法律も残っていた。たとえば、ビンゴゲームをする人はクラブの会員権を取得しなければならず、それは法律により、48時間もかかる手続きを要するものだった。これは、ビンゴをやろうと決めた人が、そうした悪の巣窟に足を踏み入れる前に、十分に長い熟慮のプロセスを経たものであることを確認するためのものだった。他にもおかしな決め事があった。それは、ギャンブル上の契約には、法的な強制力がなかったということだ。賭け店に支払いを拒否された場合、自主的な仲裁パネルに訴え出ることはできた。しかし、その決定に強制力はなく、これに対する法的救済手段もなかった。われわれが受理した意見書の中には、ブックメーカーが何十万ポンドもの支払いを拒否して、大金の詐欺にあったと訴える人たちからの手紙もあった。一般的に賭け会社は、そうした訴えは不正なものであると考える。レースが終わった後に内容を書き込み、馬券を捏造した従業員との共謀であると考えるのだ。しかし、誰が真実を知りえようか。訴えの内容が法的に検証されたことはないのである。

どのような法改正が適切かという問題を考える際には、なぜ法律が現在のように発展したのかという点を理解することが重要だ。より一般的に、ギャンブルの道徳性、そしてそれを規制する理由について考えることも必要である。政治哲学を専攻し、リベラルな原理におおむね賛同している私からすれば、論点は一見してまったく明白であるように思われた。政治と公共政策に対する概してリベラルなアプローチは、以下のように考える。つまり、もし人々がギャンブルに時間とお金を費やしたいならば、原則として、ギャンブルと、サッカーの試合やレストランに行くこととの違いはない。好むと好まざるとにかかわらず、人々が自分の自由な時間にすることは、自分自身の関心事だ。1978年に公表された、イギリスの「ギャンブルに関する王立委員会（ロスチャイルド委員会）」の報告書の執筆者たちは、次のように要点を言い当てている。

賭け事をする人は時間を無駄にしている、という反対論は、道徳的、あるいはおそらく美的な判断によるものである。あいにく、午後の時間を賭け店で過ごそうなどという考えに魅力を感じる人などいない。しかし、賭け店に通う人は、自分なりに楽しみを得る方法を選んだのであり、われわれは自由な社会において、庭を造ったり、子どもたちに本を読み聞かせたり、健康的なアウトドア・スポーツをしたりする方がよい、と他の人が考えているからという理由だけで、彼らが賭け事をするのを妨げることは間違いであると考える（RCG 1978, 50）。

ちなみに、この素晴らしい1978年の報告書の執筆陣が、興味深い人々の集まりであったことを指摘しておきたい。この王立委員会には、ロスチャイルド男爵（Baron Rothschild）に加え、なかんずく、哲学者のバーナード・ウィリアムズ（Williams, B.）、サッカー批評家のデイヴィッド・コールマン（Coleman, D.）、ジャーナリストのマージョリー・プループス（Proops, M.）――デイリーミラー紙に'Dear Marje'というコラムを執筆する、「身の上相談のおばさん」として有名だった――らがいた。しかし、彼らの報告書は政府によって無視された。それは不運にも、政権を失った労働党政権によって委嘱されたものであり、新たに発足したマーガレット・サッチャー（Thatcher, M.）の保守党政権は、これに何の関心も払わなかったからである。第六章において、ほぼ同時期に委嘱された他の報告書も、同じ運命をたどったことを指摘する。それは、ナショナル・ヘルス・サービスに関するブラック報告書のことだ。

1978年においても、また現在においてもそうであるように、ギャンブルは多くの人々にとって通常の生活の一部をなしている。賭け店はどこにでもある。イギリスの家庭ではかつて「サッカー賭博」が行われていたし、いまでは宝くじが行われる。人々は「無害な賭け事」を好み、グランドナショナル（大障害競馬）やワールドカップの賞金レースに参加し、海辺の町ではスロットマシーンに興じる。実際、われわれイギリス人はギャンブルに対して極めて寛大であり、子どもがギャンブルをすることさえ認める。イギリスは、子どものギャンブルが合法化されている極めて数少ない国の一つだ。ただしそれは、少額の賭け金と賞金で行われ、スロットマシーン、メダル落とし（「プッシャーゲーム」とも呼ばれる）、クレーンゲーム機を使うものに限られる。クレーン機とは、クレーンの動きを操作して、ガラスケースの中にある毛のふさふさしたぬいぐるみを釣り上げる機械だ。これは、技能を要するゲームと思われることもあるが、実際にはギャンブルの要素がある。クレーンを操作するハンドルの強さはランダムに変わるので、技能は必要だとしても、それだけでは景品を得られないからである。

折しも、海辺地域で営業するギャンブル業者は、われわれの委員会が子どものギャンブルに対する規制強化を提言するのではないかということを懸念した。子どもによるギャンブルを批判する人たちは次のように指摘した。つまり、休日に親同伴で、その監督の下に行われる子どものギャンブルは無害な楽しみかもしれない。しかし、海辺の町の近くに住む子どもはたくさんいて、彼らにとっては合法的なギャンブルも深刻な問題になりうる、と。こうした批判を見越して、現行制度を擁護する強力なロビーが形成された。業界団体は、海辺地域から選出された国会議員による、手紙書き運動を組織することになった。各議員が、以下のように訴える似た内容の手紙を委員会に送りつけるのである。子どものギャンブルを禁止することは、イギリス流の海辺での休日を壊すことであり、現在のギャンブルはまったく無害な、「ちょっとした楽しみにスパイス」を加えるものにすぎないのだ、と。

しかし、子どもによるギャンブルに関する議論を、別の興味深い観点から見ることもできる。少額の賭け金と賞品によって、親の監督下に行われる子どものギャンブルを認めることは、食事の際に水で薄めたワインを子どもが飲むことを認める、フランス起源とされる慣習のようなものだ、と言われることがある。どちらの行いも、大人としての責任ある行動を身につけさせるものだと言われる。しかし、少なくともギャンブルについては、それを示すそれほど明確な証拠はない。ある人が後の人生において、ギャンブルに関する問題を引き起こすことになる一つの「リスク因子」は、かつて家族によってギャンブルを勧められた、という経験である。他のリスク因子としては、当然ながら、ギャンブルを最初に始めた頃に、大勝したことがあるという体験がある。それにより、自分はなぜかギャンブルが得意で、ずっと勝ち続けることは自分にとって正当な見返り、ほとんど当然に受けるべき権利である、という幻想を抱いてしまう（Bellringer 1999）。

人間がどのように中毒的なギャンブル習慣をもつようになるのかを考えることによって、この問題をまったく別の観点からとらえられるようになる。少額の賞金で賭け事をたまにすることと、毎晩カジノに通う人のことを聞いて心配することとは別ものである。毎晩劇場に行ったり、音楽を聴きに行ったりする人について聞いてもまず心配しないのとは違って、われわれは心配するのである。もしその人がお金に余裕があるのだとしても、それは浅ましい、というより嘆かわしいことのように思える。ギャンブルには中毒性があり、少なくとも一部の人にとって、自制心を失わせるということもわれわれは心配する。また、ギャンブルは間違ったお金のもうけ方だと思うかもしれない。多くの人はギャンブルに対して、少なくとも何らかの否定的な反応を示す。多くの国々でギャンブルが拡大していることを嘆く人も多い。イギリスで近年、ラスヴェガスにあるような「リゾート・カジノ」を試行するという計画は、反対運動にあった。なぜそのような計画が望ましい方向性と考えられているのか、と当惑する人々もいた。それは大規模な報道キャンペーンの対象になった。結局、リゾート・カジノの構想は立ち消えになり、これを復活させようという声はほとんど聞かれなくなった。

ギャンブルの倫理性についてはさまざまな論点がある。第一には、当然ながら、ギャンブルは悪かどうかという問題がある。これに関して意見は分かれている。第二の問題は、ギャンブルで利益を得ることは悪かどうかという点であり、これとは別に、第三の問題として、人にギャンブルを勧めるのは悪かどうかという点がある（Doughney 2002）。たとえば、家で仲間うちだけで行われるギャンブルについては大目に見つつ、同時に、業者が他人のギャンブルから利益を得るような商業的なギャンブルの提供には強く反対する、ということは可能だ。そのため、たとえばいくつかの国において、ギャンブルは事実上、そのすべての収益が国家に入るところの国営産業になっている。しかし、ギャンブルによる商業的利益を認めた場合でも、たとえば広告を用いたギャンブルの奨励は認めない、という区別をつけることはできる。まさに、この章の後でみるように、イギリスの法律の中ではこうした区別がすべて役割を果たしてきたのである。

しかしながら、われわれは道徳の問題と政策の問題、というさらに重要な区別をしなければならない。

道徳的観点からみて、ギャンブルは完全に正当と言えるであろうか。あるいは、少なくともその一部の形態について、ギャンブルを道徳的に疑問視すべき理由はあるだろうか。ただしわれわれは、規制によって何を実現できるかについても問わねばならない。以下の議論は、これら双方の問題に関わっている。

ギャンブルに反対する論拠

夜の時間をカジノで過ごすのと、映画館で過ごすのとの違いは何であろうか。ギャンブルはそれ自体として悪、不道徳であると主張する人もいる。これは、ギャンブルの結果ではなくその行為そのものに関する判断である。今日われわれは、ある行為が、それが生む結果とは無関係に、それ自体として悪でありうるという感覚をいくらか失いつつある。しかし、こうしたことは、たとえばマスターベーション、同性愛、あるいは日曜日のダンスに関してさえ言われてきたことであるし、そのいくつかについてはいまでも言われている。ギャンブルが単純に不道徳であるという理屈はありうる。さらに、国家には人々が不道徳な行為をするのを止める義務がある、とつけ加える人もいるだろう。もちろん、この二つはまったく異なる主張だ。日曜日のダンスやギャンブルは悪であるとしても、少なくとも他人に害悪が及ばない限りは、国家は個人の道徳に干渉すべきではない、と考えることもできる。これとまったく逆の立場を取ることもできる。それは、国家は人々が道徳的に悪い行為をするのを止めるべきだが、ギャンブルは悪でも何でもない、という立場だ。ギャンブルは悪だという前提と、国家は悪行を防ぐべきだという前提を組み合わせると、国家は（もしできるなら）ギャンブルを防止すべきだ、という結論が導き出される。しかし、この議論に妥当性はあるだろうか。もしないとすれば、国家の介入を正当化するための論拠は他に存在するだろうか。

まず、われわれはなぜギャンブルが悪とみなされているのかを問わねばならない。多くの宗教は、当然ながらギャンブルを否定的にみている。しかし、正確には何について、それほど問題にしているのかをなお問うことができる。一つの議論——それはイスラム教におけるギャンブル禁止論と共鳴している——は、ギャンブルのもつ基本的な誘惑というものがどこか間違っている、というものだ。それは、働かなくても金持ちになれることへの誘惑だ（私はかつて、「道徳の迷宮」というラジオ番組に出演し、われわれの委員会の報告書が提言したギャンブルの規制緩和を擁護した際に、あるイスラム教の聖職者からこの議論を突きつけられた）。これと同じ考えは、イスラム教が利子つきの金貸しを禁止する根拠にもなっている。われわれは、まっとうな仕事によって生計を立てるべきで、ごまかしたり、他人を利用したりして——他人の騙されやすさにつけ込むのであれ、他人の労働を搾取するのであれ——そうしてはならない、ということだ。コーランが述べるには、ギャンブルは人々の間に対立をもたらし、祈りを忘れさせる（コーラン第五章第91節）。よって、この見解にしたがえばギャンブルは禁止されるべきだ。ただしこれが、ギャンブルがそれ自体として悪であるという議論なのか、あるいはその結果についてのみ悪であるという議論なのかは不明である。イスラム教の立場はおそらく、ギャンブルはそれ自体としても、その結果についても悪である、というものだろう。初期のキリスト教は、ギャンブルと金貸しに関して、当然ながらこれと極めて似た見解をもっていた。いまでも、メソディストやそれと似た教派の一部においては、ギャンブルは否定的にみられている。

しかし、ある特定の宗教的世界観を受け入れる人が、ギャンブルの禁止についても受け入れねばならないということと、ギャンブルの禁止が、人々の信仰や個人的信念が何であろうと、政府によって万人に強制されるべきだということとはまったく別ものである。後者の議論を突きつめれば、リベラルな政治哲学の基本的な前提と衝突してしまう。それは、政府は、特定の行動様式の道徳性に関する評価に基づいて干渉してはならない、という前提である。国家は、競合する善の諸構想に対して「中立的」でなければならないと言われる。私人なら、他人に対してその人の行為が間違っていると説得することはできるが、国家は、それが他人に危害を加えない限り、いかなる人の行動も禁止することはできない。リベラルな国家は、ある行為がある人々によって、あるいは多数派によってさえ、道徳的に否定されているからという理由だけで、それを禁止することはできない。

いうまでもなく、「他人に危害を加えない限り」、というフレーズは極めて重要だ。リベラリズムは、文字通りあらゆる事柄が認められるべきだと主張するものではない。ジョン・スチュアート・ミルは、リベラルな立場をおそらく最も明瞭かつ熱烈に擁護した人物である。彼は、もしある人の行為が他者に危害を加える、あるいはそのおそれがある場合には、国家が正当に介入できると論じた。ミルは次のように主張した。「文明社会のいかなる成員に対しても、その意志に反して、権力が正当に行使される唯一の目的は、他人に危害が及ぶのを防ぐことである」(Mill 1962a [1859], 135)。理解しておくべきなのは、ミルは、国家には、ある人が他人に及ぼすかもしれない危害のすべてを防止する義務がある、と論じたわけではないということだ。彼は、少なくとも、ある人が他人に危害を及ぼしたり危険を与えたりする場合には、その問題は国家の関心事になる、と論じたのだ。しかし、もしその行為が他人に影響を及ぼさない――それが完全に「自己にのみ関わる」――なら、国家は介入してはならない。そしてまさに、ミルの主張の中で極めて強力なのはこの議論、つまりもし自分の行動が自分自身にのみ関わるなら、それは国家とは無関係だ、という議論なのである。

それゆえ、道徳的議論に対するこうしたリベラルな立場によれば、次のように論じられる。もしある人のギャンブルが他人に危害を与えないならば、国家にはそれを禁止する権利はない、と。この議論に対しては、さまざまな方法で明確に応答することができる。一つの方法は、当然ながら、この議論を単純に受け入れることだ。〔ただし、〕これを受け入れたからといって、ギャンブルが完全に野放しにされていい、ということにはならない。税収を上げるためにギャンブルに課税したり、生活妨害を防ぐために、町の一定区域のみに開設を制限したり、一日の営業時間を規制したりすることはできる。それは、スクラップ工場やレストランの開設場所についてすら、規制があるのと同じである。しかし、もしリベラルな議論が受け入れられるならば、ある人のギャンブルが他人に危害を与えることが示されない限り、ギャンブルは禁止されるべきではないことになる。また、ギャンブルに対する規制が、これと類似する他の経済活動やレジャー活動に対する規制よりも、重いものであってはならないことになる（この点は後に再説する）。

これとは逆に、次のように応答することもできる。つまり、もしリベラリズムが国家によるギャンブルの禁止措置を認めないならば、われわれはギャンブルを受け入れるのではなく、リベラリズムの方を拒絶すべきだ、と。実際に、イギリスでスーパーカジノの導入を支持した人はほとんどいなかったようだし、むしろ多くの人々は、ギャンブルに対してより厳しい規制を求めたのである。彼らが、ギャンブルはそれ自体として何らかの悪しきものだという考えに基づいて、このように反対したのであれば、多くの市民はリベラルな原理に対して、極めて弱い形でしか支持していないということになろう。これは熟考に値するポイントである。一見すると、ミルの危害原理は極めて魅力的で強力に思われるし、多くの公共政策上の難問を解決する鍵を与えてくれる。それは、第三者に対する危害を立証できなければ干渉してはならない、という解決法だ。しかし実際には、多くの人々はこのような政策的含意を極めて厄介に感じているように思われる。

ギャンブルに関していえば、自分のことを気持ちの上ではおおむねリベラルとみなしている多くの人々も、実際にはリベラリズムと相性のよくない規制に満足していることがある。たとえば、ギャンブルをどちらかといえば減らすべきだと思う人々もいる。政府は、営業時間を制限することによってギャンブルをさせにくくすることができる。ギャンブルを警告するポスター運動を展開することもできる。ギャンブル業者に宣伝させる権利を拒否することもできる。これと同時に、政府は、人々が参加するのにもっと望ましいと考える活動を助成することもできる。たとえば、芸術や音楽、あるいは先に挙げた例を使えば、子どもへの本の読み聞かせなどだ。政府はすでに、完全に何かを禁止したり要求したりはしなくても、ある行動を奨励し、ある行動を避けさせるようにして、このようなことを幅広く行っているとも言える。この点で、こうした政策は、（危害を与えない）あらゆる形の行動を認めるという点ではリベラリズムの要素をもちながら、反リベラリズムの要素ももっている。さまざまな行動の価値についての判断を政府が行い、ある特定の活動から市民を遠ざけ、他の活動に仕向けようとするという点においてである。

この議論に対して、リベラル派はときとして次のような主張によって応答する。つまり、政府は将来の選択肢を多く残しておくために、「文化保存」活動を行わねばならない。われわれは美術、音楽、文学といった活動を奨励し、将来の世代もそれらに参加し、享受できるようにすべきだ、と。しかし、これと同じことを、たとえばレスリングやモンスタートラック競争[★1]について言うリベラルはまずいないだろう。彼らはそれを否定するだろうが、議論の中に非中立性（non-neutrality）が侵入してしまっているように思われるのである。

ギャンブルに反対する一つの論法は、単純にそれは有意義な、また魅力的な活動ではないというものだ。しかし、この考えはより重要な別の見方に変化していくだろう。つまり、ギャンブルは積極的に有害な行為になりうる、という考えに変わっていく。ギャンブルはギャンブラー自身に危害を加える、という議論がある。また、ギャンブルは他人、とくに家族に危害を与え、社会全体さえにも危害を与えうるという議論がある。まず、「ギャンブラーに対する危害」という議論を検討してみよう。

これは、ギャンブルはそれ自体として悪であろうとなかろうと、往々にしてギャンブラーに対する深刻な危害をもたらしうる、という議論だ。ギャンブルには中毒性があり、負け続けたギャンブラーが、「負けを取り返そう」とすることがよくある。これは、負けた額を取り戻そうと必死になって、どんどん多くのお金を賭けていく行為だ。仮に、あなたがカジノで連敗した状況を想定してみてほしい。あなたは落胆して家に帰るよりも、（五分五分よりやや低い確率で出てくる）ルーレット台の赤色に大金を賭けるかもしれない。もし勝てば、問題解決だ（もちろん、自分の運気が変わって今度は勝ち続けられる展開になった、と思わなければの話だが）。しかし、もし負ければ深刻な事態に陥る。その後はどうすべきだろうか。一つには、もっと多くの——二倍の——額をまた赤色に賭けることができる。それは負けを取り返そうとする行為であり、これはルーレット台では半分以下の確率でしか成功しない。しかし、これは極めて危険だ。負けるたびに賭け金を倍にしながら、連続で四回、五回と負け続けるとしたら、完全に破滅的なことになるだろう。

このような状況に置かれると、人はますます向こう見ずになる。彼らは負け額を取り戻すために、虚偽の理由をつけて借金したり、嘘をついたり、詐欺や盗みを犯したりするかもしれない。まさに、偉大なるリベラルであるジョン・スチュアート・ミル自身が、1823年に書いた論文(17歳という若い頃に、新しく発行された医学雑誌『ランセット』に寄せた、「ギャンブルの影響」という論文)から引用するとこうだ。

ギャンブルが人間の性格を完全に破綻させるプロセスは二段階である。第一に、賭り事はばくち打ちを、犯罪への誘惑が最も強くなるような不可避的状況に、徐々にではなく突然に陥らせる。第二に、彼の行いには定見がなくなり、それによってあらゆる良き習慣が完全に根絶やしになり、その代わりに多くの悪しき習慣が植えつけられる(Mill 1986 [1823], 78)。

ギャンブル依存症は極めて深刻な問題となりうる。近年では、ある人が「依存症のあるギャンブラ

★1 モンスタートラックと呼ばれる、巨大でさまざまな装飾を施した自動車によって行われる競争。

ー」、あるいは「病的なギャンブラー」であるかどうかを判定するために、自身の生活やギャンブル習慣についての一連の質問を受ける。さまざまな判定方法が用いられているが、典型的な質問には次のようなものがある。「朝起きたとき、あなたが最初に考えることはギャンブルですか」、「自分がギャンブルをする金額や頻度について、あなたは嘘をついたことがありますか」、「ギャンブルのせいであなたは仕事や人間関係を失ったことがありますか」、などだ。これらの質問に対して、一定の数だけイエスと答えると、その人は依存性のある、あるいはより深刻な、病的なギャンブラーに分類される。

ギャンブル依存症患者は、下降線をたどって仕事、家庭、家族を失うおそれがある。この議論は、「危険性」論（'danger' argument）と名づけることができる。つまり、ギャンブルは人々の生活を破綻させる危険性をもっているという議論だ。重要なのは、この「危険性」論は、「〔ギャンブルは〕それ自体として道徳的に悪（morally wrong in itself）」という議論とはまったく異なるということである。ギャンブルはそれ自体として道徳的に悪ではないが、ギャンブラーに極めて破滅的な結果をもたらすことは往々にしてある、と論ずることは可能だ。ギャンブルは人生を台無しにする可能性がある。したがって、ギャンブルは道徳的に悪であるかどうかとは無関係に、有害である。ゆえに政府の介入は認められる。このように主張される。

この議論に対する有力な反論は、またしても、それは根本的なリベラルな諸前提と対立する、というものだ。したがって、ミルがあれほど明確にギャンブルに反対したことは意外に思われるかもしれない。リベラリズムは、ある人が他者に危害を加えるのを防ぐために、政府が介入することを認める。リベラリズムは、少なくともミルの公式見解では、パターナリズムとして知られるものは認めない。パターナリズムとは、ある人が自分自身に危害を与えることを防ぐために〔政府などが〕介入することだ。ただし、ミルのパターナリズムに対する実際の態度は、一見してそう思われるよりも明らかに複雑である。もちろん彼は、早熟な10代の時期から円熟期――晩年の結婚相手であるハリエット・テイラー(Taylor, H.)の考えに強く影響を受けた時期――までの間に、見解を変えたのかもしれないが(Reeves 2007)。しかし、ミルがパターナリズムについて実際に考えたことが何であれ、また政治家たちがミルについてどのように肯定的に発言してきたとしても、政府は自分たちの活動がパターナリスティックであるかどうかについて、ほとんど気にかけたことはない。政府は、たとえば車に乗る人はみなシートベルトを、オートバイに乗る人はみなヘルメットを、それぞれ自身の安全のために着用することを要求する。これらはおそらく、最も分かりやすい事例だ。しかし、政府が人々の自身に対する危害を防ごうとする事例は、他にもたくさんある。たとえば、禁煙、エイズに関する理解の向上、健康的な食生活といった健康啓発活動はすべて、明らかにパターナリスティックである。しかし、こうした活動に、パターナリスティックで自由主義に反する性質をもっているからとして反対する人は、おそらく、何のまともな理由もなく騒ぎを起こす、目立ちたがり屋だとみなされるに違いない。(ただし付記しておくと、これを書いている段階で、イギリスでは新たな議論が巻き起こっている。新たに発足した保守党と自由民主党による連立政権が、人々の生き方について干渉するのは本当に政府の役割かどうか、という問いを提起しているのである。ただし、言行が一致するかどうかはまだ分からない。)

しかしそれでも、もしギャンブラーすべてが中毒になり、最終的に人生を台無しにするのだとすれば、ギャンブルは禁止あるいは厳しく制限されるべきだというパターナリスティックな議論は、極めて明快になるだろう。この議論によれば、政府には介入する義務があるという考えが完全に正当化されるだろう。しかし、実際には、定期的にギャンブルをする人を含めても、大多数の人は「依存症的ギャンブラー」あるいはギャンブル中毒者ではない。彼らは、ギャンブルを夜の時間を刺激的かつ楽しく過ごす方法だと考え、自分が支払える範囲内に負け額を抑える方法を心得ているのである。

だとすれば、大多数の人々の楽しみは、少数の人々の危害——あるいは危害のおそれ——とどう両立されるべきだろうか。これは難問だ。実際にこの問いは、ギャンブルを規制する理由の一つは「弱者を守る」ためである、という原則をもち出すことによって、かわされてきた。この原則によれば、以下のような規制が必要になると解されてきた。子どもが本格的なギャンブルに接触することを防ぎ、最も中毒性の高いギャンブルへのアクセスを制限し、人々に自制心を失わせるようなことを減らす——たとえばギャンブル店におけるアルコール提供の制限や、クレジットカードの使用禁止など——ための規制である。〔しかし、〕成人に対するあらゆる規制は、どれほど理に適ったものであろうと、依然としてパターナリスティックであり、リベラルな諸原理と対立する。これに対しては、またしても、「それならなおさらリベラリズムの方が間違っている」と言って応答することもできる。いま例示した規制は、人々がしたいことをするのを認めることと、最も危険な種類のギャンブルを禁止することとの間のバランスを、公平に取っているように思える。

ここで例として、オーストラリアにおけるギャンブルについて考えてみよう。イギリスではオーストラリアの事例は、ギャンブルについて生じうるあらゆる行き過ぎをわれわれに警告する、脅かし（bogeyman）論のために用いられてきた。近年、オーストラリアではギャンブルの規制緩和により、

「ポーキー」と呼ばれるもの、つまりスロットマシーンの導入が広く認められた。これは、高速のギャンブルを可能にし、(ギャンブル業界に検討を依頼された人々も含めた) 心理学者らが、極めて中毒性が高く刺激が強いと指摘するような形で設計されているスロットマシーンである。結果として、スロットマシーンでのギャンブルは、多くの人々によってオーストラリアにおける深刻な問題とみなされており、より強い規制を求める声が上がっている (Doughney 2002. ニュージーランドについて同様の議論を展開したものとして、P. Adams 2008)。こうした規制を導入するためには、ミルのリベラリズムを、別の原理によって補完する必要がある。それは、少なくとも、危害が本人の健康、安全性、経済的利益に及ぶ場合には、ある人が自分自身に危害を加えるのを政府が介入して止めることを認める原理である。

われわれはこれで、「道徳的に悪」論と「ギャンブラーへの危害」論とを概観したことになる。いずれも、潜在的にリベラリズムに反する性質をもちつつも、ギャンブル規制を正当化するものと考えられてきた。そして、少なくとも「ギャンブラーへの危害」論にしたがえば、何らかの規制を設ける妥当性があるように思われる。しかし、次に述べる第三の議論の方が、リベラルな観点からみてより期待がもてそうだ。それは、政府にとっての関心事は、個人が自らに対して与える危害ではなく、他人に対して与える危害だ、という議論である。すべての時間とお金をギャンブルに費やす人は、家族を無視し、家族や他人に窃盗を働き、騙しさえするかもしれない。また子どもの養育を放棄するかもしれない。最悪の事例として、アメリカやオーストラリアでは、親がギャンブルに熱中し、時間の感覚を失っている間に、子どもが暑い夏にカジノの外に停められた車の中で、窒息死してしまう事件があった。実際にミルは、ある悪名高い殺人事件をきっかけに、先の論文を『ランセット』に寄稿したのである。ミルによれば、その事件の殺人犯であるジョン・サーテルは、ギャンブル癖により完全に堕落しており、週末にギャンブルを行っている最中に殺人を起こした。（サーテルの人形は、ロンドンの蠟人形館マダム・タッソーで制作され、長年展示されていた。）しかし、より一般的で日常的な例としても、ギャンブルに時間とお金を浪費すれば、食事は減り、子どもの学校の制服も買ってあげられず、休日も取れなくなってしまうだろう。さらに、ギャンブルによって困窮した人は、国庫にとっての負担となる。ギャンブルがある個人にとっての問題なのであれば、それは当然、誰にとっての問題にもなりうる。もちろん、一般的にはギャンブラーと関係性が近い人であればあるほど、問題はより大きくなるのだが。

ギャンブル依存者は家族を傷つけ、納税者に負担をかける。しかし、もしそうだとしても、ギャンブルを禁止することとリベラリズムは両立する、という議論は素直には通らない。ギャンブラーが他人にとって危険になると認めたとしても、だからといってギャンブルを禁止すべきだということにはならない。なぜなら、もしギャンブルが禁止されるのであれば、自動車運転もまた禁止すべきだということになってしまうからだ。第四章でより詳しく検討するが、人が行う行為のほぼすべてが、他人に危害を与えるリスクをもっている。もし危険性のある行為をすべて禁止したら、われわれはほとんど何もできなくなってしまうだろう。リスクのある行為を禁止すべきだという議論をする際には、さまざまな要因が考慮されねばならない。たとえばそれが、危害の可能性と実際の危害の双方の観点からみて、どれほど危険なのか、またそれを禁止すれば、代わりに何が失われるのか、といった点である。たとえば自動車運転について言えば、イギリスでは毎年約三千人が交通事故死している。しかしわれわれは、もちろん厳しい規制と管理の下においてあるが、自動車運転を認めることに充分な恩恵があるとみなしている。

ギャンブルの場合では、第三者への危害というだけでは、あまりに曖昧かつ漠然としていて、ギャンブルをすべて禁止するほどの強い論拠にはならない。もちろん、自動車運転のように、最も危険な種類のギャンブルを規制する妥当性は十分にある。われわれは、飲酒運転やスピード違反を認めないのと同様に、認められるギャンブルの種類を正当に制限することはできるだろう。

まさに、ギャンブルの規制を擁護する最良の議論は、論拠を一つずつ提起するのではなく、いくつかの論拠を一挙に提起するものなのである。2004年に、デイリーメール紙はイギリスの賭博法案に反対するキャンペーンを始めたが、それは次のような将来像に反対してのことだった。

下劣な派手さに泡銭の誘惑、一〇〇万ポンドの大金が手に入るスロットマシーン、いつでもプレイ可能なルーレットゲーム、そして街角という街角で行われるブラックジャック。ギャンブル中毒、貧困、そして不可避的に生ずる家庭崩壊のもとがあるとしたら、これがまさにそれだ。そして、いまの政府は自分たちが何をしているかをよく分かっているのである（*Daily Mail* 2004）。

ここでは、ギャンブルの普及を認めた場合に生ずる、特定の状況を描写しようとする戦略が取られていることに着目してほしい。つまり、ギャンブルは極めて望ましくない――下劣な――社会生活をもたらし、ギャンブラーとその家族に危険をもたらすと主張されている。これは道徳的議論の一種であり、ギャンブルの拡大を認めれば、われわれが当然にして嘆き、食い止めねばならなくなるような数々の社会的変化が生ずるだろうと示唆している。デイリーメールの予想が正しいとしよう。また、当時すでに、多くの種類のギャンブルがイギリスに存在していたことも考慮しよう。そのような状況では、スーパーカジノの禁止はリベラルな原理に強く反する、というリベラルな立場への熱意を奮い立たせることは難しいだろう。これは、ある物事の決定が多数派の感情に依存してしまうという一例である。イギリスにおけるおおよそのコンセンサスは、ギャンブルは規制の範囲内で容認されるべきだが、その規制は完全に正当化される、というものだと思われる。

ただし、私はいくつかのことを付言しないわけにはいかない。第一に、デイリーメールは、もしイギリスが高額の賞金によるスロットマシーンを認めれば、ギャンブル中毒が増加するだろうと示唆している。これは自然な考えであり、私自身もそう考えていた。しかし驚いたことに、これを支える証拠がないことが分かったのである。むしろ、スロットマシーンに中毒性があるのは、それが放つ騒々しい音と派手な見た目が原因である。また、少額の賞金を定期的に得られるという強化反応（reinforcement）がつねにもたらされるせいであり、まったくのランダムな間隔よりも頻繁に発生するように設計されているとされる、じれったい「惜しい負け（ニアミス）」のせいだ。極めて高額の賞金がかかっている場合、ギャンブラーは一回か二回はやってみようとはしても、何度もやろうという気にはならないだろう（DCMS 2001, ch. 17, 85-96）。

二つ目に述べたいのは、より警告めいた話である。ギャンブル再検討委員会の作業を進める中で、われわれはギャンブル依存症患者の「経済的コスト」を示す試算を行うべきだという意見が出された。これは困難な作業であり、中立的あるいは客観的な結果を得ることは極めて難しい。関連文献（そのすべてが、イギリスではなくアメリカのものだった）を調べた結果、ギャンブル業界が依頼した調査――そのほとんどが、カジノを新設する活動の一環として行われたものだろう――は、ギャンブル依存者のコストに関して、極めて低い数字しか示していないことが分かった。反対に、ギャンブル依存症の治療を行っている団体が依頼した調査は、極めて高い数字を示していた。依存症の治療が、高額ではあるがコストに見合ったものであることを示すためである。こうした文献を調べるのはやや気の滅入る作業だった。というのは、そこでは特定の利益を働きかけたり、別の研究が用いた調査手法をこき下ろしたりすることに、多くの知力が注がれてしまっていたからである。このばかばかしさを遠回しに指摘するために、われわれは報告書で次のように述べた。

イギリスにはギャンブルの費用便益分析に関するデータがないため、コストに関するイメージを最もよく示すためには、外国における調査に依拠するしかない。すでに示したように、ギャンブル依存者一人にかかるコストの幅は、金銭的に広範囲にわたる。NORC（シカゴ大学全国世論調査センター）による報告書は最も低い試算（ギャンブル依存者一人あたり三七三ポンド）を示している。一方で、キント氏による調査は最も高い試算（ギャンブル依存者一人あたり三万五三〇〇ポンド）を示している。こうしたコストを、イギリスにおけるギャンブル依存者の数（有病率調査によれば、二七万五千から三七万人の間）にあてはめると、イギリスにおけるギャンブル依存症にかかる年間のコストは、一億ポンドから一三〇億ポンドの間にあると考えられる（DCMS 2001, 96）。

われわれがここで示唆したのは、このような幅――一億ポンドから一三〇億ポンドの間――があるのであれば、こうした調査は実際には無意味だということだ。しかし、われわれは利口すぎてそれがあだになってしまった。数年後、ギャンブル制度改革への反対活動を展開していたある日曜紙の一面を見て、私は驚いた。そこには、「政府の公式の報告書によると」、ギャンブル依存者一人あたりの経済的コストは「一年で三万五三〇〇ポンドにも及ぶ」、と書かれていたのだ。まあ、それは確かにそうではあるが……。

法律を執行する

われわれが世論調査を行い、その結果、イギリス国民の過半数がギャンブルは禁止されるべきだと考えていることが分かった、という状況を想定してみよう。〔ただし〕私としては、そのような結果が出るとは考えにくいと言わねばならない。成人人口のうち70％前後の人々が、一年間に何らかのギャンブルをしたことがある、という調査があるからだ（Wardle *et al.* 2007）。これは高い数字のように思われるが、実は国営宝くじもまたギャンブルの一種なのである。宝くじを買う人の中には、それをギャンブルと思わない人もいるかもしれないが。しかし、それでもなお、過半数の人々が、現在のギャンブル制度は自由化されすぎており、規制が必要だと感じているということもありうる。次の状況を想定してみよう。ギャンブルをすべて禁止しないまでも、賭け店やカジノ、ビンゴ場、インターネット・ギャンブルを閉鎖し、競馬やドッグレースのみを合法な賭け事として残すのが望ましい、という考えが一般的に共有されているような状況である。実際にこれは、場外券売り場が導入され、その他の法律が自由化される前の、1950年代のイギリスの状況に極めて近い。

なぜイギリスで、より多くの種類のギャンブルが認められるように法律が改正されたのだろうか。改正前は、レース場内で行われる競馬やドッグレースへの賭け事は完全に合法だった。しかし、場外で合法的に行われる賭け事は厳しく規制されていた。掛け売りで賭け金を払える一部の富裕な顧客を相手に商売する、「賭けの胴元（ブックメーカー）」のみに限定されていたのである。これは、大多数のイギリス人が銀行口座さえ、ましてや胴元と取り引きするための掛け売り勘定などを、もてなかった時代のことである。賭け事をしようとする多くの人にとって、実際の賭け行為を行ったのはブックメーカーの使い走りだった。実生活を描く多くのドラマによく出てきて、警察官に庭の柵まで追いかけられる、あのお決まりの人物である。ブックメーカーの使い走りは、違法なブックメーカーの代理人であるか、賭け事をする一般の人と胴元とを仲介する違法なブローカーであった。違法であるにもかかわらず、場外での賭け事は非常に人気だった。ある統計によると、1950年代後半に、成人人口のおよそ25％が違法ギャンブルを常習的に行っていた町があったのだ（Davies 1991）。

デイヴィッド・キナストン（Kynaston, D.）は、違法な「路上ブックメーカー」の息子である、15歳のフレッド・ダンの話を次のように引用している。

父は、マンチェスターの中でより荒廃した地域の一つであるノット・ミルで、自分の縄張りにいて、防水シートをかぶりながら商売を行っていた。11時から3時まで店を開き、夜のドッグレースのために5時から7時にも店を開いた。自分のペンネームが裏に書かれた紙切れを使って賭けが行われた。ヨーロッパにおける最大の工業団地の一つである、トラフォードパークにある工場のどこにでも、使い走りはいた。毎日タクシーを走らせ、時計のついたバッグに賭け金を入れさせる（レース開始後に賭けが申し込まれたのではないことを確認するためだ）。帳簿もつけておらず、所得税も、賭け事への課税もなかった。最後に手に入るのは利益だけだ。払うべきお金といったら、警察への賄賂だけだった。週に2ポンドか3ポンドを渡せば、警察は自分の縄張りから離れてくれる。取り締りがあるときには、事前に知らせてくれるのである（Kynaston 2009, 193）。

このような規模での法律違反に直面したために、何かを変える必要があった。警察は法律を効果的に執行する手段をもっておらず、引用から分かるように、独自の行動をとることもあった。どのみち、警察はギャンブルに強硬に対処しようとした際には、市民から最低限の協力しか得られなかった。したがって、新たな法的アプローチが試されたのである。その際に前提とされた認識は、ギャンブルは奨励されてはならないが、止めることもできない、というものだ。したがって、ギャンブルを、厳しく制限された条件の下で認めた方がよいことになる。このアプローチは、「意図的に刺激されたわけではない需要（unstimulated demand）」という概念を示唆する。もし需要がすでに存在するのであれば、業者がその需要を満たし――あるいは「悪事の手助けをする」と言うべきか――、人々が法を犯すのを防ぐことができる。しかし、需要を刺激するようなことはしてはならない。この点で、ギャンブルは売春と同じように取り扱われている。つまり、その行為自体は合法だが、それを商売にして客を集めるのは違法だということだ。

先に、われわれが三つの問題を区別したことを思い起こしてほしい。それは第一に、ギャンブルは認められるべきかという問題。第二に、ギャンブルから利益を得ることは認められるかという問題。第三に、人にギャンブルを勧めるのは認められるかという問題である。1960年にイギリスで成立した新たな法律は、当初、最初の二つの問いには肯定的な答えを、三つ目の問いには否定的な答えを与えた。それにより、レース場外におけるギャンブルが初めて大規模に認められることになった。もともとの立法の意図は、主として賭け店を認めることにあったが、厳しい規制要件の下で、カジノでのギャンブルも認められることになった。しかしながら、その要件の詳細は十分に検討されておらず、ふたを開けてみると、カジノの数が爆発的に増えてしまった。合法カジノ店の数は、1950年代にはゼロだったが、1960年代半ばには千以上になったとされる。カジノは大金が回るビジネスであることから、当然にして、大規模な組織犯罪の温床と化した。たとえば、悪名高い双子のクレイ兄弟は、エズメラルダの納屋と呼ばれるカジノを所有していた。犯罪とカジノとの関連性は見過ごせないものとなり、1968年には新たな賭博法が成立した。それは、カジノの開設場所や営業条件に厳しい制限を加えるものだった。この法律により、カジノを開設するためには許可が必要となり、当局は開設申請を理由なしに、また抗弁させる権利を与えることなしに却下できるという規定も設けられた。その本来の目的は、カジノ業界から「悪徳」業者を一掃することであり、こうした厳格な措置はそのための唯一の方法と考えられたのである。

場外券売り場の問題に戻ると、それはもともと、そこに行って賭けを申し込む場所であり、外貨交換所のように、午後の時間を過ごすのが楽しいような場所とは考えられていなかった。だから、場外券売り場は、窓に暗幕が張られたまま、通りの外れにみすぼらしくひっそりと建っているものだった。また当初は、店内でスポーツの試合を放映したり、トイレを設置したりすることさえ認められていなかった。もっと厳しい規制を求めた人もいた。ロスチャイルド委員会は1978年に、場外券売り場をめぐる状況について次のように記述した。

前回の（1949年から51年まで開かれた）王立委員会は、……賭け店内を用もなくぶらつくことは犯罪とすべきであり、賭博師のために座席を設けてはならず、賞金は賭け事が行われている時間中に支払われてはならない、と勧告した。〔しかし、〕議会はこれらの勧告をいずれも採用しなかった。したがって賭博師は、午後の時間を自由に賭け店で過ごし、レースのたびに賭け続けることができた。他方で、こうした時間の過ごし方をより快適なものにするための措置は、ほとんど認められなかった。テレビの放映も、軽食の提供も認められなかった。また、広告と掲示物に関する規則のせいで、賭け店内の様子はたいてい暗く、地味で、重苦しいものになっていた。おそらくイギリスに特有の妥協の産物として、このような状況が生まれたのである（RCG 1978, 49）。

意図的に刺激されたわけではない需要、という原理は、それを宣伝してはならないということを意味する。実際に、カジノは多くの場合、店の外に「カジノ」という看板を掲げることが認められていなかった。先に述べたように、カジノ、そして驚くべきことにビンゴ場は、「クーリングオフ期間」を設けていた。既存会員の招待客でない限り、入店するためには会員権を申請し、48時間待たねばならなかった。イギリス国内のカジノよりも、海外のカジノに入店したことのあるイギリス人の方が多い、ということもありうるかもしれない。

イギリスのギャンブル法制の背景にある基本的な動機は、一つの重要な例外を除けば、いわば社会的統制である。世界の他の地域ではほとんどどこでも、ギャンブルを規制する主たる動機は、政府の歳入を増やすことである。ギャンブルは「恨まれない課税」の源泉とされ、政府は、カジノの開店許可料を高く売り、かつその利益を独占できるように、開店を許可するカジノの数を制限してきた。これにより、実際に、政府はギャンブルに関して、容認しえないほどの利益相反を招いているという議論が生じた(P. Adams 2008)。近年のイギリスにおける「社会的統制」アプローチに対する例外は、国営宝くじである。国営宝くじは、一連の任意の「良い目的」のための収入源として導入され、他のギャンブル業者には認められていない形での広告や宣伝を行うことができる。(驚くべきことに、大英博物館の建設費用は、1753年の一回きりの宝くじによって賄われた。)すでに述べたように、このような国営宝くじの特権的地位は批判を受けた。そして、この状況は、一部には賭博法の見直しによって変化し、いまではさまざまな種類のギャンブルを宣伝することができる。次第に、需要を刺激することを認めるような動きも出てきている。これは、次のような見方の変化を意味するかもしれない。つまり、かつてギャンブルは、一般的には望ましくない行為であり、禁止するのが不可能だという理由だけで容認されてきた。しかしいまでは、ギャンブルは他のさまざまなレジャー活動のうちの一つとみなされるような状況に変わった、ということだ。これを示す一つの例として、ギャンブル制度を再検討していた期間中に、それを所管する当局が、犯罪に主眼を置いた内務省から、それとはやや異なる文化・メディア・スポーツ省に移ったということがある。
イギリスにおける現在のギャンブル制度は、十年前よりもやや自由化されている。カジノやビンゴ場には入りやすくなり、ギャンブル業者は限定的ながら広告を出すことができ、インターネットでギャンブルをする機会は急速に増えている。それでは、こうした自由化は、ギャンブル依存症にはどのような影響をもたらしたのだろうか。われわれの委員会は業界に対して、ギャンブル依存症に関する研究と治療に出資する慈善信託を設立すべきであると提言した。そして、意外にも業界はこれに同意し、現在はGREaT（Gambling Research, Education and Treatment）財団（ギャンブル研究・教育・治療財団）と呼ばれている団体を設立した。ギャンブル中毒は深刻な問題となりうる。若きジョン・スチュアート・ミルを再び引用すると、

賭博台の上での悶々とした浮き沈みの展開を経験した精神状態は、すぐに強い刺激に慣れてしまい、常習的な酔っぱらいの体のように、どんな穏やかな刺激に対しても無感覚になってしまう。努力、勤勉という習性を取り戻すことは、完全に、永久に不可能である。そして、身についてしまった習慣はそれ自体として、何よりも犯罪といったものを引き起こしやすくなる（Mill 1986［1823］, 79）。

それでは、ギャンブルの提供機会を増やせばギャンブル依存症が不可避的に増える、と批判した人々は正しかったのだろうか。ギャンブル再検討委員会が設置される直前に、政府はギャンブルの「有病率

調査」を委託し、どのような人がどんなギャンブルを行っているのか、ギャンブルで問題を抱えている人の割合はどれくらいいるのかを調べようとした。すでに指摘したように、ギャンブル依存症を判断する方法にはさまざまなものがある。しかし、２０００年に発表された指標によれば、イギリスの成人人口のうち０・６から０・８％が、ギャンブル依存者に分類されていた（Sproston *et al.* 2000）。二回目の調査が、２００７年に行われることになった（Wardle *et al.* 2007）。この間に、インターネットでのギャンブルが発展し、他にも規制緩和が進んだことから、政府と業界はギャンブル依存者の大幅な増加を覚悟していた。新聞はすでに、世の終わりを予告するような社説を準備していた。なにしろ新聞各紙は、当時、ギャンブル中毒を充たすために会社から何千ポンドものお金を横領した、といった人々に関する記事を載せ続けていたのである。しかし調査結果が発表されると、メディアの期待に大きく反して、少なくとも主要な指標については、何の変化もなかったことが分かったのである。ギャンブル依存症患者の割合は同一だったのだ。新聞は、イギリス社会の堕落を憂える、お説教めいた記事を没にせねばならなかった。なぜそうなったのかは分からないが、結果はあらゆる予測に反していたのである。私がこれを執筆している時点で、三回目の調査が行われているという。

結論——哲学にとっての教訓

この章で得られる第一の教訓は、望むらくは、われわれが前章ですでに得たものである。つまり、ある哲学的理論を採用し、それを公共政策の領域に適用した場合、端的に公的には受け入れられにくい結論が生まれる可能性がある。今回の例は、ミルの自由の原理である。この原理によれば、ギャンブルに対する規制はすべて否定されることになるが、これは今日の政策的議論の中では受け入れられない立場である。すでに指摘したように、ミル自身もこの立場をただちに否定した。ギャンブルは容認されるが、それは依存症の習慣が生ずる可能性を減らすような条件の下でなければならない、という現実的な妥協論に反対するのは難しいように思われる。人々の根本的な趣味嗜好というより、娯楽の種類のあり方が問題になっている場合ではとくに、政府はわれわれに間違ったことをさせないように努めねばならない場合がある。

第二の教訓は、有病率調査から分かるものである。ギャンブルの機会を増やすとギャンブル依存症が増える、というのは自明に思えるかもしれない。しかしそうはならなかったのであり、それは高い賞金のかかったスロットマシーンが、必ずしも中毒性の高いものではないのと同じだ。ここでの教訓は、世の中はしばしば予想しえない形で動くということである。また、もしある議論が経験的な根拠に基づかねばならないとしたら、予測が証拠よりも先走ることもある、ということだ。もちろん、後の章でみるように、その証拠を批判的にとらえる必要もある。しかし、ここでの教訓は明白である。経験的な主張には経験的な根拠が必要であり、それがどれほど一般的でもっともらしく見えたとしても、常識は根拠にならないということだ。

第三の教訓は、おそらく最も興味深いものである。賭博法が1961年に改正されたのは、それに効果がなかったからだ。人々はギャンブルを行っていただけでなく、ギャンブルを禁止する法律を破ってもいたのである。これを逆に言うと、法律を作ってある問題を解決できると考えたのに、人々が新しい法律を守ってくれないとすれば、いまや二つの問題が生じていることになる。あるいは三つの問題かもしれない。そこでは、一般的な遵法精神もまた損なわれていく危険性があるからだ。

第三章　ドラッグ

イントロダクション

先進国社会の法律は、快楽や気晴らし用のドラッグ――医療目的ではなく、意識を変化させる効果のために使われる薬物――の製造、供給、所持および使用を規制している。こうした法律は、リベラリズムと公共政策の双方に対して難問を提起する。前章で述べたように、多くの自由主義者は、個人の行動の自由に干渉できる唯一の正当性は、他人に対する危害の防止だけである、というミルの格律に口先では同意している（Mill 1962a［1859］）。しかしながら、現在違法扱いになっている多くの薬物を使用することによって生ずる、第三者に対する顕著な危害を見出すことは極めて難しいのである。これがリベラリズムにとっての難問なのだ。この場合の第三者への危害は、当然ながら、広大な違法マーケットの存在によって生ずる危害を考慮に入れていない。そして、そもそも闇市場があるということそれ自体は、こうした禁止措置を正当化する論拠として用いることはできない。

われわれはすでに、公共政策はミルの「危害防止原理」に従っていない場合が多いと指摘した。そして、あらゆる政府は、個人が自分自身に加える危害のリスクを減らすために、さまざまな形で個人の生活を監督することを当然の義務とみなしているとも指摘した。だが、公共政策にとっての問題が生ずるのはここだ。一見すると、規制の強さは、ある行為や物質がもたらす、あるいはもたらすおそれのある危害の性質と当然関連しているべきだと思われる。しかしながら、現在違法扱いになっているドラッグのいくつかは、現在合法扱いになっているいくつかの有毒物質、とりわけアルコールやタバコよりも、使用者本人と第三者に対する危害がはるかに小さいのである。しかし、公共の場での喫煙規制がますます強まっているにもかかわらず、タバコやアルコールの摂取が処罰されたり、アルコールよりも害の少ない薬物すべてが合法化されたりする可能性はなさそうだ。だから、社会が現にドラッグを規制しているのは、それがもたらす危害の観点からではないと思えるのだ。実際の規制の根拠はちょっとした謎である。

現在違法扱いになっている薬物の中には、現在合法扱いになっている薬物よりもはるかに害の少ないものがある、ということは疑わしく思われるだろう。そこで、エクスタシー（ＭＤＭＡ）とエタノール（つまりアルコール）を比較した、「二つのＥの話」という短い論文の中で、デイヴィッド・ナット（Nutt, D.）が示した証拠を検討してみたい（Nutt 2006. STC 2006, ev110-17 と Nutt *et al.* 2007 も参照せよ）。デイヴィッド・ナットは、イギリスの薬物乱用に関する諮問会議の元議長として有名な人物であるが、エクスタシーの使用と乗馬のリスクを比較するといった、大胆な見解を示したせいで解任された（Nutt 2009）。しかし、この出来事の前にも彼は物議を醸す著述を行っていた。その数年前に、彼は短い論文で、イギリスでは毎年平均、アルコールで早死にするのが二万二千人であるのに対し、エクスタシーで早死にするのは十人だけだと主張していた。この数値には議論の余地があるが、桁については疑義がない。当然ながら、エクスタシーの使用者よりもアルコール摂取者の方が多い。しかしこれを考慮してもなお、アルコールは統計上、エクスタシーよりも約二〇〇倍の人の命を奪うのである。（思い起こしてほしいのは、エクスタシーが違法扱いなのは、これが他のもっと中毒性の高い有毒物質としばしば「混ぜ」られていることを意味していて、これがエクスタシーの危険性の一つだと言われている点である）。

アルコールは、とくにヘビードリンカーである場合、人の脳にダメージを与えることも知られている。しかし、エクスタシーにこうした効果があるという証拠は不完全で、議論を呼んでいる。MDMAを注入されたサルが脳にダメージを受けたことが「証明」された、とする悪評の高い実証研究があった(Ricaurte *et al.* 2002)。しかし、それは後に撤回されたのである。研究者らは、経口投与によってその実験を再現することに失敗し、その後に、サルはもともとの実験では、実際には誤ってメタンフェタミン（クリスタル・メス）が注入されていたことを明らかにしたのだ(Ricaurte *et al.* 2003)。この実験の撤回にもかかわらず、MDMAには脳にダメージを与える明確な科学的証拠があると広く信じられている。しかし私が言える限りでは、それを示す研究はない。科学者が、もし実験が成功すればこうなるだろうと予測するものとは違って、ないのだ。

ナットは、アルコールは多くの交通事故死、暴力事件、肝硬変、心臓病を引き起こすが、エクスタシーにはそのような効果はまったくないとも指摘した。さらに、エクスタシーは攻撃性より情愛の感情をもたらすもので、むしろ暴力を防止するとも示唆した。これと似たことが、大麻やLSDについてさえ言えるのであり、それらは多くの科学者によって、アルコールよりはるかに健康に対する害が少ないと考えられている。大麻についてそう言えるのは意外に思えるかもしれない。というのは、大麻の服用と何らかの精神疾患との関連はよく指摘されてきたからだ。しかし、大麻と精神疾患の関係性はなお論争中だし、アルコール中毒もまた、一時的および長期的な精神的疾患を引き起こしうるのは明らかだ（大麻と精神疾患との関係については、W. Hall and Pacula 2003, W. Hall 2006, Fergusson *et al.* 2006 および Hickman *et al.* 2007 を参照せよ）。ある研究チームの指摘によると、大麻について最も危険なのは、それを服用するためには、一般的に他の有毒物質も一緒に服用する必要があるという点である。それはタバコの煙なのだ（MacLeod and Hickman 2010）。

そこで、現行の規制に首尾一貫した根拠があるかどうかを探るために、私はまず、薬物政策の根底にあるより深い諸前提について考察することにする。その後に、薬物規制に関する（驚くほど短いが）哲学的論争を検討したい。

イギリスにおける現行の規制

若干の背景知識を与えるために、イギリスの薬物関係法令を短く、やや単純化された形で概観しておきたい。その要点は、「規制対象の」ドラッグは、次のように三等級に分類されているということだ。

A級…コカイン、クラック、エクスタシー、ヘロイン、LSD、メタドン、メタンフェタミン（クリスタル・メス）、注入用のシロシンとアンフェタミンのエステルを含むマジック・マッシュルーム。

B級…アンフェタミン（メタンフェタミンではない）、バルビツール酸塩およびコデイン。大麻は最近、C級からB級に移った。

C級…ケタミン、タンパク同化ステロイドおよび軽い精神安定剤。

A級ドラッグの所持に科せられる刑罰の上限は、七年の服役プラス罰金である。すべての等級について、犯罪となるのは「所持」であり「使用」ではないことに注意してほしい。その方が立証の基準がより明確だからだろう。A級ドラッグの供給については、最高刑は終身刑プラス罰金である。供給は「販売」という意味ではない。規制対象のドラッグを、代金を受け取らずに他人に与えるだけでも、供給とみなされる。こうした等級分けは、硬直的になされているわけではなく、見直しもときとして行われる。それは、薬物乱用に関する諮問会議の助言を受けて行われるが、大麻についてよく知られているように、その助言がつねに守られているわけではない。

最高刑が科されることは極めてまれだが、薬物犯罪はイギリスではありふれており、多くの時間と刑務所の資源を費やしている。たとえば、２００４年にはイングランドおよびウェールズで、十万五千件もの薬物犯罪が起きた。そして約一万人が、薬物の主として売買に関わる罪により、平均して三二ヵ月の服役判決を受けて刑務所に収容された（Mwenda 2005）。アメリカの法律はより複雑で、州法と連邦法が異なることがままあるが、連邦法の方がより厳しいことが多い。アメリカにおける刑事司法システムの実態からいえば、大麻を所持しただけで、実質的に終身刑が科されることもありうる。（事例についてはHusak 2002, 3を、アメリカにおける薬物と投獄に関する背景についてはBarry 2005, 95-108を参照のこと。ただし別の観点として、Kennedy 1997も参照せよ)。

社会の根本的な薬物戦略

薬物規制の問題は、多くの法律領域において極めて重大なものとして取り扱われている。したがって多くの国は、薬物関係法に加えて、それに一つの方針を与えるための根本的な戦略を策定している。1989年に発表された論文で、ダグラス・フサーク(Husak, D.)は次のように述べている。「この論文がいつ読まれようとも、アメリカは間違いなく、おそらく終わりの見えない「対ドラッグ戦争」をまた開始するのだろう」(Husak 1989, 353)。アメリカはさまざまな時代において、「ドラッグのない社会」を実現したいと表明してきた。この目標を掲げているのはアメリカだけではない。スウェーデンも同じことを表明している(W. Hall and Pacula 2003, 189)。アメリカにおいてこれは、「対ドラッグ戦争」の宣戦布告を意味し、それはさまざまな戦線で展開している。その最も重要な対策は、ドラッグの使用者と販売者に厳しい刑罰を科すことと、ドラッグの供給網を断ち切ることだ。

ドラッグ撲滅という考えが、どのように政策に具体化されていくべきかということは、完全に明確になっているわけではない。しかしながら、その中心にある発想は、政策は、それがドラッグ使用の根絶にとってどれだけ効果的かという観点からのみ評価されるべきだ、という考えのようだ。つまり、どんな手段を用いようとも、ドラッグの使用者数と使用量が少なくなればなるほどよい。もちろん予算の制約はつねにある。しかしここでは、「お金に見合う価値」の考え方、つまりドラッグの使用というコストを他のコストとバランスさせる、といった考慮はある意味で場違いである。そうした考慮は、せいぜい政策を遂行する上での副次的な制約にはなるかもしれないが、政策そのものを形成する目的を追求する上での制約にはならない。しかしながら、このような目的が現実には達成できないとするならば、ドラッグなき社会を目指そうという政策によって、全体としてはどのような結果が生ずるのだろうか。ドラッグなき社会という戦略を文字通りとれば、あらゆるドラッグが等しく悪であり、排除されるべきものとして扱われねばならないことになる。しかし、このような無差別なアプローチをとった場合、他の戦略をとった場合よりも、ドラッグに関連した危害が増えるかもしれない。たとえば、ヘロインの所持とエクスタシーの所持が法律において同等の重さで扱われており、かつヘロインがエクスタシーよりも入手しやすいような状況があるとしよう。すると、ヘロインの方に手を出してしまう人が増えるかもしれない。他の状況であれば、彼らは、ヘロインの使用の方が罪が重いために、あるいはヘロインの方が等級が高いのだから危害が大きいはずだというメッセージを感じとって、ヘロインの使用を思いとどまっていたかもしれない。実際の例として、大麻を服用した痕跡は、その他の多くのドラッグを服用した場合よりも体内に長く残る。だから、薬物検査の現場では、人々はよりハードなドラッグを好むということが言われている。無作為検査によっては、その痕跡を検出することがより困難だからだ。

したがって、ドラッグなき社会という目標に明白に代わるべきなのは、ドラッグによる害悪を最小化する、という目標である。これは、近年までのイギリスを含むいくつかの国で採用されてきた。イギリス政府は次のように表明していた。「この対薬物戦略は、ドラッグが社会にもたらす害悪を減らすことを目指している。それは、コミュニティ、個人、そして家族に対する害悪である」(Home Office 2007)。この考えによると、あるドラッグは別のドラッグよりも「ソフト」なものとして取り扱われる、ということが認められる。そして、最もハードなドラッグの使用を減らすことが、規制の主たる目的になる。イギリスの法律において、さまざまなドラッグが異なった取り扱いを受けている理由はこれである。まさにこれは、もし結果としてドラッグによる危害がトータルで減るならば、ドラッグの使用者と使用量を増やすような効果をもたらす政策であっても、それを認めるべきだという考えと一致するように思われる。たとえば、より危害の大きいドラッグの使用を止めさせるために、最も害の少ないドラッグを入手させやすくさせる、といった策が考えられうる。

ドラッグによる害悪を最小化させるということは、ドラッグの使用がもたらす、直接的というより間接的な一定の害悪を認めることだとすれば、さらに過激な帰結が生ずるかもしれない。たとえば、注射を使ってドラッグを使用する人は、汚染した注射針を通じてＨＩＶや肝炎にかかるリスクがある。したがっていくつかの社会では、麻薬中毒者にそのリスクを避けさせるために、試験的に「麻薬注射所」や「注射針交換所」が設置されてきた。さらに、ドラッグ中毒者が、薬物を手に入れるお金を工面するために犯罪を起こさないように、彼らにヘロインを処方してやるようなことも試されてきた。

この考えをさらに推し進めると、投獄と犯罪歴というコストもまた、ドラッグ使用による間接的な害悪に含められ、天秤にかけられるべき要素として認められることになる。おそらく現在のところ、ドラッグに関連する害悪として最も大きな二つのものには、第一に、犯罪者の投獄に起因するもの——つまり、投獄された人の人生の損失と、それに関連する公的財政支出がある。第二には、売買契約が銃口を突きつけられながら行われるような、ドラッグの巨大な闇市場に関連して生ずる社会的コストがある。もしこれが正しければ、ドラッグに関連する害悪が最小化されるべきだという考えに基づいて、現行の規制がきちんと目的を果たしているのかどうかを再考すべき、十分な理由があるのだ。

一般にこうしたアプローチは、ドラッグの使用はなかなか治らない感染症のような、「公衆衛生」の問題として考えられるべきだという考えをともなう。刑事司法システムの介入を必要とするような問題としてではなく、である。これが、まさにイングランドの実態であるとも言われてきた。オスロ大学の精神医学の教授であるヘルゲ・ワール（Waal, H.）は、1999年に発表した論文で次のように述べた。「イングランドの薬物政策を伝統的に特徴づけてきたのは、麻薬捜査班ではなく医師が中心にかかわる医療的モデルである。そして麻薬中毒者は、訴追されるべき犯罪者というよりも、治療されるべき患者とみなされている」（Waal 1999）。これは、アメリカと対比した場合には妥当な見方かもしれないが、それ自体としてはやや美化しすぎた見方のように思われる。しかし、ポルトガルについては適切な説明かもしれない。ポルトガルでは2001年に薬物法が改正され、ドラッグを個人的な使用のために所持しても、服役刑を受けないことになった。

〔以上の見方によれば〕さらに理論上、次のような考えがありうる。それは、すべての害悪が政府にとっての固有の関心であるわけではなく、ドラッグ使用によって自分自身に加えられる危害については、政府は無視すべきだという考えだ。たとえば、急進的な意見をもつ精神科医であるトマス・サス（Szasz, T.）は次のように論じた。ドラッグの使用を公衆衛生の問題としてとらえることは、多くの人はそれを極めて賢明な政策とみるだろうが、個人の自由に対する侵害である。もし人々が気分転換のためにドラッグを使用したいなら、彼らはなぜ病気であるとみなされねばならないのか、と彼は主張したのだ（Szasz 1992）。これは、心配する親や政治家を説得することできないだろうが、正当な主張かもしれない。

考えられうる根本的な戦略とそれによって生じうる政策的含意を述べても、それ自体では何も解決できない。しかし、それは実行可能な選択肢を理解するのに役立つし、さまざまな選択肢の中からある方策を採用する正当性は何なのか、という問題を提起してくれる。この問題の考察に役立つものとして、ドラッグ以外の二つの「社会的害悪」を比較してみたい。それは、殺人と環境汚染である。私が思うに、われわれは、なぜ殺人のない社会を実現したいのかを完全に理解できる。そして、殺人は「特別」なものであり、費用対効果分析にかける単なる一つの費用などではないとわれわれはみなしている。もちろん、〔殺人を政策的に防ぐ上での〕予算的な制約はある。しかし、もし内務大臣が次のようなことを発言したとしたら、それは極めておかしい――まず道徳的に擁護できない――と思われるだろう。つまり、治安当局はさまざまな検討を行った結果、あらゆる殺人を防止しようと努めたり、あらゆる殺人犯を捜査したりすることはコストに見合わないので、一定の類型の殺人はもう防止、捜査、訴追されないことにすると決めた、などと発表した場合である。

対極的な例として、「環境汚染のない社会」という目標を掲げてみても、選挙で票は得られるかもしれないが、それで賢明な政策を生み出せるとは思われない。極めて重いコストをもたらす汚染は存在するし、それらを除去しようと努めるのはまったく正しい。しかし、われわれが知る限り、極めて小さなコストしかともなわない、ささいな生活妨害でしかない汚染もある。そして、もしそれを除去するコストが極めて高いのであれば、なすべきことは、一定程度の汚染は許容して、コストとベネフィットの最適なバランスを実現することだとわれわれは思うかもしれない（もちろんそれは、単に経済的な費用と便益に限られるものではない）。

殺人と環境汚染の違いは何であろうか。さまざまな答えがありうる。一つには、殺人は権利の侵害であり、権利は他の社会的目標とトレードオフされるべきではないという考えがある。ただし、これでは漠然としすぎている。たとえば、財産権は強制収用により制約されることもある。別の答えとしては、生命の価値は測ることのできないもので、費用便益計算の対象ではない、という考えがありうる（この問題は次章でまた論じる）。しかし、些細なことより何より重要なのは、殺人を防ぐことはある意味で特別なものであり、他のコストやベネフィットに関する通常の主張をかき消す、という考えである。環境汚染は、それが生命に対する「明白かつ現在の」危険をもたらす場合には特別なものになりうるが、それを防止すること自体は特別なものではない。政策立案者が問うべき問題は、薬物使用の防止は、殺人の防止と環境汚染の防止のどちらに近いのかという点だ。薬物使用による害悪が特別であることを示し、ドラッグのない社会という目標を要請することのできるような根拠は存在するのだろうか。

薬物規制に関する哲学的諸議論

リバタリアン的自己所有論

薬物規制に対するおそらく極めて厳格な一つのアプローチは、自己所有権というリバタリアン的原理から出発することであろう。そこから導き出されるのは、人は自分の体の中に入れたいものは何でも服用する権利があり、よってドラッグは、他の商品と同じく自由な市場の中で製造され、販売されるべきだという考えだ。これは本質的に、前述したサスの立場だ。しかしながら、ほとんどのリバタリアンは、自己所有権だからといって、他人に何らかの害悪を加えることは許されないということを認めるだろう。したがって、人にはドラッグを服用する権利があると言う前に、薬物使用がもたらすであろう帰結のいくつかを検討する必要がある。したがってこの考えは、本質的に、すぐ後に検討するミルの立場に帰着する。

帰結主義的リバタリアニズム

リバタリアン的、自由市場的な主張の背景にある別の前提は、現在の規制が、少なくとも一定程度は失敗しているという認識である。つまり、現在の政策が、抑止効果を完全に発揮しているとは到底いえないという認識だ。イギリスにおける薬物使用に関する統計をみると、政府の数字によれば、全成人の34％がこれまでに一度でも違法薬物を使用したことがある。そして、11％は調査された時点までの一年の間に、7・1％は一ヵ月の間に使用していた（DH 2005, 187）。15歳から24歳の間の人々については、これまでの人生で45％、一年以内では27％、一ヵ月以内では17％の人が、薬物を使用していた（DH 2005, 38）。すべての年齢層について、最もよく使用される薬物は大麻だった。以下の問題も考慮に入れてほしい。第一に、少数であっても逮捕され訴追された人々を投獄することが、個人と社会にもたらすコストがある。第二に、闇市場が存在することによるコストがある。第三に、野放図な薬物供給に起因する過剰摂取と中毒の問題がある。これらを考慮すれば、すべてのドラッグの製造と供給を合法化する方がはるかに望ましい、と論じられることがある（アスピリンといった、医師の処方箋がいらない薬物の販売例にならってであろう）。さらにつけ加えて、その場合には政府は極めて高い税金を課して、税収を増やすことができるとも論じられる。

しかしながら、薬物を合法化することによってその害悪を減らすことができる、という考えにはさまざまな問題がある。第一に、これがもし闇市場を排除するためには有効な方策だとしても、それが犯罪全体にどう影響を与えるかは分からない。文脈が異なるが、ジョン・アダムズ（Adams, J.）による例を用いると、もしかつて麻薬密売人だった人が、新しくできた暇な時間を祖母とお茶を飲んで過ごすなら、犯罪率は下がるだろう。しかし、もし強盗を始めようと思ったなら、犯罪は増加するだろう（J. Adams 1995）。第二の問題は、新たに合法化されたドラッグの価格はいくらになるだろうかという点だ。もしそれらのドラッグが、一般の商品と同様に扱われるなら、その価格は主として製造コストによって決まるだろう。一ヵ月のヘロインを供給するのにかかる費用は、一ヵ月のコーヒー、あるいは砂糖の供給コストと同じでさえあるかもしれない。こうした状況下では消費が急増してしまう、という指摘はもっともだ。もし、アルコールやタバコと同様に、おそらくは課税を通じて価格が高く維持されるならば、そのせいで、違法な闇市場で合法的な市場よりも安い価格で薬物が売られるような状況が生じてしまうだろう。要するに、ドラッグを合法化することにより、問題が解決されるよりも増えてしまうのかどうかはまったく予測できないのだ。分かるのは、問題状況が変わってしまうということだ。

第三の問題は、私が英国医学アカデミーでの仕事の一環で、かつてドラッグ中毒者だった人たちに聞き取り調査をした際に分かったことだ。私は彼らに、ドラッグが合法化され、処方箋のいらない薬と同じように普通の薬局で買えるようになった方がいいと思うかどうか訊ねた。彼らは、それは破滅的な結果になると言った。中毒で破滅的になるのではなく、危険な犯罪のリスクを高めると考えたからだ。彼らが言うには、まずもって、店の在庫が店員によって盗まれるかもしれない。だがより深刻なのは、薬物中毒者が店の外で待ち構えていて、店から出てきた客に窃盗を働くようになるかもしれないということだ。それはほとんど無法地帯になるだろう。

最後に、ドラッグの合法化に難点がある理由として、われわれは、自分たちのためを思って市場を監督する、パターナリスティックな政府に慣れきってしまっているということがある。そのため、もしドラッグの購入が解禁されれば、多くの人が、政府はとうとうドラッグは安全だと太鼓判を押してくれるようになったのだ、とつい考えてしまうだろう。人々は、「政府がドラッグの購入を認めるというなら、それは自分にとってそんなに悪いものであるはずがない」と思うだろう。政府はそうではないと説得に努めるにしても、である。

ミル流の議論

ミル流のリベラリズムに基づく議論によれば、気分転換や快楽用のドラッグを規制する唯一の根拠は、薬物使用によって生ずる危害、あるいはそのおそれである。当然、薬物使用がこのような危害をもたらすという主張はある。たとえば、薬物の使用は、中毒になり明らかに攻撃的な薬物使用者が引き起こすケンカ、撃ち合いやその他の惨事に人を巻き込むことによって、他人に危害を加える。それは、中毒になった配偶者との関係性やその所得を奪うことによって、家族に危害を加える。それは胎児を、出産前に有毒でつねに危険な環境にさらすことによって傷つける。それは子どもを、薬物で腐敗した親による虐待にさらすことによって傷つける（Sher 2003, 12-13）。

もし薬物の闇市場がなくなれば、薬物絡みの銃撃戦が起きるのかどうかはともかく、それ以外の危害については、薬物の使用方法、その使用者、また状況によっては生ずる可能性があるということは、われわれはここで少なくとも認めねばならない。しかし前章でわれわれが指摘したのは、ミルの議論は、危害あるいはそのおそれだけで、何かを禁止する十分な理由になるというものではない、ということだ。そのような考えにしたがえば、人間のほとんどの活動が妨げられてしまうだろう。すでに挙げた自動車運転の例に加えて、原子力発電所、化学工場、あるいは花火工場について考えてみてほしい。ミル自身が挙げた例は、経済的競争と競争試験であり、これらはそれに負けた人々の経済的利益に損害を与える。死亡をも含む身体的危害を引き起こす、またそのおそれがあるとしても、なすことが認められている行為の例はたくさんある。そして、再び繰り返すが、薬物使用がもたらす第三者への危害は、アルコールの摂取や乱用がもたらす第三者への危害よりも、比較的に小さいのである。

ミル自身の枠組みにおいては、危害をもたらす行為に対する規制の強さは、その行為のもつコストとベネフィット〔の性格〕に依存しているように思われる。したがって、彼が言うには、毒薬を購入する理由が殺人のためというだけなら、それを禁止することができる。しかし、多くの毒薬は、ネズミを駆除するといった別の便益をもっている。よって、われわれはむしろ、薬剤師に客の購入記録を保管しておくよう義務づけて、販売に関する規制を設けるべきだ。人に対する毒薬事件が起きた際に、警察が出来合いの被疑者のリストを入手できるようにするためである。

次のようなことは言えるだろうか。アルコールと違法ドラッグの違いは、前者が後者にはない利点をもつという点にある。だから、ミルの枠組みにおいて、アルコールは自動車運転や経済的競争と同列に扱われるが、ドラッグを完全に禁止することは可能である、と。このため、たとえばアルコールは適度に飲む人にとってはある程度健康によい、とよく言われるのに、ドラッグについてはそのようには言われないのである。だからといって、鬱、痛み、筋肉けいれん、食欲不振を治したりするために、違法ドラッグを自己治療（セルフメディケーション）として用いる人がいるということが否定されるわけではない（ホームレスの薬物使用者の間で見られるセルフメディケーションに関する多くの事例証拠については、Masters 2005を参照せよ）。しかし、私が知る限り、現在違法扱いになっているドラッグが、一般の使用者にとって健康上の恩恵をもたらすという主張は存在しない。

しかしながら、わずかな健康上の恩恵のあるなしによって、アルコールと違法ドラッグに対する異なった法規制が正当化されるとは思われない。さらに、薬物使用がもつ恩恵についていえば、比較的少数の中毒者を除けば、薬物使用者は、それから得られる快感といった体験を求めて服用するのである。ピーター・ド・マーネフ（de Marneffe, P.）は、ドラッグの合法化をめぐってダグラス・フサークと議論した際、次のように認めた。つまり、「気晴らし用のヘロインの使用は、リラックス効果と快感をもたらすもので、それは良いことだ」と（in Husak and de Marneffe 2005, 157）。また、違法ドラッグを使用したことのある人が極めて多いことも思い起こしてほしい。幸福に関する「顕示選好（revealed preference）」理論を信ずる人にとっては、これは極めて驚きの数字であろう。とりわけ、このような形で自分の選好を明らかにすることは、犯罪歴、罰金、そして投獄を受けるリスクを冒すことだからだ。しかし、哲学的により深遠な幸福観を考慮してもなお、多くの人々がアルコールによってそうするのと同じように、ドラッグによって快楽を得ているという事実は否定しがたい。ドラッグは使用者自身に何の恩恵ももたらさず、第三者に多大な危害を及ぼすから禁止できる、という議論は極めて通りにくい。この主張の両側面〔＝ドラッグは使用者自身に何の恩恵ももたらさないという点と、第三者に多大な危害を及ぼすという点〕とも、すべての薬物使用について一般化されれば、極めて弱い主張に見えてくる。この主張が、ある特定のドラッグについてあてはまるのかどうかは、もちろん一歩先の問いである。

アルコールと（何らかの）ドラッグの使用を、その効果に関する何らかの首尾一貫した根拠に基づいて区別できる、と考えるのはおそらく愚者の誤りだ。多くの違法ドラッグは、アルコールと別ものというより、むしろ近いのである。そこで、このセクションの残りではアルコール摂取の問題を脇に置き、次のセクションで再びこれを扱うことにする。

真正性（Authenticity）

ドラッグの使用に反対する別の論法は、ドラッグは本物でない（inauthentic）経験をもたらす、というものだ。ドラッグの使用者は快楽を感じるが、その快感を「獲得する」ために何かをしたわけではない。それはむしろ、現実生活からの逃避だ。しかしながら、この議論に対してはいくつかの反論が存在する。一つは、これは他の多くの合法的な体験にも共通することだ、というものだ。たとえばオペラを見に行くとか、アクション映画を見るとか、その他の多くの活動の何であれ、同じことである。もう一つの反論は、それはドラッグを使用しないことの理由にはなっても、ドラッグを禁止すべき理由にはなりえない、というものだ（Brock 1984 も参照せよ）。

生物学的懸念

ドラッグが一般的に作用する仕方それ自体が、道徳的非難の根拠になると論ずる人もいる。本質的に、脳の中には「応報（reward）」というシステムがある。つまり、個人の生存や再生産にとって有益な行動には、肯定的な強化反応（reinforcement）が与えられる。しかし、これと逆の効果をもつ行為には、否定的な反応が与えられる。人間の脳はこのように発達してきたとされる。たとえば、食事やセックスには快感がともない、物理的ダメージには痛みがともなう。ドラッグは、このシステムから基本的に外れるもので、通常の原因なしに報酬が与えられる。まさに、ドラッグは人間の生存を危機にさらす行動に報酬を与えるのである。これ一つをとっても、道徳的懸念を生じさせるのに十分だろう（Waal 1999）。

しかしながら、哲学者は、物理的に自然、あるいは正常とされるものを根拠にする議論に対しては、つねに疑念を抱くものだ。そして、この議論もわれわれの疑念を免れるものではない。自然的なシステムがその本来の目的を果たしていない、ということ自体は、われわれにとって問題ではない。もしそうだとしたら、避妊もまた悪になってしまうだろう。もしドラッグの服用が人間の幸福にとって何の悪影響も与えないのであれば、この「生物学的」議論には何の道徳的意味もなくなる。よって、問題になるのは生物学的メカニズムではなく、薬物使用によって生ずる結果であり、とりわけ中毒なのである。ドラッグの常習的な使用は健康に悪影響をもたらし、人生のさまざまな側面に対する関心を吸い上げてしまう。薬物習慣は家族、友人、仕事やその他の利害、社会的関係性などの無視につながりうる。ドラッグが生物学的システムを破壊するということは、ドラッグがあれほど強力に作用する理由についての興味深い説明ではあるが、道徳的な意味はないのだ。

正義

ダグラス・フサークは、その旺盛な著述活動を通じて次のように主張してきた。「これだけ多くのドラッグ使用者が投獄されている中で、ドラッグを禁止し続けることは、20世紀におけるわれわれの刑事法システムが犯す最悪の不正義である。これにまさる不正義がアメリカの歴史にあるとしたら、それは奴隷制度とネイティブ・アメリカンに対する卑劣な仕打ちだけだ」(Husak 2002, 2)。フサークは、(巨大かつ利益の上がるドラッグの闇市場とは区別される)、ドラッグの使用によって生ずる第三者への危害という主張は、あまりに誇張されており、現行の政策を正当化するものではないと考えている。むしろ、現在のアメリカにおける規制は、個人の権利を侵害するものだと彼は論ずる。

フサークは、リバタリアン的な自己所有の考え方——人は自らの身体に対してあらゆることをなす権利をもつ、という考え——からは距離を取ろうとする。むしろ、彼が言うには、「もし人々がドラッグについて信じている多くのことが正しいのなら、われわれの政策は正当化されるだろう。フライパンが卵に対して加えるようなこと〔危害〕を、脳に対して加えるドラッグの服用を認めることなど馬鹿げている」(Husak 2002, 10)。(やや驚いてしまうこのアナロジーは、アメリカの反ドラッグキャンペーンで用いられているものだ。)この「馬鹿げている」という言葉が適切かどうかはともかく、フサークは、極端な自己危害を避けることは、政府が法律で対処すべき正当な目的であるということは認める。

フサークの議論はかなり明快だ。つまり、大きな快楽をもたらし、目立った害悪をほとんど与えず、さまざまな合法的な活動と同じく他者に危害を加えないような行為を、法的強制のメカニズムによって妨げようとすることは道徳的に擁護できない。このような主張に帰着するのである。

したがって、この議論には経験的要素が入ってくる。それは、ドラッグはよく言われるほどには危害をもたらさない、という経験的主張だ。ただし、ドラッグ使用がもたらす危害について、明確な証拠を得るのは意外にも難しい。もちろん、過剰摂取や汚染した注射針からの感染の問題は、十分に立証されている。しかし、「清潔な」ヘロインを、規則的に、抑制して使用した場合の物理的危害は何であろうか。医学の教科書には、これについての記述はないようだ。一つには、これを検証することが極めて難しいからだろう。救急治療室や中毒者向け病院にいる患者や、囚人を調査対象にすることはできるが、それはドラッグ使用者の中のほんの一部である。こうした明白な理由により、全ドラッグ使用者の正確な代表的サンプルを得ることは難しい。倫理委員会を通じて、ランダム化比較試験をしようという試みもあまりうまくいかない。「自然」実験はあまり役に立たない。ほぼすべてのドラッグ使用者は、一つ以上の有毒物質(もしこれにアルコールとタバコが含まれれば)を服用している。そのため、特定の物質に対する特定の危害を検出することは難しい。複数の物質間の相互作用が考慮されねばならないときには、とくにそうである。また当然、因果関係を知るためには長期間の調査が必要だが、大量のドラッグ服用者は、二回目あるいは三回目の調査には姿を見せないことが多い。

しかしわれわれは、政府にはドラッグの使用を減らすために介入する義務があると納得しているとしても、なお刑罰には及ばないさまざまな方策を取ることは可能だ。そしてこうした方策は、アルコールやタバコに関しては一般的に採用されているのである。（ギャンブルに関してもこれと似た方法が取られている）。たとえば、

・健康上の警告の表示
・需要を減らすための課税
・薬物の質の規制、最も危険な種類のドラッグの販売禁止
・製造と販売の禁止
・刑罰はともなわないが、所持と使用の禁止
・罰金あるいは投獄による、所持と使用の処罰

薬物規制以外の分野では、その規制の目的が人々を自身に対する危害から守ることである場合、ある行為が服役刑によって処罰されることはいまではほとんどない。かつて自殺未遂者は服役刑を受けたが、この法律は廃止された。それは明らかに望ましくなかった。また、自動車運転中のシートベルト着用義務違反に対する処罰は、罰金のみである（DfT 2007, 126)。フサークが、自分自身のみに危害が及ぶ行

為をなす人に、厳しい処罰を加えることの哲学的正当性は不確かであると述べたのはまったく正しい（in Husak and de Marneffe 2005）。もちろん、自己に危害を加えることによって、たまたま他人にも影響が及ぶかもしれない。たとえば、有益で希少な資源に損害を与えるといったことだ。そして、これを理由に、自分自身への危害のみにとどまる行為などありえない、と言われることがある。少なくとも、誰かが後始末しなければならない。しかし、人がある特定の行動をするのを止めるためにもコストはかかる。法執行にはお金がかかる。どちらにしても、われわれはつまずいてしまう。しかし、こうした間接的な影響を別にすれば、自分自身に危害を加えた人を罰するというのは、ある方法で自分に危害を加えようとしたことについて、別の方法でまたその人に危害を加えるという、やや倒錯したことのように思われる。

ド・マーネフは、フサークに次のように応答する。少なくともいくつかのドラッグ、とりわけヘロインについては、それを服用する子ども（あるいは中毒者の親をもつ子ども）の人生の発展にとってのリスクが極めて高い。ゆえに、そのドラッグの製造、販売、使用を全面的に禁止することは正当化される、と（in Husak and de Marneffe 2005）。しかし、この主張には、ドラッグの供給者や販売者とは異なり、ドラッグを使用する大人への処罰を正当化する根拠が欠けている。ド・マーネフは、フサークの議論を批判しつつも、ドラッグ使用者への処罰を正当化することを試みていない（in Husak and de Marneffe 2005, 129）。

ただし、自分自身に対する危害への処罰を、抑止の考えに基づいて正当化する議論を見出すことは不可能ではない。もしその自己危害が極めて深刻で、そうした行為を止めることが必須であり、投獄という脅しのみが抑止として効果的である、という状況があるとする。その場合には、一定の条件下で服役刑を科すことは受け入れられるかもしれない。しかしながら、この議論の背後にある諸前提は、いずれも極めて不確かである。

刑罰を正当化する別の根拠――あるいは、同じ根拠の異なった定式なのかもしれない――は、刑法一般を正当化する古典的な議論にならうものである。それは、われわれは個人として、短期的な満足が視野に入ってきたときには、長期的な利益の方を選ぶことは難しいという議論だ。ドラッグ、とくに中毒を起こすリスクが極めて高いドラッグを服用することに何の長期的利益もないのなら、短期的利益と長期的利益を揃えるために、処罰が必要とされ、正当化されるかもしれない。要するに、われわれはユリシーズとセイレーン★2を思い起こす必要がある。ドラッグは中毒の可能性があるから特別なのであり、それが、人間のもつ長期的思考の近視眼性と組み合わさった場合は、とくにそうなる（Waal 1999, 143）。したがって、ドラッグを禁止するだけでなく、その使用を処罰することをも支持する議論が存在する。そして、これに反対する議論もある。われわれはどうすべきだろうか。

★2　古代ギリシアのホメロスの叙事詩である『オデュッセイア』に出てくる話。主人公のユリシーズ（オデュッセウス）が航海中に、怪物セイレーンはその歌で彼の船を惑わせようとしたが、ユリシーズは船乗りたちに耳栓をさせる一方で、自らをマストに縛りつけた上でセイレーンの歌によって暴れる姿を彼らに見せることによって、セイレーンの歌が聞こえている合図とし、無事危機を乗り越えた。

方法論的諸問題

多くの政治哲学者は、ルソー（Rousseau, J.-J.）の『社会契約論』の冒頭の文章に触発される。

私は、政治的秩序の中に、確実かつ正当な政府の支配が存在するかどうかを検討するつもりである。その際、人間についてはあるがままの姿を、法についてはありうべき姿を、考慮に入れることにする（Rousseau 1973b［1762］, 90）。

これはしばしば、人間の本性を前提とすれば、われわれは不可能なことを人々に要求すべきではない、という賢明な考え方として理解されてきた。法律は、ルソーが示唆するには〔人間本性よりも〕もっと柔軟性をもっている。しかしこれに対して、法律家や法哲学者は別の指針に従わねばならない、とも言えるのではないだろうか。それは、人間があるがままに扱われるだけでなく、法についてもまた、少なくとも当面の間は、あるがままの姿を考慮せねばならないという指針だ。つまり、想像上の理想的な社会に対して法を打ち立てることは結構だが、目下の課題は、いまの世界に対処することなのだ。よって、政策的な理由により不可避的に議論されるべきなのは、理想上の法や規制ではなく、現行法の改正である。

この問題は、フサークが薬物政策を論じる方法と関わっている。つまり彼は、問われるべきは、われわれが法改正を唱えるべきかどうかではなく、〔そもそも〕薬物の使用を処罰する正当性があるかどうかだ、ということをまず読者に理解させることから議論を始めたのだ。自分自身のみに危害が及ぶ行為を罰することは正しい、と立証することのできる哲学的根拠は存在するだろうか（Husak 1989, 1992, 2002, and in Husak and de Marneffe 2005）。このような言い方をすれば、それは確かに難問だ。私は、自己危害の処罰を正当化する議論をいくつか概観してきたが、それらは経験的ないくつかの前提に依存している。そして、それらの前提は不確かであり、多くの場合では、間違っているかもしれないのだ。

フサークは、自分自身ではドラッグの非犯罪化を正当化しなくてもすむような条件の下に、議論を枠づけようとしている。結局のところ、ドラッグの非犯罪化がもたらす影響を予測することは極めて難しい。一例を挙げるだけでも、前述したように、既存のドラッグ業者が、市場での販売機会を失うことにどう対処するだろうか、という問題がある。彼らは、暴力を用いた窃盗を始めるのだろうか。ドラッグが非犯罪化されれば世界が良くなるのかどうかを、自信をもって言える人はいない。フサークは、非犯罪化を云々することは、議論において現状維持派に不当な優位性を与えてしまうと指摘する。だからむしろ彼は、法改正によって生ずる便益というよりも、正義への考慮という観点から論じようとするのである。

しかしながら、この考えのもつ問題点は、政策的議論は理想について争うものではない、という点だ。それは変化をめぐる議論なのである。現状維持に議論上の特権的地位を与えたくない人は、それでも、有意義で説得力のある議論を提起することはできる（シンガーと動物の権利の事例で確認したとおりである）。しかし、彼らは目下の政策的議論にとっては影の、また周縁的な存在とみなされるだろう。だからといって、現状維持が道徳的に特権に値するというわけではない。値する場合もあるだろう。現状は長年の英知の積み重ねだからだ（Burke 2009［1790］を参照せよ）。値しない場合もあるだろう。現状は長年の偏見の積み重ねだからだ（Mill 1962b［1863］を参照せよ）。どちらかといえば、変化を正当化することは、現状維持を正当化することよりも難しい。変化は予期せぬ結果をもたらすからだ。これは、「見知らぬ悪魔より知り合いの悪魔の方がまし」という原則である。

この問題の重要性を理解するために、アルコールとドラッグに対する取り扱いの違いという難問に戻りたい。最近の研究では、アルコールは、ヘロインとコカイン（およびそれらから派生した薬物）を除く、ほとんどすべてのドラッグよりも害が大きいと考えられている。だとすれば、一方ではアルコールを、他方ではエクスタシーと大麻を、異なって取り扱うことはどのように正当化できるだろうか。哲学的理論の観点からみて、これはじつに難問であり、答えはないように思われる。われわれの法律の中には、まったくの矛盾があるのかもしれない。同等の危害をもたらすアルコールとドラッグは、当然同じように扱われるべきだ。しかし、公共政策の観点からみて、この議論は通用しない。「アルコールとタバコにより生ずる問題が深刻ならば、それは実際には、ドラッグをさらに合法化してはならないという論拠になるのである」（Waal 1999, 159. Sher 2003 も参照せよ）。つまり、われわれはすでに、自己に対する十分な――多すぎる――ほどの危害を加えるのを認めているのに、なぜもっと多くの危害を――それがより小さいものだとしても――認めようとするのか、という議論になる。社会はどこかに一線を引かねばならない。もし、われわれが現在の状況を理解した上で、〔政策を〕初めからやり直すならば、別の場所に一線が引かれることになる、ということは人々は認めるだろう。しかし、われわれはやり直しをしているのではなく、現状のままなのだ。

それでは、こうした政策的議論において、純粋な哲学的推論の居場所はどこにあるのだろうか。理念について議論する余地はない、と主張するのは荒唐無稽だろう。もちろんそれは必要だ。そうでなければ、変化が生まれ、推進されることはなくなってしまうだろう。しかし、理念についての議論は出発点であって到達点ではない。そして、哲学者はもし政策のもたらす方向性に影響を与えたいなら、いまあるがままの政策論議に参画せねばならないのだ。こういう姿であってほしいと望む政策論議に参画するのではない。われわれは先に、現状維持に特権的地位を与える一つの理由をみた。それは、変化は不確実な結果をもたらすということだ。二つ目の理由は、当然、人々は現行の法律に基づいて期待を形成しているので、変化させるためには正当性が必要であり、移行期間という問題にも対処せねばならないということだ。しかし、それにもまして認識すべきなのは、政策が明確で首尾一貫した理由に基づいて導入されることは、極めてまれだということだ。妥協やコンテクスト、プラグマティズムがいつも背景にある。また、政策が純粋な原理に基づいて導入されることが極めてまれであるならば、首尾一貫した推論だけで変化を起こすことができる、と考えるのはナイーブだ。だからといって、原理に関する議論の余地がないというわけではない。まさに、そうした議論は行われているのである。たとえば、先述したような「社会の根本的な薬物戦略」の下で、ドラッグなき社会やその他の何かを目指すべきだ、といった議論であれ何であれ、行われている。詳細な次元において議論する余地もある。たとえば、細かい例外や矛盾、事例ごとの区別を指摘するといったことだ。他の社会的状況の変化と合わせた政策の改革を提言する余地もある。しかし、哲学者は、目前の政策にいくらかでも影響を与えるためには、ぐっとこらえなければならない。そして、議論が政治的でプラグマティックな関心によって設定された条件と範囲の中でしばしば行われることを、受け入れねばならない。

ただし、現状から議論を始めるということは、いまあるがままの姿を受け入れるという意味ではない。もし改正案が「性に合う」なら、変化の可能性はある。たとえば、薬物政策全体の社会的目的は、危害の削減であるべきだという考えに立ち戻り、アルコールを容認する現行制度が、すでに大きな危害をもたらしていることをわれわれが認めているとしよう。もし、何らかのドラッグ——とくにエクスタシー、そしておそらくは大麻——がアルコールより害が少ないことも認めるなら、次のような明確な結論が導き出されるだろう。つまり、これらのドラッグを合法化すると、社会における危害は全体として、増えるのではなく減るということだ。人々が、より危害の大きい行動を、より危害の少ない行動に変えるよう促されるからである。これはもちろん経験に基づく主張だが、もし十代の若者が飲酒量を減らし、金曜日や土曜日の夜によりソフトなドラッグを服用するようになれば、暴力行為は減り、救急治療室に運ばれる人も減るだろう。もちろん、ドラッグの合法的な提供がアルコールの消費を減らすのかどうかについては、実証的に調査する必要がある（逆に、大麻の消費はアルコール消費量の増加に起因する、とも言われてきた（W. Hall and Pacula 2003））。また、そうしたドラッグが、よりハードなドラッグへの「入口」になる、という仮説も綿密に検証する必要がある。しかしながら、この分野において哲学的推論を行うメリットは、それにより議論が明確化され、ともすれば「タブー視される提案」であったかもしれないものを提起することが可能になることだ。仮に、経験的証拠に基づく主張が認められる状況にあり、しかしドラッグ合法化の提案が受け入れられていないような場合があるとする。その場合には、「危害の低減」がそもそも政策目標ではなかったことが露呈するのであり、その政策を説明する必要性が生ずる。政策立案者はさらなる熟慮、検討を強いられるだろう。哲学者が、理想の観点からというより、既存の議論の条件内で主張を展開することができれば、より大きな影響力をもつ他の人々が関心を示してくれる可能性もある。

それでもなお、以下の問いを提起することには意味がある。それは、結局のところ、大きな改革がすぐに議題には上らないかもしれないのかどうかという問題だ。また、改正を唱える人の数が多ければ多いほど、改正がより実現されやすくなるのかどうか、という問いもある。現状維持は破られうる。今日のドラッグ使用の問題と、１９５０年代におけるギャンブルの問題には、興味深い類似性がある。前章でみたように、レース場外での賭け行為が、厳しく規制および管理された条件の下で合法化されたのは、現行法が、それ以外の場面では概して法律を守る多数の国民によって破られていることが認められたときなのである。よって、その法律は執行不可能であり、予防および禁止措置をとる上で、著しく多くの警察力と裁判の時間を使い果たしてしまっていた。これには聞き覚えがないだろうか。

結論――哲学にとっての教訓

これまでの二つの章で述べたテーマの多くがここでも浮かび上がるが、繰り返すつもりはない。私が引き出したい新しい教訓は、二つだけである。ただし、第一の教訓は、すでに本書の序論で触れたものだ。それは、われわれはいま現在いる地点から出発せねばならないということだ。われわれが、考えられうるすべての帰結を、いずれも同等に生じうるものとして考慮に入れ、「再出発」を遂げるなどということはまずない。議論には「現状維持バイアス」があり、それにどれだけ哲学的な正当性がないと思えようとも、政策においてわれわれはそれを背負っている。だからといって、ラディカルな変化が不可能だというわけではない。ただ、公共政策の議論においては、「地元チーム」が大きなアドバンテージをもっているのだ。

第二の、そしておそらくより意外な教訓は、哲学者が得意とする武器は、公共政策においてはやや切れ味が悪いということだ。それは、矛盾を指摘するという武器である。セミナー室では、非一貫性を指摘することはおそらく最も強力なツールだ。もしあなたの対論者の立場が矛盾していて、その人がそれを認めれば、あなたの勝ち、議論はそれでおしまいだ。矛盾した立場を取っていいわけがない。しかし、公共政策においてはこれはなかなか通用しない。もちろん、最もあからさまな矛盾は問題である。もしある法律では日曜にダンスをしてはいけないとされ、別の法律ではダンスすべきとされていたら、それは対処すべき深刻な問題だ。しかし、もしエクスタシーとアルコールの取り扱い方が矛盾していると分かった——実際にそのように思われる——とすれば、どうすべきだろうか。それでもなお法律を守り続けることはできる。理想的には、当然ながら矛盾はない方がいい。しかし、多くの法律は、対立するさまざまな利害の妥協の産物であり、さまざまな法律が異なった人々によって、異なった目的のために、異なった時代に作られている。一貫性を望むのはいいが、それを期待するのは馬鹿げている。そして、矛盾を指摘しても、それは決定的な論拠にはならない。またしてもここで、哲学と公共政策は議論の基準を異にしていることが分かるのだ。

第四章　安全性

イントロダクション

私は1996年に、北京で行われたあるサマースクールで、現役の大学教員とその志望者に対して講義を行った。学生の中にとくに親しげな一人がいて、彼と休憩時間に話をしていると、私の家族について尋ねられた。そのうちにわれわれの話題は、私の妻がどのような仕事をしているかという話になった。私は著作物に関する流通市場についてもたもたと説明しようとすると、彼の興奮した発言によって遮られた。「ああ、先生の奥さんは商売をしているのですか！　私の妻もですよ」と。控え目に、また自慢げでありながら気の利いた同情心の混じったような調子で、彼はさらに言った。「でも、私の妻の方が先生の奥さんよりもお金持ちだと思いますよ」。私は、彼がとても高級な靴を履いているのにすでに気づいていたので、もっと話を聞きたくなった。

彼は、自分の妻と義理の母が、中国南部で「低品質の自動車部品」を製造する工場を所有していると教えてくれた。中国では多くの人が古い車を運転しているので、車の修理が必要なとき、車よりも寿命の長い部品を買ってお金を無駄にする人などいないだろう、と彼は説明した。彼らは、低品質の部品は安全性が低いことを知っており、それを承知した上で部品を買い、おそらく普段から運転もしているのである。みながこの事情を知っている。さらに、その隣にある工場では「一週間用の靴」を製造しているという。それは一夜のイベントのために外出した際には映えるが、家に帰ったらもう捨てるのである。どちらの場合でも、唯一問題になるのは、ブローカーがそれを大量に購入し、まともな商品として梱包し直して、海外で売ることだ。当時、イギリスでは偽造された自動車部品をめぐる不祥事が起きていた。私は、この人の妻が、この問題の原因と完全に無関係なのかどうかと疑わざるをえなかった。

自分自身で「低品質」と認めるものを製造し、売ってもいいということを聞くのは新鮮だったが、同時にショッキングだった。とりわけ、そうした部品が正しく作動するかどうかに、人々の命がかかっているからだ。厳しい規制が設けられた経済社会においては、そのようなことは考えられないだろう。もちろん、最新の安全装置――最高級のバンパーやエアバッグ、高性能のブレーキシステムのついた車など――にもっとお金をかけることはできる。高品質の火災報知機や、風呂場の安全マットにすらお金をかけることもできる。われわれはみな、自分の生活がどれほど安全であるべきかを決定しているのである。しかしながら、あらゆる家の設備、あらゆる仕事場、そしておそらくあらゆる店におけるすべての商品が、最低限の安全基準をパスしていなければならない。なぜだろうか。

これは馬鹿げた問いに聞こえるかもしれない。安全基準が必要なのは当たり前だ。しかし、安全性はなぜそれほど特別なのだろうか。人は何かを買うときに、自分の好みや財布を考慮し、自分にとって最適な決定を行おうとする。高級な食事をするかジャンクフードを食べるか、運転手つきのロールスロイスに乗るかバスに乗るか。それを決めるのは、予算の制約を考慮した上での自分自身の判断である。しかし、自由な市場を誇る社会であっても、安全性が問題になると立ち止まって考える。安全性に関する自由市場があるとすれば、人々は購入するものの安全性を、品質の一要素として検討するようになるだろう。「今日は何を買おうか。低水準の自動車部品にしようか、あるいは高水準の自動車部品にしようか」と。しかし、こうしたことの多くは、われわれの手を離れた問題である場合が多い。われわれは、一定の安全基準以下の、損害あるいは死を引き起こすリスクが極めて高い商品を買うことはできない。そもそも、法律上購入できないのである。

もちろん、規制を設ける妥当な理由はいくつかある。低品質の自動車部品について再び考えてみよう。この販売を禁止する第一の、また極めて明白な理由は、すでに述べたように、この部品が知らない人に対して高品質の部品として偽装販売されるかもしれない、ということだ。これは、消費者保護の必要性が生ずる典型的な問題の一例である。一般的に、商品の売り手は買い手よりも多くの知識をもっている。そして、売る商品の質について、やや恣意的な情報を与えるというよくある商法を用いて、売り手はこのことにつけ込むことができる。たとえばイギリスで、食品安全基準が設けられる前の19世紀末においては、チョークの粉によって膨らませたパンは普通に売られていた。酒場では、一口飲むたびに口が渇くような、塩を混ぜたビールが提供されることもよくあった。自由市場を擁護する人は、こうした客を欺く行為は、競争によって駆逐されるだろうと主張する。しかし、〔実際に〕規制が必要だったという事実は、理論と実態がつねに一致するわけではないということを示しているように思われる。消費者は、その知識不足を補うために保護が必要であり、そのための方法の一つは、単純に、知識のある客なら買わないであろう商品の販売を禁止することだ。それは、極めて重い危害や死のリスクをもたらす商品などである。

ただし、この問題を解決するために、危険な商品の販売を禁止までする必要はないという議論もありうる。消費者の知識不足に対処する別の方法は、人々の知識を向上させることである。このことは、消費者団体が欠陥商品を暴き、別の商品を薦めるような雑誌が登場していることからわかる。これは情報における市場を作るもので、消費者のための一種のスパイ活動である。さらに、食品表示制度を不断に整備することも消費者の知識向上に役立つ。おそらく、表示制度は販売禁止と同じくらい効果的だ。もしパンに「チョークの粉 40%」などと表示されていたら、誰がそれを買うだろうか。それでは、一つの例として、文字が読めない人についてはどうすればよいだろうか。19世紀後半では、こうした人たちは少なくなかった。それほどお金を払えない人たちも当然いる。今日においても、たとえば、かさを増すために水を注入したハムを買うような人たちはいる。

最初に始めた議論――情報不足は搾取、そして結果的に危害につながるという議論――は、別の議論に変わり始めた。つまり、もし人々がすべての関連情報を得られたとしても、合理的な判断をできるという期待はもてない、という議論にである。この二つ目の議論は「パターナリズム」の一形態であり、それは前の二つの章で扱ったものだ。つまり、ある種の父親が子どもに対して、保護しつつも小うるさく口出しするような態度で、成人を扱うことである。パターナリズムは、当然ながら強く疎まれることが多い。またそれは、消費者が単に関連情報を得る時間と知識をもてない、という議論とはまったく種類が違う。しかしながら、その実質的な帰結は同じだ。つまり、われわれは、他の品質の側面を規制するのと同じように、すべての商品が最低限の安全基準を充たすようにすべきだ、という結論において一致するのである。

知識不足のへのつけ込みやパターナリズムといった問題以外に、われわれは、自動車は運転手にとってのみならず、保護が必要な道路利用者にとっても危険になるということも認識すべきだ。これは、経済学者が「外部性」あるいは「第三者効果」と呼ぶもの、またその他の人々が「他者への影響」と呼ぶものの例である。ある人の選択や行動は、許可を与えたり留保したり、あるいは是認や抗議したりする機会すらもたない他者に、影響を与えうる。分かりやすい例は公害だ。これは極めて一般的な、否定的な外部性の一つであり、ただで得られるが、なければいいと思うものである。肯定的な外部性もある。肯定的な外部性とは、要するに、支払いを求められることのない無料の景品である。心地よい近所を通り過ぎる人は、健康によい景観という肯定的外部性を得る。残念ながら、否定的な外部性の方が、当然にしてより多く存在する。否定的な外部性をもたらすことは、コストを他人に転嫁することと同じだ。低品質の自動車部品を買う人は、いくらかのお金を節約し、そのことによって、自分自身のみならず他人に対してもリスクを増加させる。したがって、多くの社会が、ある人の行動——消費者の行動も含む——が他者への危険を増させることのないようにとくに努めているのは当然だ。そしてこれは、規制を正当化する説得力のある別の根拠になるように思われる。

ここまで挙げた事例はすべて、人々の選択を制約する正当性に関するものだった。しかし、ときとして、われわれはまさに選択肢をもっていない、ということが問題になるのである。鉄道旅行について考えてみてほしい。ここで、真に自由な市場であれば、たとえば高額で安全な旅と、低額で危険な旅の選択肢を人々に提示するだろう。もし、完全に別々の十の鉄道会社が、ロンドンからマンチェスターまでを別々の路線を通って運行し、異なる価格で異なった安全レベルを提供しているとする。そうであれば、われわれは各自で、自身にとっての価格と安全性のトレードオフを選択することができる。しかし、路線は一つしかないのだ。したがって、安全性は個人の自由な選択に委ねられるという考えは、選択肢が一つしかないときには通用しない。独占市場が存在するところでは、安全レベルもまた独占されている。われわれはみな、同じ安全レベルを受け入れねばならない。そしてこの場合、規制当局は、その基準がどうあるべきかについて介入せずにはいられないのである。

安全基準を設ける

われわれは、政府が最低限の安全基準を設定するのはまったく正当だ、と納得すべきなのかもしれない。しかし、そうした基準はどのように決められるべきだろうか。この問題の重要性と難しさを実感したのは、かつての私の学生が、自分の働いている組織を見舞っていたある問題を検討することに関心があるかどうか、私に尋ねてきたときである。その組織とは、鉄道安全基準委員会のことだ。私はイギリス人の鉄道好きをまったく理解も、共有もしたことはなかったので、この仕事がたいして面白そうなものだとは思わなかった。しかし私は好奇心が湧き、彼の上司が書いた論点メモを検討することに同意した。最初の数パラグラフを読んで、私は夢中になってしまった。

当時、つまり2001年頃、イギリスにおける鉄道会社の評判はずたずただった。重大な事故が多発していたからだ。そのうちのハットフィールドでの事故では、高速鉄道が通過している際に線路が粉砕したことにより、四人が死亡した。鉄道会社は、このような形で線路が破損したことはこれまでになかったと主張した。その結果、イギリスにおけるすべての線路が点検されることになった。これは時間のかかるプロセスで、点検期間中には、未点検の線路には厳しい速度規制が設けられた。路線網が安全だと宣言されたのは数ヵ月後だったが、その間は混乱の数ヵ月だった。いつ目的地に着くのか分からないまま、電車に乗るのである。通勤に、通常は一時間のところが十時間もかかるという話があった。鉄道会社は最悪の不振に陥り、国民の多くは、安全性は失墜しており、会社は極めて怠慢だと感じていた。多くの人は、これは十年前に行われた鉄道民営化による結果だと考えた。この民営化は、イデオロギー的に動機づけられ、かつ稚拙に行われたものであり、納税者と鉄道利用者を犠牲にして、多くの人が巨額の利益を得ることを可能にするようなものだと広く思われていた（Wolmar 2001; Jack 2001）。

これは、少なくとも一般的に共有されていた考えであり、新聞を読みテレビを見る者として、私の意見でもあった。鉄道の安全性の問題はスキャンダルであり、何らかの対処をする必要があった。しかしながら、私が読んだ調査論文の一つは、やや異なったとらえ方をしていた。その論文は第一に、鉄道に適用されている規制の枠組みを説明し、安全性を向上させるためにいつお金を費やすのが必要になるのか、またならないのかを論じていた。私は、鉄道規制について原則があることを知らなかったが、実のところ、イギリスにおける安全規制の中核にあるのは、単純な計算原理である。この点はすぐ後に説明する。その論文は第二に、鉄道交通は、実際には統計的にみると、重大な衝突事故を含めた場合であっても極めて安全だと指摘していた。イギリスでは鉄道により死亡する人は年平均で約三〇〇人であり、これは大きな数字のように聞こえる。しかし、そのうちの約二〇〇人が、大変不幸なことに自殺を試みた人である。その他の死亡者の多くは線路侵入者だ。たいていは泥酔していたか、あるいは一部には、最終列車はもう通り過ぎたと不運にも思い、夜遅くに線路を通って帰宅しようとした人々である。実際の乗客、あるいは乗車しようとしていた客の死者は平均して一〇人であり、そのほとんどは駅で滑ったり転落したりしたことによる（たとえばRSSB 2008を参照せよ）。当時、イギリスでは毎年、道路では約三五〇〇人が死亡し（イギリスは道路交通安全について、世界の中では好成績の部類に入る）、そのうち約二五〇〇人が自動車の搭乗者だった（現在では数字は下がり、毎年の死者数は約三〇〇〇人である。ONS 2009を参照せよ）。こうした数字はすべて、私にとって新発見だった。メディアで鉄道衝突事故があれほど報道されていることを考えれば、そうした事故は何度も発生していて、多くの命が奪われていると思うだろう。しかし、実際には衝突事故はまれであり、約十人以上の死者を出す事故は、本当に極めてまれだ。過去数十年のイギリスにおいて、道路よりも鉄道での事故によって死亡した人の方が多かった週はないかもしれない。

私に送られてきた論文は、鉄道の安全性について生の事実を示していた。次に指摘したいことは、情け容赦のない論理に従うものだ。最近のいくつかの新しい鉄道安全対策のために使われた費用は、最低限の基準をはるかに上回っていた。もし乗客の死亡者数が極めて少ないならば、さらに死者数を減らすためには、莫大な金額がかかるだろう。例を挙げると、私が論文を読んでいた当時、政府と鉄道会社は、メディアにあおられてATP（Automatic Train Protection: 自動列車防護装置）と呼ばれる新しいコンピュータ式信号システムを導入すべきかどうか議論していた。導入を支持する人でさえ、それによって平均して一年で二、三人程度の命しか救えないことを認めていた。しかし、導入するには約六〇億ポンドかかる。それは、たとえば十年にわたって、一年間に二人の命を救うための六〇億ポンドである。ここで、もしあなたが六〇億ポンドをもっていて、人の命を救うことがあなたの目的であるならば、それを鉄道の安全対策に使うのは最も馬鹿げた行為の一つであるに違いない。道路交通安全、公的医療、あるいは海外援助に使えば、十倍、百倍、おそらく千倍もの命を救えるだろう。したがって鉄道会社は、安全対策を怠っていたというわけではない。むしろ、議論されていた新しい装置についてはもとより、すでに投入されていた装置のコストについても、かなり無駄遣いをしていたといえるかもしれない。このような規模での浪費——おそらく駅のトイレに金メッキの器具を取りつけるのに等しい——は、通常であれば犯罪的な無駄だとして批判されるだろう。国民が要求する通りにさらに費用をかけることは、問題に輪をかけるだけだ。よって、会社は単純にどうすべきか分からなかったのだ。

　このような見方をすると、われわれはすでに鉄道の安全対策に十分費用をかけてきたのであり、それは大変結構なことだが、さらにかける必要がないのは明白に思えるかもしれない。しかし、私が読んでいた論文が明確にしていたように、実際の事故——赤信号を列車が通過し、別の列車に衝突したとか、線路が崩壊したとかいった事故——のいくつかを見直して、命を落とした人や打ちのめされた親、パートナー、子どもについての話を聞くと、物事はかなり違って見える。人の死、とくに避けることのできた死は、いずれも悲劇だ。一人の死でさえ多すぎる。だから、もし安全性を向上させる策を知っているなら、それを実施すべきだと言いたくなってしまう。しかし、このような考えがどのような帰結をもたらすのかについて、われわれはすでに指摘したところである。つまり、わずかな改善のために莫大なお金を費やすという帰結だ。

哲学的にいえば、このディレンマは二つの道徳的観点の対立としてみることができる。もし自分のお金を最も効果的に使いたいなら、それによってどう最大の利益が得られるのかを検討する必要がある。今回の例では、それは最も多くの命を救う方法にお金を使うことだ。すでに指摘したように、こうした推論により、われわれは鉄道の安全性の向上にさらに費用をかけるのではなく、実行可能な手段によってより多くの命を救える方法を探すべきだ、という結論が導き出されるだろう。これは「帰結主義的」な道徳的視点であり、それによってわれわれは、いまある手段を用いて最大の善を実現するよう方向づけられる。つまり、最善の結果を達成することだ。功利主義は最もよく知られる帰結主義の形態である。それは「最大多数の最大幸福」を求めるようわれわれに教えるもので、この原理は世界における幸福の全体量を最大化すべき要請として一般に解されている。

功利主義は、伝統的で宗教的な道徳に対する、人道的で啓蒙的なオルタナティブとして主張された。伝統的で宗教的な道徳によれば、正しい行動とは、人間がつねに行ってきたことか、神により命ぜられたことかのどちらかになる。ジェレミー・ベンサムと、ジョン・スチュアート・ミルを含む彼の追随者は、伝統的な道徳学説がもたらす服従と抑圧の道を放棄した。そしてそれに代わり、もしある方策が、すべてを考慮した上で、人間（あるいは感覚をもつ他の生物）にとって善でないのなら、それは道徳的に要請されないという考えを示した（Bentham 1996［1781］; Mill 1962b［1863］）。これは人間の解放を目指す学説であり、もし受け入れられれば、18世紀と19世紀における伝統的な道徳的束縛を抜本的に見直すことが求められるものだった。それはたとえば、女性に専門職や大学への道が閉ざされていたことや、同性愛と避妊が禁止されていたことなどだ。

しかしながら、功利主義の問題点は、道徳を人間の幸福に基礎づけていることではなく、幸福の合計を最大化するという観点から正しい行動を定義している点である。これが意味するのは、原則として、他人のためにある人の犠牲が認められるということだ。より強い言い方をすると、多数の人々の小さな利益のために、少数の人々の極めて大きな犠牲が要求される、ということである。少数の人にとっての、死さえも含むような大きな不幸より、極めて多くの人にとっての小さな快楽〔の合計〕の力が上回る場合には、最大幸福は、前者をもたらす措置によって増加するだろう。これはまさに、鉄道の安全性の例で確認したものだ。多数の人々が少数の人々の死を喜んでいるということではない。そうではなく、われわれは、鉄道の安全性向上のために犠牲にできる程度について限度を設ける、ということだ。そして、安全対策に限界を設ければ、そうしなかった場合よりも多くの人の死が不可避的に生じるだろう。

功利主義的な推論を、鉄道の安全性を含めた何らかの領域に対して適用するためには、まず、取りうる行動についての潜在的なコストとベネフィットのリストを作る必要がある。そして、それがどれだけの幸福ないし効用（あるいはその逆の、不幸ないし不利益）をもたらすかを評価せねばならない。ここですぐに、どのようにして人間の幸福に意味のある数字をつけることができるのか、と疑問に思う人もいるかもしれない。これは極めてもっともな指摘であり、重要な問いだ。これは「個人間の効用の比較」という問題だが、ここでそれにこだわるのはわずらわしい。当面はこの問題を脇に置くことにするが、後にまた触れることにする。

しかしここで、次のことを想定してみよう。国税によって賄われる新しい安全システムを、鉄道網に導入すべきかどうかを決定するプロセスの一環として、われわれがさまざまな政策についての効用の損益を計算したとする。もし導入しないなら、おそらく一年に一人か二人が、新システムの下でなら救われていたであろうが、死亡するだろう。これは、当然ながら極めて重大な効用の損失だ。しかしながら、新システムのためにもし増税するなら、それもまた効用の損失をもたらす。払う税金が増えた人が、他のために使えるお金を減らしてしまうからだ。これは一人あたりでは小さな損失にすぎないが、何百万もの人がお金を減らすなら、全体の効用の損失はかなりのものになる。ここで、関係している量がすべて計算可能であるとすれば、小さな効用の損失が十分に集積すれば、少数の極めて大きな損失を次第に上回っていくだろう。よって功利主義によれば、極めて残念ではあるが、安全対策の導入は正当化されないと判断されるだろう。増税による利益――わずかな人数の命を救うこと――が、それがもたらすであろう効用の損失を上回るほどには十分でないからだ。したがって安全性の事例において、われわれはより大きな善のために、少数の人々を犠牲にしなければならない場合がある。

功利主義を批判する多くの人にとって、この議論によって示されるのは、犠牲が正当化されるということではなく、功利主義は道徳理論としてはまったく間違っている、ということなのだ。国税のわずかな増税額を惜しむがために、一定数の人々の死を認めるということが、どうして道徳的に受け入れられようか。功利主義的推論に対するこうした批判を支える道徳哲学上の立場は、「義務論」あるいは「義務に基づく」推論といわれる。しばしば、「絶対主義（absolutism）」と呼ばれることもあり、本章の残りではこの名称を使うことにする。この理論類型の背後にある基本的な考えは、道徳というものは、少なくとも通常の状況においては、帰結に関する考慮を上回る何らかの根本法則を設けるというものだ。

こうした理論にはさまざまな強みがあるが、その最も厳格な要請として、どんな帰結が生じようとも、この根本法則には決して反してはならないとされる。たとえば、拷問が正当化されるような状況は決してありえない、と主張する人は珍しくない。これと逆に、功利主義は、拷問は正当化される場合もあるという立場をとる。それは、すべての事情を考慮した上で、極めて長期の帰結も含めて、拷問がそれを完全に禁止するよりも良い帰結をもたらすならば、認められるという場合だ。〔両者の間の〕中間的な立場をとることもできる。それは、拷問は一般的には否定されるが、拷問をしなければ極めて甚大な帰結——たとえば世界全体の破滅——が生ずるという場合には、拷問は、残念ながら受け入れられるという立場だ。

もちろん、いま論じているのは拷問と世界の破滅の対立ではなく、少数の人の命を救うことと、大多数の人々にわずかな増税を課すことが対立する例である。すでにみたように、功利主義者は次のように主張するだろう。増税が、少数の人々の死よりも全体として大きな悲惨をもたらす場合があるのであり、そのような場合には安全対策は導入されるべきではない、と。これに対して絶対主義者は、少なくとも今回の事例では、避けることのできる命は一人であっても多すぎるのだ、と反論するだろう。

たとえば、鉄道衝突事故が起きた後に、犠牲者の親族が訴えるであろうことを考えてみよう。ある意味で、あらゆる衝突事故は回避できたものだ。さまざまな要素が複合して事故が起きたのであり、もし一つでも要素が異なっていれば、事故は起きなかっただろう。そして多くの場合、責任を負っている会社は、そうした事故が起こらないように何らかの仕組みや技術を導入することができたはずだ。したがって、たとえば運転士が信号に正しく応答しなかったせいで鉄道事故が起きたなら、一体どうしてこんなことが21世紀において起きるのだろうか、と思うのは当然だ。そもそも、鉄道が信号に自動的に応ずるような技術はすでにあって、それを採用している国もいくつかある。よって、技術があるなら、単純にそれを導入したらどうか。そうすれば、このような事故を今後一切防ぐことができる。コストがかかるというだけでその対策を拒否するのは、確かに何か不道徳なところがある。

以上の推論は極めて強力に思われ、おそらく否定しようがない。しかし、帰結主義者が、新システムを導入するコストは膨大になると反論するのももっともだ。今回の事例では、指摘したように何十億ポンドにも達するだろう。一年に一人か二人を救うために、これだけのお金を出すことは本当に妥当だろうか。とりわけ、そのお金を他の目的に使えば、もっと良いことを実現できるというのに。哲学の教科書はよく、帰結主義者と絶対主義者を次のような構図で描く。つまり、第一次世界大戦中に、対立する勢力がそれぞれの塹壕にいて、自らの大義は正しいと確信しているものの、どうすれば勝利できるかについては見当がついていないという構図である。しかし、今回の例では、二つの勢力が闘い合っていると考えるのは間違っている。われわれ各自の内部において、対立が存在するのである。多くの人々が、自身が二つの観点に引き裂かれている——別の要素が視野に入ると、別の立場に意見が変わる——のに気づくだろう。したがって、ここには極めて深刻な道徳的問題がある。

イギリスでは、少なくとも規制政策については、多くの国と同様に、広い意味で帰結主義的な立場がとられている。もちろん、自社の評判を気にして、最低限の規制基準を上回るようにしたい会社もあるだろう。ただしここでは、その規制がどのように設定されているのかをみてみたい。イギリスでは鉄道の安全性は、職場における安全性の一分野として取り扱われている。そして、衛生安全委員会（ＨＳ

E）が『リスクを減らし、人々を守る（*Reducing Risks, Protecting People*）』という冊子（HSE 2001）――スターウォーズの登場人物に似た、R2P2という気の利いた名前で知られる――で示している規制が適用される。ここで取られるアプローチは、リスク費用便益分析（RCBA: risk-cost-benefit analysis）として知られるものの応用である。この分析は、考えられるあらゆる安全対策のコストを便益と比較する方法を提供し、それを導入する価値があるかどうかという問題に答えるのに役立つ。このアプローチを煎じ詰めると、RCBAを行うためには、まず、ある対策がもたらす安全上の便益を検討する必要がある。たとえば、鉄道が走っている最中にドアが開いて転落して死亡する人が、毎年平均して五人いると想定してみよう。実際にこのようなことはかつてあった。もっと衝撃的なのは、プラットホームに立っていて死亡する人が毎年数人いたことだ。乗客が数秒でも早く仕事に行こうと必死になって、列車がまだ動いているのに早く降りようとしている間に、たまたまバンと開いたドアに接触して死亡するのである。この種の事故はすべて、駅で停止するまでは列車のドアが開かなくするような装置を設けることによって、徐々に防げるだろう。次に問題になるのは、当然、こうした安全対策を導入するためのコストはどれくらいかという点だ。

この二つの数字――助かるかもしれない人命の数と、そのためのコスト――を使えば、検討中の安全計画について、一人の命を救うコストを引き出すことができる。たとえば、その計画に一千万ポンドかかり、二〇人を救えると予想されるとしたら、一人を救うためのコストは五〇万ポンドだ（将来的にもっと救命できる人命について「割り引く」、といったややこしい問題はここでは無視する）。最終的に、問題は次の冷酷な問いに帰着する。つまり、一人の命を救うために、これだけのお金を費やす価値はあるのかという問いにだ。

これは答えのない問いであると思うのはおかしなことではない。そもそも、われわれは命にどれだけの値をつけられるのだろうか。人間の価値に金銭的数値をつけるのは粗野の極み、不道徳でさえあるかもしれない。他方で、この問題に向き合うのを拒否することは、単なる感傷であろう。何らかの決定はなされねばならないのだ。金銭的でないとしたら、われわれはどのような根拠で、ある決定を合理的に行えるだろうか。そしてこれは、少なくともイギリスの規制政策において採用されているアプローチであり、それをわれわれはいま、事例として取り上げている。一人の命を救う値段は「死亡回避価値（value of preventing a fatality）」と呼ばれており、驚かれるかもしれないが、公式の死亡回避価値（VPF）が存在するのである。その額は現在、一四〇万ポンド前後だ。よってわれわれは、「あなたの値段はいくらか」という問いに対する答えをもっている。答えは、イギリス政府によれば約一四〇万ポンドなのだ！　アメリカの読者は、自分たちの政府がこれより高く自分の価値を見積もっているということを知って興味深く思うはずだ。その額は、六〇〇万ドルちょっとである。

このVPFの数字を知れば、われわれは安全対策に値打ちがあるかどうかを確認することができる。新しい安全対策を導入して一人の事故死を避けるコストが一四〇万ポンド以上かかるなら、それは高すぎる。もちろん、それを導入する会社があってもいいが、もししなかったとしても、法律の観点からは何ら問題ではない。他方、もし安全対策が費用に見合う価値を実現できるなら、それを導入する必要がある――一人の死亡回避につき、公式のVPFよりも額が低い場合においてである。

命の損失をこのように冷酷で、計算を用いた、金銭的な形で取り扱うことは、本当に正しいだろうか。

しかし、これに代わるものはあるのだろうか。このような計算抜きで、安全性に関する合理的な判断を行えるだろうか。また、これが正しいアプローチかどうかはさておくとしても、一四〇万ポンドという数字は一体何に由来するのだろうか。

これらの問いを、逆の順番で検討してみよう。つまり最初に、死亡回避価値の数字が何に由来するかをみてみたい。まずほとんどの人は、公共政策には明確な、首尾一貫したアプローチが必要だと思うだろう。そして、どんな数字も恣意的になることはあるものの、一〇〇万ポンドよりやや上という額は満足できる数字だ。実際のところ、人の命が一〇〇万ポンド以下の価値しかないとしたら、やや悲しく思われるだろう。しかし、実際にはそれ以上の価値があるのだ。ここでの基本的な考えは、安全対策が導入される場合、それを特定の命を救うためのものと考えるのは間違いだということである。むしろ、安全対策が果たしているのは、多くの人々に対するリスクを減らすことだ。たとえば、極めて交通量の多い道路の上に歩道橋を作ることにより、道路を安全に渡れるようになるなら、それは通行する人すべてにとっての恩恵である。実際には、歩道橋がなくても死ぬ人がいなかったとしても、恩恵になるのだ。(もちろん、歩道橋ができた後にはそんなことは実際には分からないのだが)。

したがって、人命を救うことと、多数の人々にとっての小さなリスクを減らすこととは、微妙に区別される。それゆえ、経済学者、エンジニア、規制当局が慎重に述べているとき、それは〔実際の〕人命を救うことではなく、統計上の人命(statistical life)を救うことの価値について語っているのである。たとえば、千人の人がそれぞれ、一年以内にある災難により死ぬ確率が千分の一あるとして、しかしその災難が取り除かれたと想定してみよう。統計的には一人の命が救われたことになるが、実際に救われた命は、ゼロ人から千人までの間のどの数でもありうるということかもしれない。結局のところ、〔一年間に〕誰も死ななくても、一人が死んでも（これが最もありうる結果だが）、二人が死んでも、あるいは恐ろしく、まったく考えにくいことだが、千人全員が死んでも、確率としては矛盾していない。災難が消え去ったことにより、千人すべてが、可能性は低いとはいえ重大なリスクを減らしたことになるのである。

小さなリスクが多数集積したものとして統計的生命をとらえることは、一つの大きな前進だ。そして、小さなリスクを削減することに何らかの値段をつけることは、それほど残酷なことだとは思われない(Schelling 1984［1968］)。すでにみたように、実際にわれわれは生活の中で、リスクを減らすためにさまざまな場面でお金を払っている。火災報知機やエアバッグつきの車を買う。町の中で危険な場所を避けるために、タクシーに乗る。そしてまさに、低品質の自動車部品は買わない。小さなリスクを減らすためにわれわれが実際にお金を払っていることに気づくことは、二つの点で意義がある。第一に、安全性に支払いをすること――安全性に値段をつけること――が、実際には日常生活の一部であることに気づかせてくれる。第二の、そしてより議論の余地のある点は、われわれの支払い額の合計を何らかの形で用いることによって、安全規制における統計的生命価値を示すことができるかもしれない、ということだ。ある程度有意な数値を得る最善の方法は、おそらくその数値を、人々が生活の中で安全性に関して行っているさまざまな決定に基づかせることである。

議論のこの時点で、ＲＣＢＡを支持する人の中には、やや感傷的に、自らの理論が民主的な基礎をもっていると主張する人も出てくるかもしれない。彼らが言うには、デモクラシーにおいて、公共政策は市民の価値に基づいていなければならない。そして、その価値を決める方法として、市民自身が支払おうとする金額に基礎づける以外に、よりましな方法があるだろうか、と。確かに、経済学者はそのとおりではないかと言うだろう。しかし、神学者、芸術家、ヒッピー、あるいは道徳哲学者は、どのように答えるだろうか。とはいえまずは、このアプローチがどのように展開するのかについて検討してみたい。

VPFを計算する

理論家と法律家は、生命の経済的価値をどう計算するかという問題に長らく取り組んできた。三〇年か四〇年前の標準的な方法は、失われた経済的貢献の可能性をもとに、その価値を算出するというものだった。人間は「人的資本」、すなわち得られる可能性のあった収入の源泉とみなされた。したがってVPFは、この潜在的収入を失うコストと等しかった。経済への貢献可能性が大きければ大きいほど、その人の価値は大きい。これには一定の妥当性はあるが、なお問題点があるのも明らかだ。この方法によれば、経済的に依存している人、たとえば高齢者や失業者はみな、ほとんど否定的にみなされるほどの低い価値しかもたないことになってしまう。そして、彼らが病気にかかり医療が必要になれば、ますます価値が下げられてしまう（Mishan 1971）。

今日の理論家たちは次のような指摘をする。高齢で経済への生産的な貢献ができない人でも、なお、自身の死に対するわずかなリスクを減らすために、ある程度のお金を払う用意がある。そして、もしお金が払えない場合でも、「われわれ」が社会として彼らの肩代わりをすることもできる、と。彼らの死亡リスクを減らすことは、それによって医療費などの社会的コストが全体として増える可能性があるとしても、彼らにとっての利益である。

経済学者は現在では一般的に、「人的資本」アプローチに代わり、「支払意思額（willingness-to-pay）」モデルを採用する。つまり彼らは、人々がするであろう、あるいは実際にする購入の決定に着目することにより、ＶＰＦを算出しようとする。これは前のセクションで短く触れたアプローチだ（この方法論を説明した初期の例として、Jones-Lee *et al.* 1985 を参照せよ）。このモデルで期待されるのは、ＶＰＦの算出は、人々が支払おうとする意思の観点から行うことができる、ということだ。それは、人々が市場において行う、あるいは行うであろう支払いの額である。人々が現に行う支払いからは顕示選好（revealed preferences）という方法が導き出され、人々が行うであろう支払いからは、表明選好（expressed preference）という方法が導き出される。前者は、算出の指標として、実際の市場での行動——人々がどのような安全機器のためにお金を払うのか、危険な仕事をする見返りにどれくらいの追加賃金を要求するのか、といったこと——に着目する。後者は、純粋に仮説的な「支払意思」モデルを用いるもので、それは通常は「仮想評価（contingent valuation）」と言われ、研究室で経済学者や心理学者が導き出すものだ。

どちらの方法にも利点と欠点がある。最初に顕示選好法について考えてみよう。これには、実際の市場行動に着目するという利点がある。つまり、人々が他のものに使えたであろうお金を実際に支払う、という実際の市場で行った決定を見る利点だ。欠点としては、しばしばこの方法が、人々のもつ根底的な態度を、その行動から導き出そうという試みに近くなってしまう点がある。これは心の哲学において、

「心的なものの全体論（holism of the mental）」と呼ばれるものだ（Davidson 1963）。人々の行動を説明する際に、欲求（desire）と信念（belief）がともに役割を果たすことを前提にすれば、もしそれ〔行動〕を取り巻く信念が順応できるなら、あらゆる行動はあらゆる欲求と合致していることになる、と論じられてきた。ある人がドクニンジンを飲むのは、その人が死にたいという欲求と一致している。しかし、もし彼が、ドクニンジンをビタミン栄養価の高い飲み物だと思い込んでいるなら、それは長生きしたいという欲求とも一致する行動だ。今回の文脈でいうと、ある危険な製品を、実際よりも安全であると信じて買ってしまう人もいるかもしれない。しかし、この行動からは、その人のリスクに対する態度については何も分からない。さらに、ある行動が、単一の目的のために取られることはあまりない。よって、たとえば、複合的な要素からなる製品が二つ――例として二台の自動車――あるとする。しかし、この二台が異なる唯一の理由が、安全面での優位性にあるということはまずない。だとすると、私がより安全な車の方を買ったからといって、それは、リスクを削減するためだけに追加料金を支払ったということを示すものではない。たとえば、その車のある部分の外観を私がより気に入ったから、ということかもしれない。

以上やその他の理由により、表明選好法、あるいは仮想評価法とも呼ばれるものを採用する理論家もいる。この方法の基本的考えは、被験者は、ある安全性の向上策に、もし提供されればどれだけ支払うつもりがあるかを聞かれるというものだ。この方法には、少なくとも二つの利点がある。第一に、実験者は、被験者が購入を選択する際に、安全性という要素のみに集中できるような形で質問を設定することができる。仮想的な事例において、他のパラーメーターのすべてを、実際の市場ではまず生じないような形で設定することができる。第二に、ある任意の被験者に、理論上いくつもの質問を行うことができるため、極めて多くのデータを得ることができる。

しかしながら、現実にはこうした利点が発揮されることはあまりない。制約がいくつかある。第一に、フレーミング（枠づけ）の問題と言われるものがある。ある人が、リスクを避けるために特定の金額を支払うと言ったとする。しかし、もし恐れていた出来事が起きた場合、彼らは、補償としてさらに多くの金額を要求するのが一般的である、ということがよく知られている。これは説明を要する。というのは、多くの意思決定理論の予測によれば、ある人の「支払意思額」と「補償受取意思額（willingness to accept compensation）」は一致するはずだからだ。これを理解するために、あなたの目の前に、何かとても魅力的なイベント——たとえば、ワールドカップの決勝戦か、スターが勢揃いしたオペラ——のチケット二人分があると想像してみよう。あなたはそれにどれだけ支払うだろうか。最大限どれだけ支払うだろうか。百ポンドだろうか。千ポンドだろうか。ついさっき、チケットにそれだけの額を——もしその額より少しでも高ければ、買わなかったであろう価格で——支払い、いまチケットを手にしていると想像してみよう。次に、ある人があなたのところに来て、それを買うと申し出たと想定してみよう。あなたはいまチケットをもっており、それを売るとしたら最低価格はいくらだろうか。もしこの二つの価格の間に大きな差があるとしたら——多くの研究者が、それはあると言っている——、あなたの支払意思と補償受取意思に違いがあることが明らかになる。このことは、そのチケットを買うためのあなたの「価格」を一体どう考えたらいいのか、という疑問を生じさせるのである。（フレーミング効果についての古典的説明は、Kahneman and Tversky 1979である。）

「フレーミング」は、仮想評価法のもつ第一の難点だ。第二の問題は、仮想評価をする際に、実際にはお金が手元にないのであれば、われわれは示された金額をどう真剣に受け止めることができるのか、確信がもてないという点だ。支払意思額を示すというより、単にたまたま頭に浮かんだだけの人もいるのではないか、という危惧が当然生ずるだろう。

第三の、また最も重大な欠点は、人間は、可能性が極めて低い事柄について合理的に意思決定をするのが、極めて苦手だということだ。被験者はいとも簡単に、矛盾した決定を行ってしまう。たとえば、あるリスクの削減策が一つでなく二つの段階に分けられて提示された際に、生ずる効果は同じなのに、より多く支払う気になってしまう。あるいは、リスクの削減量がより大きいものにも小さいものにも、同じ額を支払ってしまう。要するに、可能性の低いリスクを避けるための支払いについて、被験者に選好を示すよう求めたときに、信頼できるデータは極めてわずかしか得られないのである。「十万分の一の確率で死ぬ可能性を避けるために、あなたはどれだけ支払いますか」と聞かれたら、私が思うに、しっかりとした答えができる人はほとんどいないだろう。しかし、一四〇万ポンドというＶＰＦを思い出せば、正しい答えは一四ポンドのはずだ！　さらに、さまざまな質問をたくさん聞かれた際にも、多くの人が一貫した答えができるとはとても思われない（Beattie *et al.* 1998）。

こうした方法論的な問題は、当然ながら大きな難問だ。しかし、帰結主義者はどうにかして評価額を設定せねばならない。われわれが、一人の統計的生命を救うのに百万ポンドかかるという数字に、おおむね満足していると想定してみよう（一四〇万ポンドから下げたが、それは計算をできるだけ単純にするためだ）。そして、先に述べた、電車がまだ動いているのにドアが開いたために人が死ぬ、というかつての「バッタンドア電車」の例に戻ってみよう。

この事例では、電車の作動中に客車のドアがロックされたままになっていれば、当然命は救われる。理想的には、既存の客車をすべて改修する必要がある。しかし、これを全車に対して施すのは技術的に不可能だったようだ。したがって、判断すべきなのは、既存の客車を、その他の面では十全なものであったとしても順次廃止して、ロック式のドアのついた客車に替えていくべきかどうかだ。帰結主義者にとって、これを判断する手続きは簡単である。まず、その対策によってどれだけの命が救われるかを計算する。それが、(通常のペースで客車が交換された場合で)十年にわたり毎年五人、つまり五〇人の命だとしよう。次に、交換によるコストがどれだけかを計算する必要がある。一人を救命する費用が百万ポンドだとすると、新しい客車が、五千万ポンド以下であればそれを導入すべきだ。しかしもしコストがそれ以上なら、そして実質額がさらにかかる場合にはとくに、便益は費用を正当化しない。

すでに述べたように、これは道徳的絶対主義者にとって、この問題を論ずる上で道徳的に許しがたい方法である。生命は純粋に金銭的な観点から測ることはできず、われわれはもし命を救う方法を知っているなら、ことによってはコストとは無関係に、それを採用すべきだ。これに対し帰結主義者は、こうした考えは理解はできるもののナイーブだ、と反論する。鉄道網を閉じることによって、鉄道で失われる命をすべて救うことはできる。もし鉄道がなくなれば、鉄道で死ぬ人はいなくなるだろう。これはわれわれがすべきことだろうか。しかし、新しい客車の導入に五千万ではなく五億ポンド、あるいは五〇億ポンドもかかるとしよう。この額の幅のどこかに限界を設けるのは本当に不道徳であろうか。実際に、五〇億ポンドがあれば、五〇人のみならず、工場や建設現場にいるおそらく五〇〇人もの人を救うことができるだろう。その方がよりよいお金の使い道ではないだろうか。五億ポンドであっても、どこか他の場面でもっと多くの人命を救うことができるだろう。

いうまでもなく、これはわれわれが最初に議論を開始したところのディレンマである。どうすべきだろうか。実際には、鉄道会社はパッタンドア列車を早期に順次廃止し、数年間にわたって、おそらく毎年五人の命を救うことになった。一人あたりおよそ五〇〇万ポンドもの、高いコストをかけてである。われわれ自身の中にいる絶対主義者はこれを是認するだろうが、帰結主義者は、これは本当によりよいお金の使い道だったのかと問うだろう。まさに帰結主義の見解によれば、たったこれだけの人命を救うためにこれほどの費用をかけたことが、おそらく道徳的に間違っているのである。

さまざまな事例を比較する

われわれはどうすれば議論を進展させられるだろうか。哲学者がこの問題を論ずる一つの方法は、帰結主義ないし絶対主義の立場を正当化するより多くの、またよりよい論拠を見出すことである。しかし、これは少なくとも二百年間行われてきた議論であり（二千年という人もいる）、これをいま解決できそうにはない。これと別の議論の進め方は、実例をより広く検討し、具体的で詳細なレベルにおいて、何らかの明確な法則や原理が見出せるかどうかを検討することだ。最終的に、「人命を救うためにどれだけ費用をかけるべきか」という問いにする正しい答えが、「状況による」、ということになる可能性もないわけではない。

そこでまず、イギリスにおける二つの悪名高い鉄道事故を比較してみたい。それは、ハットフィールドとグレートヘックにおける事故だ。2000年10月に起きたハットフィールドの事故については先に言及した。ゲージコーナー・トラッキングといわれる現象により線路が粉砕したとき、その上を高速で走っていた列車が脱線したのである。四人が死亡し、七〇人が負傷した。グレートヘックの事故はその数ヵ月後、2001年2月に起きた。線路の横の道路でランドローバーに牽引されていたトレーラーが、車から分離し、線路の盛土にぶつかり、線路に向かってきたのである。それにより旅客列車が脱線したが、極めて珍しいことに、列車は高速で前進し続け、貨物列車と正面衝突した。十人が死亡し、そのうちの六人が乗客、四人が鉄道従業員で、他に八〇人が負傷した（S. Hall 2003)。

最初に指摘すべきことは、この二つの事故は死傷者数においては似た規模だったのに、事故後の鉄道会社、国民、メディアの反応が大きく異なっていたことだ。ハットフィールドの事故においては、会社は、このような性質の事故——これまでに知られていない形で線路が損傷したこと——は初めてだと主張し、それにより、同様の問題がないか全鉄道網が検査されることになった。すべての線路が超音波計で点検され、検査を通るまではすべての線路に厳しい規制が設けられた。結果として、鉄道での移動は悪夢になった。このような状況ではどんな時刻表通りに運行することもほぼ不可能であり、鉄道がいつ着くのかを——あるいは着くのかどうかすらも——誰も知りえなかった。点検作業の経済的コストは膨大なものだった。それが人間の命も犠牲にしたことはほぼ間違いない。鉄道の混乱があまりにひどかったので、多くの人は代わりに車に乗ることにした。しかし、自動車による移動は鉄道による移動よりもずっと危険だ。統計で示すことはできないが、この時期に人々が鉄道を避け、代わりに車、バイク、自転車に乗った結果、おそらく五〇人の死者が出たという指摘がある（Sunstein 2002, 2）。

メディアは案の定、この出来事にほとんど際限のない記事のネタ元を見出した。まず、事故そのものの悲劇的な事実があり、それに関連して人々の興味をそそるさまざまな話題があった。また、事故がどう起きたのかという技術的な話があり、そのため新聞は、これまでのイギリスにおける鉄道衝突事故に関する似たような記事を再び掲載した。訴訟に関する記事、鉄道民営化の帰結に関する政治絡みの記事もあった。そして、鉄道における混乱、一時間ではなく十時間もかかる通勤に関する大量の記事だ。しかしながら、驚くべきことに、おそらくメインストーリーになるべきだった話はほとんど注目されなかった。それは、問題の線路が数ヵ月前に交換の必要性があると指摘されていたのに、さまざまなエラーが重なり、それが行われなかったことだ。この間に、欠陥があると分かっていた線路に速度制限を設けようと考えた人は、誰もいなかったのである。

しかし端的に言うと、鉄道会社は事故後、安全に対する「予防的」アプローチといわれるものを採用した。同種の問題が他に存在しないことを確認するまで、そして経済的コストを考慮することなく、線路に厳しい規制を設けたのである。これは絶対主義的アプローチに近い。メディアにおいては、このアプローチは、乗客の安全に適切に配慮するという観点から概して必要とみなされたように思われる。国民も、会社は正しいことをしていると認めていたようだ。会社がこのように乗客の命に配慮しなかったとすれば間違いだっただろう。もちろん国民は他方で、このようなことを引き起こしたイギリスの現状と鉄道会社に、極めて強い不満を示していたのだが。

グレートヘックの事故においては、メディアの関心は別の方向に向かった。もちろん、事故の詳細と、これを防げたかもしれない安全対策についての議論はあった。しかし、すべての関心は自動車の運転手、そして彼が車の制御を失うことになった状況に集中した。運転手が、インターネット上で知り合った女性と前日の夜にずっと電話をしていたために、ハンドルを握りながら居眠りをしていたことが分かったのである。メディアはここにスケープゴートを見つけた。鉄道会社を非難する国民の声はほとんど聞かれなかった。むしろ、ハットフィールドの事故後、会社は立て直しに努力していただけに、再び深刻な事態に見舞われた会社に対する一定の同情がみられたのである。

もちろん、予防的アプローチをとることは可能だっただろう。制御を失った車やトレーラーが線路に侵入しないように、道路の近くを走るすべての線路に頑丈な安全柵を設置することはできた。また、作業が終わるまで、すべての関係するエリアに速度規制を設けることもできた。しかし、こうした対応は、ハットフィールドの事故後の対応をなぞるものだっただろうが、予算と鉄道網の分断という観点から、あまりに大きなコストがかかるのは明らかだった。よって、実際にグレートヘックの事故後は、帰結主義的なアプローチに近いものがとられた。さらに得られる安全性という点での便益が、コストに見合うかどうかを考慮するアプローチだ。そして、それは見合わないだろう、というのがおおむねの判断だった。

ハットフィールドとグレートヘックの違いは何だろうか。両事故での死傷者数は、グレートヘックの方がやや多かったが、同様の規模だった。両者とも極めてまれな、おそらく一回限りの事故であり、どちらかの事故が他方の事故よりも起きる蓋然性が高かったなどということは分からない。どちらの事故後にも、人々は同種の事故が今後起きる可能性を心配した。もちろん、これについてはグレートヘックよりハットフィールドの場合の方が、より多くの対策が取られたのは確かだ。しかし両事故の最も明確な違いは、ハットフィールドについては、責任が鉄道会社自身にしか帰せられなかったのに対し、グレートヘックについては、犯人は会社の外にいたということである。

これを別の形でいうと、事故が起きたとき、すべての当事者は「誰に、あるいは何に責任があるのか」、さらに「誰が悪いのか」、ということに強い関心を抱く。「非難されるべき者の追跡記録（blame audit trail）」と呼べるものを明らかにするために、エネルギーが費やされるのである。ハットフィールドとグレートヘックの主たる違いは、ハットフィールドでは非難の追跡記録が鉄道会社に戻ってきたが、グレートヘックでは外部に向かったということにある。ある事故の責任が、会社の外部より内部にある方がはるかに問題になると思われる。とりわけ、安全を確保する責任を負っているのは会社だからだ（Wolff 2006b）。

両事故に対する国民とメディアの関心の相違は、ある種の特別な道徳的責任という原理に訴えることによってある程度は説明がつく。ここで厳密な原理を示すのは難しいが、次の区別が関連すると思われる。つまり、鉄道会社にとって直接的な関心たるべき問題――たとえば線路のコンディションやメンテナンス――と、直接の関心ではない問題――自動車の運転手が払うべき適切な注意の程度、といった点――との区別である。もちろん、後者の問題についても鉄道会社はすべての責任を放棄できるわけではないが、その場合では、われわれの道徳的な直観はより帰結主義的になる傾向がある。つまり、絶対的、予防的アプローチ――これは、完全に自分の責任の下にある問題については適切である――ではなく、釣り合いのとれた、費用対効果の高い対策を求めるようになる。もちろんこれらの場合でも、コストの制約という考えが適用されねばならないが、われわれの反応が対極に向けられるという点を、われわれは少なくとも理解できる。要するに、ある事故の原因が会社にとってより直接的な管理の下にあればあるほど、会社は安全対策について絶対主義的な態度をとるべきである。

別の例として、毎年の鉄道で死亡する人の類型に関する統計について再び考えてみよう。平均の死者数は、自殺者が約二百人、線路侵入者が約百人、従業員が一人か二人、乗客がおよそ五人から十人である。鉄道会社がとくに関心を払うカテゴリーがいくつかある。当然ながら、自殺は難しい問題だ。会社は鉄道での自殺をさせにくくするよう対策をとるが、それで妨げられた人は、単に自殺する別の方法を探すだけだ。線路侵入者の類型はこれとは違う。ただし、線路に侵入して死亡した大人と、死亡した乗客とを比べる必要がある。前者は、もっと分別をもつべきだった人々であり、自分の死に少なくとも一部の責任を負っている。しかし、後者は概して自らの手の及ばない状況による偶然の犠牲者だ。少数であっても乗客が死亡した場合は、他のカテゴリーでの死者が発生した場合よりもはるかに大きな注目を集め、それにより、将来の死亡事故を防ぐための多額の予算が要請される。なぜだろうか。それは単純に、会社は、そのサービスにお金を払い、自らの命を鉄道に任せた人に対して、サービスの外にいる人に対してよりもはるかに高い配慮義務を負うことを受け入れているからである。

もちろん、私がこれまで述べたことは、決して現在とられている対策と異なるものを正当化するものではない。むしろそれは、国民、メディア、会社が現在取っている道徳的態度が正しいのかどうか、というさらなる議論の問題である。しかし、すでにみたように、彼らの判断を裏づけている漠然とした原則は、「ある事故の原因が、より会社の道徳的過失であればあるほど、会社はより絶対主義的な態度で、同種の事件を予防すべきだ」というものだ。当然ながら、これについて論ずべきことはたくさんあり、いまはまだ議論の解決というより議論の出発点に近いのかもしれない。しかし、ここで示した原理自体はある程度明確であると思われる。しかし、次に論ずべきなのは、ある行為者の道徳的過失を生じさせるのは何なのか、という問題だ。ただし、ここではさらに議論しないことにする。

結論――哲学にとっての教訓

この本のすべての章においてと同様に、私は本章の議論から導き出される、公共政策を哲学的に分析するための方法論についての教訓を考察することで、この章を終えたい。ただし、ここでは簡潔に指摘できる。主なポイントは議論の中で十分に示されたからだ。

第一に、帰結主義者と絶対主義者はよく対立する理論的立場として提示されるが、さまざまな事例を検討すると、われわれのほとんどは帰結主義と絶対主義のどちらの推論にも引き寄せられるということだ。よってわれわれは、問題は帰結主義と絶対主義のどちらかを選ぶことだと考えるのではなく、双方の要素を包含する立場を考え出す必要がある。

第二に、政策課題を進展させるためには、幅広い事例を検討することが不可欠だということだ。今回の例では、ハットフィールドとグレートヘックの事故の違いを考察することにより、そうしなければ難しかったであろう形で分析を行うことが可能になった。実際の事例を知り、それがもたらすディレンマの根本を理解することは、問題の解決策を得るために不可欠である。

第三の教訓は、政策領域によっては、哲学者であっても手を汚さねばならなくなるということだ。さもなければ、彼らは無意味な存在に追いやられるだろう。今回の例において、政策立案者が直面する現実の問題は、安全対策を要求しないことが正しいと言えるようになるのはどの時点か、ということだ。しかし、安全対策の導入を拒否するための正当性は何になるだろうか。通常は、費用がかかりすぎるという理由だろう。これは安全性、あるいは人間の命に値段をつけることのように見える。それをやりたい人などいるのだろうか。しかし、これに代わる方法はあるだろうか。哲学者は首を横に振り、これ以上議論に参加するのをやめ、立ち去ることはできる。あるいは彼らは、命にどれだけの値段をつけるべきかという問題に取り組むこともできるし、命に値段をつけることなくどうやって安全性に関する決定を行うことができるのか、という問題に取り組むこともできる。これらのどの選択肢も、心地よいものにはなりそうにない。

第五章　犯罪と刑罰

イントロダクション

イギリス国民の関心事の中で、犯罪――あるいはおそらく治安――は、いつもランクの上位にくる。しかし、立ち止まって次の問いを発してみる意味はある。「犯罪の何がそんなに悪いのか」、と。もちろん、これはいささか挑発的な物言いである。〔しかし〕、これを経済学者の頭になって聞かれれば、よく調べてみると、そもそも犯罪はそれほど悪いものではない、という答えが出されるかもしれない。カール・マルクス（Marx, K.）はかつて、犯罪のもつ「技術強制」的な側面といまなら呼ばれるであろうものについて、皮肉めいて述べたことがある。つまり頑丈な鍵の必要性があったから、精密工学が発展したのであり、それは他の分野で間違いなく、多くの有益な応用成果をもたらした。マルクスは次のように述べた。「実用化学は、物づくりに対する真摯な情熱だけでなく、粗悪品の存在と、それを暴こうとする努力によって発展してきたのではないだろうか」。そして、「拷問一つをもってして、最も精巧な機械が発明され、その装置を製造するための多くの高名な職人が雇われたのだ」、と（Marx 1969［1863］,

387)。犯罪の予防――犯罪に関する学問的研究についてもいうまでもないが――は大がかりな事業であり、いま述べたような意味で経済成長と国富に寄与する。もちろんそれは、人間の幸福にとって何かをつけ加えるのではなく、損ねるようなものの成長なのだが。

実際に犯罪予防は、経済活動が必ずしもそれ自体として良いものではないということを示す、格好の例である。犯罪は当然ながら、それによって一定の恩恵を得る人がいるとしても、なければいいとわれわれが思うものだ。犯罪は極めて悪しきものであるため、もし有罪になれば、犯罪者をしばしば投獄によって処罰する。この点で、犯罪はほとんど他に例がない。精神疾患や感染症といった重大な事例を除けば、これ以外に、われわれがリベラルな社会において、それがどれほど腹立たしく思われようとも、ある人の自由を奪ってもいい理由はない。多くの哲学者と法理論家が、刑罰の道徳的正当性の問題を論じてきた。われわれは本章の後半で、この点を検討するつもりだ。しかし、刑罰の本質とそれについて考えられうるいくつかの正当化根拠を理解するために、われわれはまず、なぜ犯罪をそれほど問題とみなしているのかを問う必要があるだろう。本章の前半で検討するのはこれだ。

犯罪の何がそれほど悪いのか

犯罪の何がそんなに悪いのかという問いを発することは、大変奇妙に思われるかもしれない。それは当たり前ではないだろうか。とくに、南アフリカやブラジルの一部といった暴力の多い社会で暮らす人々にとって、犯罪はどこにでもある恐れ、脅威である。殺人、強姦、強盗といった犯罪が、その被害者にとってあまりに残忍なのは明らかであり、安全な象牙の塔にいる哲学者だけが、そんな問いを発するのだと人々は考えるかもしれない。しかしなおここには、処理しておかねばならない問題の側面があると私は思う。たとえば、犯罪をより広い文脈の中に置くことによって、犯罪だけでなくあらゆることについて、そもそも何がそれほど悪いのかという点も理解できるようになるかもしれない。つまり、人間の幸福に関して哲学的に議論しようとすれば、それほど多くの悲惨をもたらす犯罪とは一体何なのか、ということについて説明せねばならなくなるだろう。したがって、犯罪は、幸福に関する哲学的理論にとっての重要な試験場である。ただし、犯罪について知らねばならないこともいくつかある。

何が人間の生活を良い、あるいは悪いものにするのか、という問いに対する一つの標準的な答えは、善き生とは幸福ないし満足感に充たされた生活である、というものだ。これと異なる答えは、善き生とは所得や財産の面で資源に恵まれ、高い生活水準を可能にする生活である、というものだ。もちろんこの二つの立場は、資源で幸福を買うことができる、という点においては関連している。しかし、この相関関係は完全ではないということはよく知られている。少なくとも一般的な見方から言っても、さまざまな理由により、資源に恵まれたとしても耐えがたいような生活はありうるし、資源に乏しくても幸せな生活はありうる。

〔人間の〕福祉に関する幸福理論（happiness theory）によれば、犯罪が悪いのは、それが人々を不幸にさせるからであろう。間違いなく、これにはかなりの真理が含まれている。強盗や泥棒が人々にもたらす、ほとんど失意にも近いほどの悲惨を想像してみるだけで、これは容易に分かる。押入り強盗で有罪になったある人は、かつて私に、自分の両親が強盗の被害にあってから自分は犯罪から足を洗ったのだと語った。両親はほとんど何も盗まれなかったのだが、彼は初めて直接に、それがどれほど両親にとってショックなことだったのかを知ったのだ。彼は、人の家に押し入ることがそのような影響を与えるとは思いもせず、自分が人々に何をしてきたのかに気づいて、ショックを受けたと言った。おそらくこれは、彼がもともと、幸福に関する二つ目の説——善き生とは資源に恵まれた生活であるという説——を暗黙にもっていたからかもしれない。あるいは、金品の所有と幸福には強い相関関係があると思っていたからだろう。だとすると、彼が実際にそうしていたように、お金持ち、あるいは十分に保険をかけている人に盗みを働いても、彼らの幸福にそれほど深刻な影響は与えないはずだ。しかし、この強盗犯の両親の経験は、実際にはこの説が間違っていることを彼に確信させたのである。

この幸福説は真実により近いように見えるが、ある意味では表面的にも思える。この説は、なぜ犯罪が人々をそれほど不幸にするのかについては教えてくれないのだ。私はかつて、窓を割られ、電気器具をいくつか盗まれるという小さな強盗被害にあった。客観的にみて、このときの体験は、何か粗悪な組み立て式家具を作りながら、同時に水道料金について問い合わせをし、簡易書留郵便の紛失について調べなければならないようなときのごたごたと似たようなものだ。とても腹立たしいことではあるが、それ自体としては、仕事がうまくいかなかった一日と大差なく、当然ながらいきり立ったところで意味はない。私は、コンピュータ機器が故障してもっとひどい経験をしたことがある。抱きつき強盗（マギング）を純粋に物理的な視点からみれば、スポーツ中に負う中程度のけがと同じレベルである。イアン・マキューアン（McEwan, I.）の小説『土曜日』で、ある登場人物は、路上で暴行を受けることを覚悟したと思ったら、急にその後の数ヵ月の回復期の場面に移っているのである。これは、犯罪に関する純粋に「客観的」な観点をとるものであろう。しかし、こうした客観的解釈は、われわれが危惧するものをほとんどとらえていないように思われる。それはマキューアンの小説が見事に示しているとおりだ(McEwan 2005)。犯罪の被害者になるということには、これよりももっと深いものがある。したがって、犯罪への恐怖とは、犯罪によって生ずると平均的に予測される客観的な影響についての恐怖と同一であるわけではない。あるいは、少なくともそれとつねに同一であるわけではない。

ジェレミー・ベンサムは、ここで重要な問題を次のように印象的に述べている。

重要なのは、この国からそうした犯罪を一掃することだ。それらの犯罪のどれをとっても、あらゆる人の胸の中心において、人あるいは財産に対する無限の損害の恐怖、そして生命そのものの破壊への恐怖を呼び起こし、生かし続けておくのに十分である。この広範囲の、ほとんど至るところにまで拡大する害悪。この無限の損害への恐怖。これに比べれば、各々の事件で実際に生ずる損失や被害の害悪を合計したものも、ほとんど取るに足らない(Bentham 1843, 244)。

この文章の中で、ベンサムは二つの重要な指摘をしている。第一に、彼は現代の犯罪学において強調されているあるポイントを暗黙に認識している。それは、犯罪には極めて多様な性質のものがあり、さまざまな種類の犯罪に対するわれわれの心理的な反応もまた、さまざまなものになりうるということだ。別の文脈において、ロバート・ノージック(Nozick, R.)は、二つの事例を比較することによって同じ点を指摘している。以下のことを想定してみよう。あなたが来年中のどこかで、車を盗まれるだろうことと、別の状況で、ある人に殴られて腕が骨折するであろうことを知っているという場合である。この二つがあなたの精神衛生に与える影響は、大きく異なったものになるだろう。車を失うだろうことを知っているということは、一つの厄介事だ。〔しかし〕、腕を折られるだろうことを知っていることは、あなたを不安に陥れる。より大きな不安を引き起こす犯罪というものは存在する（Nozick 1974）。ベンサムにとって、われわれに最も影響を与える犯罪は、人ないし財産に対する「無限の損害（boundless injury）」を脅かす犯罪である。これは、単なる心配だけでなく、恐怖をも抱かせる。そしてベンサムは、こうした犯罪がもたらす恐怖の合計は、犯罪がもたらす損害の合計よりも多いだろうと正当にも主張している。重要なのは、われわれの恐怖が、実際に生じうる損害と釣り合いが取れていないということではない。もちろん、実際には取れない場合が多い。そうではなく、個々人にとっては重大な犯罪の被害者になる可能性は低く、したがって実際に損害を被ることはほとんどない、ということが重要なのだ。それなのに、この恐怖はもっと多くの人々にとってつねに存在し続け、彼らの生活を憂鬱なものにし、悲惨という広く深い淵をもたらしてしまう。われわれはベンサムの主張を確かに理解できる。そして、「無限の損害」を脅かす犯罪がとくに恐れられている、という考えはある程度もっともだと思われる。とりわけ恐ろしく思えるのは、ある人の行動の結果を予測できなくなるほどまでに、手に負えずに状況がエスカレートしてしまう、という事態だ。自分自身あるいは財産を守ることによって、犯罪者を追い払えるのだろうか、あるいは単に状況が悪化するだけなのだろうか。それはどのように終わるのだろうか。

人々に対する犯罪の影響の仕方に関する重要な洞察は、イギリス内務省の犯罪部門における一時期の職務綱領を見てみることによって得られる。それは、「犯罪を減らす、そして犯罪への恐怖を減らす」というものだった。これは明らかに、犯罪への恐怖が、犯罪そのものよりも深い影響を人々の生活に与えうる、という認識に基づいている。同時に、犯罪を減らすための一つの方法は、人々がより強く警戒することだという考えにも基づいている。そしてこれにより、人々は犯罪を過剰に恐れるようにもなるだろう。したがって、犯罪を減らすことと、犯罪への恐怖を減らすこととという二つの目的の間には、複雑な関係性がある。一般的に女性は男性よりも犯罪に対する恐怖心が強いが、実際に犯罪にあうのは女性よりも男性の方が多い、とよく言われる。ここには因果関係がありそうだ。つまり、女性は犯罪をより恐れるので、より用心するということだ。したがってここから示唆されるのは、もし犯罪を減らすという目標があり、個々人が抱く不安のレベルについては無視できるとすれば、政府当局がすべきことは、人々を脅えさせることだということになる。そして、人々を一人で外出させず、家にいてもすべてのドアと窓に二重錠をかけるようにさせることだ。もしこれが魅力的に思われないならば、その一つの理由として考えられるのは、われわれが不安の削減を犯罪の削減と同列にみなしているからである。そして、不安が問題になる理由には、少なくとも二つある。第一に、不安はそれ自体として不快である。第二に、不安は極めて望ましくない帰結をさらに招来しうる。もしあなたが何かを恐れているならば、あなたはそれを防ぐためのあらゆる行動をとるだろう。これ関するとくに強烈な事例は、エリック・クリネンバーグ（Klinenberg, E.）の『熱波』という本において記録されている。これは、1995年のシカゴにおける酷暑を研究したもので、当時多数の人々、とりわけ高齢者や病人が、熱波に関連する原因により死亡した。通常そうであるように、これらの死亡例のほとんどは、貧困地域で発生した。しかしクリネンバーグは、死者数が偏って多く発生していたのが、犯罪発生率の高い貧困地域だったことに着目した。死者の多くは、低水準の住居で一人暮らしをしていた高齢者である。犯罪率の高い地域では、夜に窓を開けっ放しにしたり、日中にエアコンの効いた商店やカフェに出かけたりする人は少ない。そのため、文字通り息が詰まるような状況の中で、窓を閉めたまま家にいたのだ。したがってこの事例においては、犯罪への恐怖が、死亡ないし健康の悪化のリスクを高めるような行動を招くこともあるのである(Klinenberg 2003)。

人々は犯罪の被害者になるのを避けようとして、このような極端な犠牲をもたらす行動をとってしまうことがある。この点を念頭に置いて、われわれは一体なぜ犯罪をそれほど恐れるのか、という最初の問いに立ち戻りたい。これまでわれわれは、ベンサムの指摘した「無限の損害」という考えを得た。私はこれを、自分が制御できない、あるいは影響を及ぼせないほどまでに混乱して悪化する状況を回避しようとする意識、と理解する。しかし、ベンサムはこの分析において、何かを見落としていると私は思わざるをえない。無限の損害はトルネードや鉄砲水、サメによっても脅かされうるし、これらを想像するのもまた恐ろしいことだ。ただし、犯罪とはある人が他人に対して行うものであるという事実は、さらなる道徳的および政治的な側面を与えてくれるように思われる。そして、このためにわれわれは、それほど極端な恐怖をもたらさない犯罪事件に対して、過剰なまでに心配になってしまうこともある。損失が比較的小さい、あるいは限定的だと分かっている犯罪に対しても心配するのである。よってわれわれは、犯罪との関係におけるリスク、不安、恐怖について、より深く検討することが必要だ。

ある人が、あなたを犯罪のターゲットとして目をつけることにより、極めて不愉快な形であなたを扱う。このことは、あなたにとって尊厳の欠如あるいは侮辱を示すものだろうか。これは有益な視点であり、まさにジャン゠ジャック・ルソーをとらえた考えである。

人々がお互いを評価し合い始め、尊敬という観念が彼らの精神の中に形成されるやいなや、誰もが尊敬を受ける権利を主張した。そして、誰に対しても、不都合が生じずしてそれを拒否することはできなくなった。ここにおいて、礼節という第一の義務が、未開人の間においてすら生まれた。そして、故意になされた不正はすべて侮辱となった。というのは、侮辱された者は、不正から生じる損害とともに、そこに自分自身に対する軽蔑を当然にして見てとるからである。そしてそれは、ときとして損害それ自体よりも堪えがたいものとなる（Rousseau 1973a［1754］, 90）。

われわれは、他人からの侮辱を恐れることを理由の一つとして、犯罪を恐れるのだろうか。このことは事の核心により近いかもしれない。しかし、これはもっともらしく聞こえるものの、なお事の核心ではない。その理由を理解するために、次の違いを考えることから始めるのは有益であろう。それは、未遂の犯罪――これはおそらく予防策によって失敗に終わった――の被害者になることと、実際の犯罪の被害者になることとの違いである。どちらの場合でも、ある人は被害者にされたことになるのだが、重要な違いがある。未遂事件においては、ターゲットにされた人は幾分動揺するかもしれないが、「私は犯人を負かした！」、というやや勝ち誇った気分もまた生ずるかもしれない。しかし犯罪が成功した場合には、そのような安堵感はない。犯罪――ここで、われわれは事例ごとに事情が異なることを認識せねばならない——の被害者は、比較的に小さい損失についてさえ、動揺、怒り、精神的ショックを訴える。場合によっては、人々は侵害された感覚、そして屈辱や羞恥心を訴えることもある。犯罪の被害者になるということには、とりわけ人を混乱させるものがある。未遂犯罪においてさえ、侮辱は示される。完遂した犯罪は心に深い傷を負わせる。それは自分を別の部類——つまり被害者のカテゴリー——に放り込むほどまでの、自己に対する攻撃のようなものだ（このことは、なぜ犯罪被害者が再び犯罪の被害者になりやすいのか、ということを説明するのに役立つかもしれない）。

私が思うに、人々は被害者になることを恐れている、という言い方は間違いかもしれない。恐れとは〔実際の〕損失や傷害に対するものだからだ。しかし、それ以上に、いわば被害者にされることを強く嫌う気持ちも存在する。このことを示すちょっとした例として、大道手品師にからかわれたり、騙されたりすることに堪えられない人たちがいる。おそらく、それが彼らの自己意識や尊厳の感覚を傷つけるからだろう。犯罪被害者にされた場合、人は、自分が自らの運命の支配者であるという感覚を失う。さらに、その人は憐みの対象になる。多くの人は、このことを自分の尊厳が傷つけられることだと思うだろう。しかし、最も重要なのは、他人があなたを侮辱をもって扱い、そのことに成功したという事実である。先に述べたように、侮辱は未遂犯罪においてさえも示される。しかし、犯罪が成功した際に、おそらく人は、その侮辱はそれに値したのだという考えを抱くようになる。もし自分を守ることができないなら、私とは一体どんな存在だというのか。完遂した犯罪は、少なくとも場合によっては、ある人の地位や自尊心を変化させるように思われる。この点で、犯罪は社会秩序を侵害する、破壊的な性格をもっている。

刑罰

もちろん、犯罪被害者になることの意味について私が述べたことは、一つの説明でしかなく、さまざまな犯罪の一面しかとらえていないかもしれない。しかし、私はこの分析を正しいと思ってもらえることを期待する。というのは――そしてこれが、刑罰に関する議論の中でつねに理解されているわけではない点だ――、なぜわれわれが犯罪をそれほど問題とみなしているのかを理解しなければ、われわれのもつ刑罰制度、そしてとくに投獄措置を理解することもまた難しいだろうからである。これを書いている時点で、イングランドおよびウェールズにおける刑務所収容人数は記録的なレベルに近づいており――つまり約八万五千人――、これはさらに増え続ける傾向にある（NOMS 2010）。もちろん現在の政府は、この傾向を幾分でも逆転させようと思っているようだ。しかしながら、増加するトレンドにあるというのはやや奇妙である。統計によれば、犯罪は減少傾向にあるか、悪くても横ばいに推移しているからだ。しかし、最近の数十年間で量刑政策が厳しくなり、拘禁刑が増加し、また拘禁が長期になっている。そのため、犯罪の減少とは無関係に、受刑者数が増加しているのである。

八万五千人という受刑者数は多いのだろうか、あるいは少ないのだろうか。これを客観的に言うのは難しい。彼らは全員、ロンドンのウェンブリースタジアムに収容できるだろう。現在、アメリカでは刑務所に二百万人以上がいる。それはアメリカの人口の1%に近く、割合としてはイギリスの約五倍にもなる。他方、フランス、ドイツおよびイタリアでは、国民における受刑者数の割合はイギリスよりも低い（ICPS 2010）。これらの国ではすべて、犯罪率が低いのかもしれない。しかし、統計がすべて同じ方法でとられたわけではないので、こうした比較をするのは困難だ。

刑務所。なんと奇妙なものだろう。私は子どもの頃、次のことを聞かされたときのショックを覚えている。つまり、物事の分別が身につくまで、何年も閉じ込められなければならないような悪いことをした大人がいるのだ、と。私はこれより酷なことは想像できないし、いまでもこの考えと格闘している。刑務所は、馬に引かせた荷車と救貧院の時代のもので、ユーロスターとインターネットカフェの時代のものではないように思える。どちらかといえば、われわれは刑務所を徐々に廃止していくべきだ。古い刑務所を、新築の卸売店や俗用にされた教会のように、高級マンションに改築していくべきだ。しかし、われわれはもっと作っている。それでもなお、この三〇年間の受刑者数の倍増に対応できていないようだ。

それでは、なぜわれわれは人を投獄するのだろうか。哲学の学生は刑罰の正当性について教わるとき、三つの主要な刑罰理論があると聞かされる。それは、抑止（deterrence）、更生（rehabilitation）、応報（retribution）である（たとえば、Honderich 1971 を参照せよ）。社会が人々を投獄するのは、他の人が同じ行為をしないように防止するため、犯罪者を模範的市民に矯正するため、あるいは懲罰としての純粋な刑罰を加えるため、のいずれかだ。第四の理論として、しばしば「無害化理論（incapacitation theory）」と呼ばれるものが説明されることもある。それは、われわれは犯罪者に対処するのに堪えかねて、そうしなくてすむように彼らを投獄するという考えだ。われわれは犯罪者を町から排除する必要がある。第五の理論もまた、次第に理解されてきている。それは、刑罰とは本質的には、特殊なコミュニケーション行為の一種であるという考えだ（Duff 2001）。私は最終的に、この理論形態を支持するつもりである。ただし当面は、いま挙げた他のアプローチがどれだけうまく機能するかを検討してみよう。

刑罰に対するさまざまなアプローチを、「将来志向（forward-looking）」であるか、「過去志向（backward-looking）」であるかどうかで区別するのは有益だ。将来志向的な正当化論は、それが将来において達成できることとの観点から、刑罰の目的をみる。つまり、犯罪を減らすことだ。抑止、矯正、そして「彼らを町から排除せよ」式の議論はいずれもこの性格をもっている。過去志向的な正当化論は、応報がその例であるが、刑罰により生じうる効果というより、過去に起きたことに着目するもので、刑罰をより功罪（desert）の観点からみる。この考えによれば、法律に違反した人は、刑罰によって将来の犯罪が減るかどうかとは無関係に、刑罰に値する。

われわれは先に、イギリスで刑務所がますます過密になっている理由の一つが、意図的な社会政策として、司法がより厳格化していることだと指摘した。拘禁刑の割合が増え、より長い刑期になっている。このような厳罰化の理由は、少なくとも部分的には、将来志向的のように思われる。つまり、将来の犯罪率を下げる目的のためだ。しかし、当然ながら、人々を投獄することが将来の犯罪率に影響を与えるためには、抑止、矯正、「彼らを町から排除せよ」論のうち、少なくとも一つが効果的である必要がある。この中で、主として期待されているのは抑止理論のはずである。というのは、イギリスでは法を犯す人の中で、極めて少数の人しか実際には投獄されていないからだ。したがって、矯正は、もし効果的だとしても――おそらく効果的ではないのだが――、将来の犯罪率にわずかな効果しかもたらさない。同じ理由により、われわれの社会では、町から排除できている犯罪者はほんの少数しかない。

抑止理論によれば、当然ながら、社会は将来において人々に法律を犯せなくするように、量刑政策を実施せねばならない。利口な哲学生が指摘するであろうが、ここから明確に結論されるのは、あらゆる犯罪は極刑に値する罪とすべきか、少なくとも、人道に反しない刑罰の中で最も厳格なものにより罰せられねばならない、ということである。ここでわれわれは、アメリカに目を向けてよいかもしれない。アメリカでは保守的な評論家たちが、刑務所を満員にするような厳しい判決は、犯罪率に劇的な効果をもたらしていると主張している。そして犯罪率は、1990年代初期からずっと減少し続けている。（レヴィットとダブナーの『ヤバい経済学』を読んだことのある人は、これとは異なる推定解釈を知っているはずだ。それは、中絶の合法化により、望まれずに生まれ養育放棄される子どもの数が減ったため、犯罪が減少したという解釈だ（Levitt and Dubner 2005）。）しかし、アメリカに関する事実がどうであれ、ここで重要な点は、もし将来の人々の行動を変えるためにある量刑政策が実施されるなら、それは人間の動機というぜんまいと歯車に関する、何らかの理解を前提としているということだ。おおよそを言うと、抑止理論は人間の行動に関する経済的モデルを前提にしている。とりわけ、ある行為をするのに一定のコストをともなう蓋然性がある場合、そのコストが高ければ高いほど、またその蓋然性が高ければ高いほど、その行動はより魅力的でなくなる、という考えを前提にしている。もし私があなたの車を盗もうと考えているならば、刑罰が重ければ重いほど、また盗んだ場合により捕まりやすければやすいほど、私はよりそれをしなくなる。動機に関するこの理論は、陳腐なほど自明のように思われる。そしてこれは、イギリス政府の犯罪対策の基礎にもある。なぜなら、この理論かそれに類似した理論が前提になければ、量刑政策を変更しても犯罪率に影響を与えないということになってしまうからだ。抑止理論の根底には、罪を犯すかもしれない人が、行おうとする犯罪行為について若干の費用便益分析を行い、もし潜在的なコストないしリスクが大きければ、それをやめるだろうという想定がある。単純で、見事な理論である。しかしこれは正しいだろうか。結局のところ、動機に関する哲学的理論と経験的な主張のどちらも、検証される余地があるのだ。

ダニー・ドーリング（Dorling, D.）による研究を検討してみよう。それは、１９８０年代と１９９０年代のイギリスにおける殺人事件の増加を詳細に調査したものだ。この期間中、貧困率と所得の不平等が増したが、殺人事件発生率もまた上昇したのである。しかしながら、新しく増えた被害者は、イギリスの最貧困地域に住む、就業年齢にある男性に著しく集中していた。そしてその人たちの死は、殺人犯にほとんど何の利益も与えなかったのだ。こうした殺人事件の多くは計画的なものではなく、突発的な暴力行為――取っ組み合い、ケンカ、そして手に負えず大混乱になった偶発的事件――である。ドーリングは、ここにおける根本原因は不平等であると主張している。単なる貧困ではなく、概してより豊かな社会における、貧困と劣悪な境遇である（Dorling 2004）。

しかし、根本原因が何であれ、もしこの新たな殺人事件の特徴についてのドーリングの説が正しいならば、量刑政策によっては殺人事件発生率の増加を止めることはできないだろう。おそらく契約殺人をする人だけが費用便益分析を行うのだし、犯人捜査能力が向上し、判決が厳しくなれば、単に契約料が上がるだけだろう。ただし、殺人は特殊な例かもしれない。よく知られた殺人事件における有罪率は極めて高く、こうした事件での刑罰を正当化する根拠は、抑止というより、「彼らを町から排除せよ」論である場合が多い。しかし、この事例からわかる教訓は先に述べたものと同じだ。それは、われわれはなぜ人々が罪を犯すのかを理解しない限り、量刑政策の変更が犯罪率の変化に結びつくかどうかは分からない、ということである。最も重要なのは、行動の帰結を計算するという経済的モデルが、個々人の動機として本当にあてはまるのかという点だ。

ここで、法哲学者のH・L・A・ハート（Hart, H.L.A.）が、その代表作『法の概念』の中で指摘した区別を用いることは有用かもしれない（Hart 1997）。ハートは、人々が法に対してもちうる二つの異なった態度を区別する必要があると論じた。それは、「外的」態度と「内的」態度と彼が呼ぶものだ。内的態度は、自分の国の法律に賛同し、それをある意味で「自分のもの」だと考えている人たちによって取られる。こうした態度を取ることとは、法律を自分の行動に対する絶対的な拘束とみなすことだ。一般的に、この態度をもつ人は、法律を守るべきかどうかを比較衡量したりせず、法を守る利益の方が違反する利益にまさると初めから判断している。というより、彼らは単に、法律違反に関わる行動をしようなどとは思いもしないのである。逆に、外的態度はこれとまったく異なる。本質的にそれは、法律を、自分のしようとする行動に対してついてくるコスト、あるいは少なくともリスク（危険因子）とみなす態度である。そして、法律を破ることにともなうリスクが高ければ高いほど、よりそれを守るようになる。これは、見たところ経済的な費用便益分析のようだ。過去に対するノスタルジーというものが〔世の中に〕あるが、その中にはまさに、古き良き時代には、多くの人が法律に対する内的態度をもっていたのに、現在ではシニシズムが広まり、それが修復不能なまでに蝕まれてしまった、というノスタルジーがあるのだ。

しかし、われわれはハートの二類型に、さらに別の類型をつけ加える必要がある。われわれはすでに、

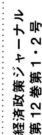

殺人の例について、第三の態度がありうることを指摘した。それは内的でも外的でもなく、無秩序な（chaotic）態度である。それを「支離滅裂な（disconnected）」態度と言ってもいいかもしれない。支離滅裂に行動する人は、衝動や怒り、傲慢に基づいて行動し、その結果をほとんど考慮しない。激情による犯罪である。結局のところ、法を破ることに快感や満足を覚える「反権威主義者」が存在するのだ。深夜に仲間とおんぼろのフォードのフィエスタでドライブするのが興奮するのは、車そのもののスリルではなく、それを盗んだということによるのである。

ある人の態度が、この三類型のうちの一つのみに完全に合致することはないかもしれない。仕事が順調なある中年の実業家は、私有財産法に対しては内的態度を取るかもしれない。彼は、たとえば万引きをしようなどとは決して思わない。〔しかし〕同時に彼は、税法や商法のさまざまな点について、外的態度を取るかもしれない。その場合、発覚する可能性が極めて低い場合においてのみであるが、詐欺を働くであろう。また、ひょっとして、彼は家にいるときにしばしば自制心を失い、妻を脅かしているのかもしれない。さらには、彼はもっと自由奔放だった若い頃を思い出すのを好んで、あるいは規制が強すぎると彼が考える薬物法令への抗議を込めて、意外にもマリファナを吸っているのかもしれない。

このようなことが自分にも身に覚えがある、と認める人がどれくらいいるかを、私は推測しない。しかしわれわれは、内的態度という考えに対して一つの異論があることを考慮する必要がある。それは、内的態度は、実際には偽装された外的態度に他ならないという異論だ。社会の中心的立場にあるような人が、万引きで捕まったという場合を考えてみよう。この場合の不名誉と評判の失墜は計りしれない。したがって、この場合の最悪のケースでは、破産や離婚につながるであろうことは容易に想像できる。

コストは単に、〔犯行の〕証拠の確かさによって増していく罰金や服役刑にとどまらない。それは前科というコストでもあり、これは地元の新聞に報道され、家族、友人、知人に知られることになる。まともな生活を送っている人にとって、前科のコストは圧倒的なものであり、万引きから得られるどんな利益も、そのコストを上回らないだろう。したがって、費用便益分析が行われない理由――窃盗など考えもしないこと――は、その人が法律に強く賛同しているからである必要はない。むしろ、費用便益計算の結果がどうなるかがすでに分かっていて、それをわざわざする意味がないからだ。

したがって、「純粋な内的態度」と「純粋でない内的態度」とを区別してみよう。われわれはいま、重罰化と検挙率の向上により、犯罪を抑止できる状況にあると想定しよう。純粋な内的態度をもっている人は、どんな場合でも法律を犯さないだろうから、ここでは脇に置いていい。同様に、量刑政策は純粋でない内的態度をもつ人にはそれほどの効果を与えないだろう。犯罪が報道されるやいなや、その人の評判が傷つくのだから、刑期が一週間になろうと六ヵ月になろうとほとんど違いはない。

量刑政策を変更することによって犯罪が抑止されうるのは、外的態度をもつ人々についてである。つまり抑止理論は、結局のところ、われわれがみな外的態度をもっているということを前提にしているのである。しかし、契約殺人者について述べた際にみたように、犯罪を行う可能性のある人は、方法を変えて犯罪を続けるだけだ。もし窃盗が厳罰化されれば、いまこそ詐欺に変えるときだということになろう。政策立案者は、人々の行動を変えようと試みても、それは予想しえない形で生ずるかもしれない、ということをつねに考慮しなければならない。次に、われわれは「支離滅裂な態度」をもつ人々について考える必要がある。しかしながら、量刑政策を変更しても、激情による犯罪といった事件に影響を与えないということは多かれ少なかれ既知の事実だ。よって、最後のカテゴリーである「反権威主義的」な態度に移りたい。これについては、問題は複雑だ。もし、それが楽しいから法律を破るという人がいるなら、刑罰の厳格化はどのような効果をもたらすだろうか。おそらく、彼らのスリルを増させるだけだろう。あるいは、犯罪を極めてリスクの高いものにさせるかもしれない。さまざまな事例があり、一般化することは難しい。

したがって、ここで次のことが分かる。それは、もし政府が重罰化と有罪率の上昇によって犯罪を減らしたいなら、その前提として、犯罪を起こそうとする人の多くが、古典派経済学における公理に従って行動していることをまず確認せねばならないということだ。これは、当然ながら犯罪を職業とする人や知能犯の詐欺師といった人々にはあてはまるが、麻薬中毒の泥棒や破壊行為をする十代の若者、金曜日の夜の酔っ払いにはなかなかあてはまらない。まさに、犯罪統計の中で最も確実な、ある数値を思い起こすことが必要である。それは、犯罪者が他の集団に比べて著しく多い集団は、十代および二十代前半の男性であるということだ。言い換えれば、人は年をとるにつれ犯罪から抜け出すのである。なぜそうなのだろうか。いま行っている議論の枠組みの中で、われわれはもっともらしい推測をすることができる。つまり、多くの人は年をとるにつれ、純粋な形ではないにしても、せめて純粋でない形での、内的態度を取るようになるということだ。そのときには、前科のコストはとてもそのリスクを負うことができないほど高くなる。要するに、多くの人々にとって、失うものがたくさんできたために、行おうとする犯罪についてそれぞれ費用便益計算をし、それがコストに見合わないことを知る、などということがなくなる時期が来るのである。

しかしながら、こうした推測は、この問題について内務省が委嘱した調査を検討することによって、一部は確認されるが、一部は修正される（von Hirsch *et al.* 1999）。三つの調査結果が目を引く。第一に、犯罪を起こす可能性のある人が、犯罪発見率が上がっていると思えば、犯罪は減るということである。この結果は、驚きではあるが、激情による犯罪を含めて全面的に当てはまる。おそらく、自分の感情をコントロールできないことを知っている人は、少なくとも個人的に認知行動療法をやってみたり、自分の感情が刺激されるような状況を避けたりすることができる。第二の調査結果は、刑期を長くすることは、ほとんど何の抑止効果ももたないということだ。犯罪者予備軍で、略奪物用のカバンをもって行動に移す前に、最新の量刑政策を頭に入れておこうなどという人はまずいないだろう。第三には、ある人の社会的関係性――仕事、家族、友人――が広ければ広いほど、その人は犯罪を起こす可能性が低いということだ。

これらの調査結果すべてによって、〔犯罪の削減にとって〕最も大事なのは、ある人の人生にもたらす前科のインパクトである、という主張が強化されると思われる。刑罰のあり方自体は、ほとんど問題にならない。〔教会の〕主教たちが長年説いてきたように、犯罪を減らす最良の方法は、「すべての人に社会における役目を与える」ことだ。いましている議論の観点から言うと、それは次のことを意味する。つまり、人々が社会の法律に強く賛同できるように、自らが社会の一員だと感じられるようにすること。また、前科それ自体が極めて不利になるような状況へと、人々の境遇を変えていくことである。まともな仕事、快適な家、家族の助け、そして活発な社会生活をもっている人は、それらをすべて危険にさらそうとは思わないだろう。ただしより短期的には、先の調査結果が指摘するには、われわれは犯罪を減らすためにできることはもっとある。たとえば、資源の投入先を刑務所から巡回警官に移すといったことだ。

よって、刑罰を抑止として扱うことには慎重でなければならない。刑罰が抑止として機能することは当然のように思えるが、すでにみたように、不思議なことに、刑罰を強化すれば抑止としての価値が増す、という主張は確認されないだろう。というのは、この考えは、多くの犯罪者にはあてはまらない動機に関する理論を前提にしているからだ。ただし、われわれはまだ、過去志向の刑罰正当化論である応報について検討していなかった。

応報は、犯罪者は罰に値するがゆえに罰せられねばならない、という考えに依拠している。彼らは自らの犯罪の報いを受けねばならない。これは、「目には目を」という聖書的な「同害復讐法」と関連している。リベラルな人々は、応報それ自体を極めて不愉快に思ってきた。多くの人は、もし刑罰により将来に何らかの良い結果が生ずるならば、司法による刑罰の必要性をしぶしぶ認めるだろう。つまり、矯正、抑止、犯罪の減少といった結果が生ずることだ。しかし、われわれが社会として応報を求めるからという理由だけで、ある人を投獄するのは、ほとんど野蛮なことのように見える。確かに、われわれにとってそのようなことはいまや過去のものであり、もし刑罰が将来に何の目的も果たさないなら、それには何の意味もないとも言えるだろう。

しかし、いまの議論は性急すぎるかもしれない。この章の前半での議論を再び思い出してほしい。「犯罪の何がそんなに悪いのか」、という問いがなされたはずだ。ここで、抑止理論に関する限り、この問いに答える必要はあまりない。もし犯罪が悪いのであれば、われわれはそれを防ぐために（理に適ったものとして）できうる限りのことをすべきだ。犯罪の何が悪いのか、ということはたいしたことではない。しかしながら、応報理論に即していえば問題はかなり異なってくる。

というのは、本章の前半における中心的な主張は、犯罪が悪い、あるいは少なくとも何らかの犯罪がある人々にとって悪い理由は、被害者にされたという事実によるということだった。これを思い出してほしい。それは、他人があなたのことを侮辱をもって扱おうとしたというよりも、彼らがそうするのに成功した、という事実である。未遂犯罪と完遂犯罪との間に、これほどの心理的な違いが存在するのはそのためだ。犯罪者はあなたに犯罪を働くのに成功したことにより、おそらく、自分がある面であなたに優越している、ということを言外に告げていることになる。彼らはあなたを被害者にし、地位を貶めた。明確な被害者がいない場合——たとえば公共財産の破壊行為——であっても、犯罪に成功したということは、ある意味で犯罪者は規範、あるいは少なくともルールを超越している、ということを含意する。犯罪はあるメッセージを伝えるのである。

もちろんここで、犯罪者がこのように考えているということを示せる証拠はほとんどない。しかし、私の説明には一定の妥当性があると想定させてほしい。もしそうだとすれば、刑罰は新たな観点から見えてくる。つまり、刑罰の少なくとも一部の目的は、すべての当事者間での、何らかの適切な地位を回復させることにあるということになる。もし犯罪者が逮捕され、適切に処罰されれば、彼はもはや何かをやりおおせたわけではないことになる。彼はもう、高い立場にあると言外に主張することはできない。被害者だった人は、犠牲者としての立場が終わったと感じ、以前の立場が回復される。しかし、刑罰の時点で一人の被害者も確認されていない犯罪——被害者がそもそもいない場合（脱税）、あるいは死亡をもたらした犯罪（殺人）——についてはどうだろうか。これと同じ分析が、修正された形でなお当てはまるのである。通例では、被害者が確認され生存する場合には、被害者の立場を引き上げ、加害者の立場を引き下げることにより、刑罰は当事者間の立場を「リバランス」させる。被害者が死亡した場合でも、なお刑罰を科すことによって、われわれが社会としてその人の命を極めて重大に扱っているということを示せる。これと逆の例として考えてほしいのは、人種差別が存在する社会において、ある少数派民族の人々に対する殺人がほとんど捜査されず、それにより、彼らが低い立場にあるという強いメッセージが実際に伝わっているような状況である。被害者のいない犯罪の場合、できることは犯罪者の立場を引き下げることだけだが、これはなお重要な問題として残る。応報論によれば、その罪が重ければ重いほど、道徳的なバランスを回復させるためにより多くのことが求められることになるだろう。

よって、ここでわれわれは、刑罰に関するコミュニケーション的理論との関連をみてとれる。もし犯罪がメッセージを伝達するなら、刑罰もまたそうする。一般的には、最初のメッセージを相殺するための、反対のメッセージを送ろうとするのである。もちろん、何が「適切な」刑罰かということは、ここで定義するのは極めて難しく、文脈に依存する場合が多い。一例として投獄の問題に戻れば、われわれは、通常の刑事罰の手段として刑務所が導入されたのが、いかに最近であるのかを忘れがちだ。刑務所は大変費用がかかり、看守や堅固な建物、そしてあらゆるインフラを必要とする。刑務所はぜいたく品だ。昔は、焼き印や鞭打ちといった身体的刑罰が一般的だった。また、いまでは比較的微罪と考えられるものに対しても死刑、あるいは歴史の一時期においては流刑が科されるのが通常だった（Foucault 1991［1975］）。同じ罪に対して加えられてきた刑罰の種類が、歴史的にこれほど多様なことを考えれば、ある特定の刑罰が、ある特定の罪に対する「自然な」応報である、ということはありえないと思われる。しかし、一般的に次のことは言える。つまり、どの社会においても、何らかのレベルの刑罰は適切なものと認められるのであり、犯罪者が刑罰を受ければ、「正義は実現され」、可能な場合には被害者の地位が回復し、犯人の立場が引き下げられることになる。

このように応報をコミュニケーションとして理解すると、それは刑罰の正当性として、しばしば思われるほど野蛮なものではなくなるかもしれない。もちろん私がここで行った議論は、なぜ罪は悪いのかということに関して、私がおおむね正確な、あるいは少なくとも正しい範囲内にあるものとして示した説明に完全に依拠している。もしそうでなければ、応報に関するこの正当化論は消えてなくなる。しかし、刑罰に関して一つ以上の正当化論を提示してはならない理由はない、ということにも注意してほしい。応報理論と抑止理論を同時に採用することもできる。そして、とりわけ若年犯罪者に対する、更生を正当化する十分な論拠もまた存在する。ただし残念なことに、更生はなかなか効果を見せないのだが。

結論——哲学にとっての教訓

それでは、本章の結果としてわれわれは何を学べるだろうか。私が思うに、教訓は極めて明白かもしれない。それは、哲学と人間行動の理論との関係、そして隠された諸前提の危険性に関するものだ。この点は、ベンサムが哲学、心理学および法の関係性について取った全般的なアプローチを検討することによって示すことができる。つまり、哲学は、われわれがどのような目的を実現したいのかを教えてくれる。心理学は、人間がどういうものであるかを教えてくれる。そして法は、人々のありようを所与として、ある目的を実現するために、どのようにわれわれの諸制度を調整せねばならないかを教えてくれる（Bentham 1996［1781］）。

ベンサムの思考の多くについてそうなのだが、この考えには、見識とともに心地よい単純明快さがある。しかし、注意する必要がある。哲学的思考だけで、われわれがしたいこと、というよりむしろ、避けたいことが分かるというわけではない。心理学も必要だ。さらに、ベンサムは、心理学は人間がどういうものであるかを教えてくれると言った点で正しいが、実態は、哲学者や法律家がそうあってほしいと望むもの以上に複雑である場合が多い。本章との関係では、心理学的な検討がさまざまな場面で不可欠であることが分かった。一例として、犯罪がなぜ悪いのかを分析する際には、犯罪が人々の自意識や地位に関する感覚に、少なくとも時として何らかの影響を与えるということを前提にしない限り、われわれが被害者にされることをどれほど深刻にとらえているのかを理解するのは極めて難しいと思われる。（ただし、私の説明は調査に基づくものというより、推測上のものであるため、こうした主張を支える経験的証拠を求めることが重要だという私の警告に、自ら違反していることを認めねばならない。）さらに、重罰化がより大きな抑止効果をもたらすのは自明のように思われるが、これは実際には正しくない。このことは、人々が法律に従うさまざまな理由を分類し、多くの場合で、刑罰の厳しさはほとんど関係がないということを知ることで、説明することができる。

人間の心理を充分に理解することにより、理論家は、ある刑罰の正当化論と、犯罪がそれほど悪いと思われている理由の一つとを関係づけることができる。煎じ詰めれば、教訓はこうである。つまり、応用政治哲学は人間の動機を理解する必要があるが、動機について間違った理論をもってしまうと、いとも簡単に、まったく見当違いの社会政策をもたらしてしまうということだ。

第六章　健康

イントロダクション

２００８年、アメリカで保健制度改革が行われる前、フロリダのあるタクシー運転手が、アメリカには世界で最高の医療制度がある、と私に言った。ただ唯一の問題は、彼が言うには、極めて多くのアメリカ人たちが、それを利用できないということなのだ。これが意味するのは、アメリカがよい制度をもっているということなのだろうか、それとも悪い制度をもっているということなのだろうか。どうやって、われわれはその区別をつけられるのだろうか。どうやってわれわれは、ある社会が誇れるような医療制度をもっているかどうかを知ることができるのだろうか。

もちろん、ある国の医療制度の質をどう測るかという問いに関係する統計はたくさんある。アメリカが保健制度に使っているＧＤＰの割合は、他のどの国よりも大きい。世界保健機関（ＷＨＯ）によれば、２００６年には、イギリスがＧＤＰの８・２％だったのに対して、アメリカが使ったのは15・３％だった。ＧＤＰの割合で、二番目に多額を使った大国はフランスで、11％だった（WHO 2009, 107-9）。その大部分は民間資金によるものであるとはいえ、アメリカ政府は公的資金の保健制度でも、他の大多数の国（ナショナル・ヘルス・サービス（National Health Service, NHS）[★3]のある２００６年のイギリスを入れたとしても）に比べて、主にメディケイド（Medicaid）[★4]、メディケア（Medicare）[★5]、そして退役軍人への医療補助を通じて、市民一人あたりでより多くのお金を使っている（WHO 2009, 110）。それにもかかわらず、アメリカの医療制度には何らかの重大な欠陥があると広く信じられている。だが、その問題を明らかにする最良の方法とは何だろうか。ＷＨＯによれば、２００７年のアメリカ人の平均余命は七八歳であり、アメリカは中・大国からなるトップ二〇位から外れる。イギリスはこれよりも上の八〇歳で、日本、ニュージーランド、オーストラリア、カナダ、フランス、スウェーデンはさらに上だ。アメリカは実のところ、デンマークと同じレベルである（WHO 2009, 38-45）。デンマーク人はもちろん、他のヨーロッパ諸国と比べて、これほど余命が低いことに満足しているわけではない。だが、それにもかかわらず、デンマークでは、医療制度が重大な危機にあり、抜本的改革が必要だという一般的な感覚はアメリカよりも弱い（Juel *et al.* 2000）。

もちろん、改革前のアメリカと他のＯＥＣＤ諸国との明らかな違いは、アメリカが国民皆保険制度をもたない唯一の加盟国だった（そして実のところいまでもそうである）ことだ。何百万もの人々が、健康保険にカバーされず、さらに多くの人々が、不十分な保険――彼らが給付を請求しようとしたときにようやく〔不十分さを〕発見するような類の――しかかけていない。質の高い保険をかけている人々でさえ、給付を請求し支払いを受けるのは極めて難しく、さらに給付を受けられる上限によって、極めて難しい決断を迫られることもある。白紙の状態から保健制度をデザインする人で、アメリカの制度を夢見る人など誰もいないのは明らかだろう。おそらく、彼らにとって、それは拒絶されるべき可能性としてすら、思い浮かぶことはないだろう。最近の改革が、実質的な改善をもたらすかどうかを言うのにはまだ早すぎる。

いくつかの点で、また多くの重要な違いが生じた後の時代にわれわれは生きているとはいえ、改革前のアメリカの状況は、ＮＨＳが導入される前のイギリスの状況に似ている。すなわち、そこでは、保健制度へのアクセスは極めて不平等で、多くの人、とくに女性は、日常的診療を受けられなかった（Webster 2002）。ＮＨＳの導入は多くの恩恵をもたらした。しかし、それは導入にあたって対処しようとしていた問題のうちの一つを解決していない。それは健康の不平等だ。一連の研究が、ＮＨＳ導入後にイギリスの健康に関する不平等が実際には拡大したことを示し、それはいまでも問題であり続けている（Black *et al.* 1982; Acheson 1998）。アメリカの保健制度に見られる問題は皆保険によって解決されるだろう、と考えたくはなる。しかし、これはイギリスではそのようではなかったようだ。六〇年たっても、われわれはいまだに苦労している。このことは、イギリスとアメリカ、そして世界中においての、さらなる〔保健制度〕改革の優先順位についても、疑問を投げかけるに違いない。

★3　イギリスの保健制度。公費でまかなわれており、これによってイギリスの国民は原則的に無料の医療サービスを受けることができる。
★4　アメリカ合衆国の貧困層向けの保健制度。
★5　アメリカ合衆国の高齢者向けの保健制度。

じつに、アメリカでの保健制度改革に関する議論は、私のように、自分自身を健康やより一般的な社会政策について「進歩派（progressives）」だとみなす人々にとっては、ディレンマを生むものなのだ。一方では、皆保険制度がどの文明国にとっても不可欠であることは自明に思われる。〔まさに〕医療を受ける普遍的人権は、世界人権宣言の第二五条に現れるのだ（United Nations 1948）。他方で、多くの進歩的な人々は、健康と保健の関係は問題含みだとも考える。一般に、人々が病気になるのは、保健制度がないからではない。貧困や栄養失調、劣悪な生活と職場の環境、不健康な行為などは、保健制度へのアクセスよりも重要な健康の決定要因かもしれない。これは「健康の社会的決定要因（social determinants of health）」と言われる主張だ（Marmot 2004, 2006）。ある理論家にとっては、結局われわれはバランスをまったく取り違えているのだ。たとえば、１９８０年代には、イギリスにおいて健康を向上させる最良の方法は、病院から社会サービスへと支出を振り替えることだという提案さえあった。これは、後に言及するブラック報告書の著者の一人である、社会学者ピーター・タウンゼンド（Townsend, P.）の見解であったようだ（Berridge 2010）。この議論は、健康に対してのダメージを最小化するために、どこで政府支出の削減をとどめるべきかという文脈で、つい最近も再びなされた（Stuckler *et al.* 2010）。

他の哲学者たちは、健康の社会的決定要因の重要さを理解し、彼らの理論にそれを組み込もうと試みている。最も有名なものとして、ノーマン・ダニエルズ（Daniels, N.）は最も重要な健康決定要因の多くが保健制度の外にあることを明確に認めて、『正しい保健制度（*Just Health Care*）』という彼の本を『正しい健康（*Just Health*）』とタイトルを変更して書き直した（Daniels 1985, 2007）。しかし、健康の社

郵便はがき

恐縮ですが
切手をお貼
りください

112-0005

東京都文京区
水道二丁目一番一号

勁草書房
愛読者カード係行

(弊社へのご意見・ご要望などお知らせください)

・本カードをお送りいただいた方に「総合図書目録」をお送りいたします。
・HP を開いております。ご利用ください。http://www.keisoshobo.co.jp
・裏面の「書籍注文書」を弊社刊行図書のご注文にご利用ください。ご指定の書店様に至急お送り致します。書店様から入荷のご連絡を差し上げますので、連絡先(ご住所・お電話番号)を明記してください。
・代金引換えの宅配便でお届けする方法もございます。代金は現品と引換えにお支払いください。送料は全国一律100円(ただし書籍代金の合計額(税込)が1,000円以上で無料)になります。別途手数料が一回のご注文につき一律200円かかります(2013年7月改訂)。

愛読者カード

15440-1　C3010

本書名　「正しい政策」がないならどうすべきか

お名前《ふりがな》　（　　歳）

ご職業

ご住所　〒　　お電話（　　）　―

本書を何でお知りになりましたか
書店店頭（　　書店）／新聞広告（　　新聞）
目録、書評、チラシ、HP、その他（　　）

本書についてご意見・ご感想をお聞かせください。なお、一部をHPをはじめ広告媒体に掲載させていただくことがございます。ご了承ください。

◇書籍注文書◇

最寄りご指定書店

市　町（区）

書店

（書名）	¥	（　）	部
（書名）	¥	（　）	部
（書名）	¥	（　）	部
（書名）	¥	（　）	部

ご記入いただいた個人情報につきましては、弊社からお客様へのご案内以外には使用いたしません。詳しくは弊社HPのプライバシーポリシーをご覧ください。

会的決定要因の観点からみて、進歩的人々にとって最も中心的なジレンマだと私には思えることについて、対処した哲学者はほとんどいない。もし、皆保険制度が他の要因に比べて、健康や平均余命について相対的にほとんど違いをもたらさない可能性が高いなら、皆保険制度の問題について、なぜわれわれはそんなにも強調するべきなのだろうか。この問いこそが、この章の中心となる焦点だ。われわれは、なぜ多くの人々が一致して、長期失業や貧困の削減といった他の進歩的な理念を追求するよりも、皆保険制度の問題に極めて多くのエネルギーを費やし、そこに大量の資源を投入すべきだと論じているのか、と問うかもしれない。私は、皆保険制度という目標を捨てるべきだと提案しているのではない。だが、それは人々の健康に比較的小さな違いしかもたらさないという点では批判者たちが正しいと想定するなら、なぜわれわれはそれ〔皆保険制度〕をそんなにも強調するのだろうか。

もちろん、保健制度は比較的小さな違いしかもたらさないと言っても、それはまったく変化をもたらさないと私は言いたいのではない。ある人にとって保健制度は、緊急手術や化学療法の場合のように、生きるか死ぬかの問題でありうる。それは、相対的に普通の人生を送るために持病をやりくりする能力を人々に与えうるし（糖尿病や現在のＨＩＶ／ＡＩＤＳのことを考えてほしい）、滅入るような状況を緩和することができる。しかし、人口全体のレベルでは、保健制度は健康上の成果を出すという点で、お金に見合う価値がないように思えるのだ。

健康と医療制度

政策問題を詳しく見る前に、われわれはいくつかの背景となる定義上の問題を見ておかなくてはならない。とくにわれわれは、健康とは何か、医療制度(health system)とは何か、そしてこの二つはどのような関係にあるか、ということを簡潔に問う必要がある。健康の定義は、もちろん、極めて論争的な問題だ。直観的には、健康はしばしば、病気、疾患、障碍の欠如だと考えられる(これらのいずれもさらに明確にされる必要があるが)。WHOは健康を「身体的・精神的・社会的に完全に良好な状態であって、単なる病気や虚弱さの欠如ではない」(WHO 2006)として、もっと広範に定義してきている。しかし実際には、WHOは、イギリスなどの各国政府と同じように、さまざまな取りうる措置のもつ健康上の利益を計算するときには、健康の理解について、よりプラグマティックなアプローチを取ってきた。たとえば、イギリスの国立医療技術評価機構(UK National Institute for Health and Clinical Excellence)の医療経済学者が、ある措置のQALY(quality-adjusted life year、質調整生存年★6)上の価値を決めようとするときには、健康の質をEQ－5D法として知られるものに従って評価する。それは、健康には、移動すること(mobility)、自身の世話(self-care)、普段の活動(usual activities)、痛み／不快感(pain/discomfort)、心配／憂鬱(anxiety/depression)の五つの側面があるとするものだ(NICE 2008)。その要点は、これらの側面が健康の分析的な定義を提供するというようなものではない。むしろそれは、もし、あることが重要な健康の条件であるなら――そしてそれらは現在の国際的な病気の分類では何千とあるのだが――それは少なくともこれらの側面のうちのどれか一つに当てはまるだろうということである。EQ－5D法の利点は、それがかなり簡潔でありながら、〔健康を構成するものとして〕「病気の欠如」を超えて、精神的なもの（痛み、心配、憂鬱）と何らかの社会的要素（通常の活動）を含んでいることだ。それが十分に包括的かどうかは論議の余地があるが、この章での論議のためにはこれで適切であろう。

もし、健康の定義をかなり容易に処理できるなら、われわれは医療制度について何が言えるだろうか。今日では、「健康（health）」と「保健（health care）」を区別することが一般的になってきているので、「医療制度（health system）」が「保健制度（health-care system）」と同一なのかどうかという問いが存在する。説明すると、われわれがすでに指摘したように、健康を決定する要因の多くは、狭義の医療の領域の外にあるという理解がますます進みつつある。19世紀と20世紀における平均余命の改善は、少なくとも抗生物質の発見や手術技術の向上といった医療の進展と同じくらい、公衆衛生と基礎衛生の改善、またより安全な労働・生活環境に起因するものだ。人口全体の健康に対して、保健制度がどの程度貢献するかということに関する予想はさまざまにある。たとえば、WHOは、科学と技術が健康上の利益に寄与する役割について懐疑的な見方に応答する際に、次のように報告した。「抽出された一一五の低・中所得国において、1960年から1990年の間の死亡率の減少のほぼ半分は、科学と技術の進歩によるものだった。他方で、収入の上昇によるものは20％以下であり、成人女性の教育水準の向上による

★6　人間の生存の価値（効用）を生存の期間とその間の生活の質の双方の観点から計算する方法。健康を一、死亡を〇とした上で、生存を期待できる期間に〇から一までの数を乗じて計算する。

ものは40％以下であった」（WHO 2000, 9）。さて、これらの結果には多く論ずべきことがあり、同様の問題にわれわれは再び戻ることになる。しかし、ここでわれわれが留意しておくべきことは、保健制度以外の要素が、健康に極めて大きな影響を与えることがあるし、実際にそうしているということだ。

もし、健康の決定要因の多くが保健制度以外にあることが明確であるなら、医療制度を保健制度と同一視することは間違っているように思えるだろう。肺（およびそれに関係する）がんや交通事故といった、世界の疾病負荷[★7]に関する現在の評価において、主たる要素とされているもののいくつかを考えてみよう。WHOによれば、この二つは世界における死因のトップ10に入る（WHO 2008）。もちろん、医療の従事者は回復と生存率を向上させるために治療を提供するだろう。だが、肺がんと交通事故死の主要な決定要因は明らかに、保健制度の外側にある。それでもなお、われわれはそのような死を減らすための方策は、一国の医療制度の内部にあるというべきだろうか。直観的には、その分類の中に他のものより自然に収まる側面もいくつかあるだろう。たとえば、喫煙の影響についての公衆への教育は明白な健康向上策だと思われるが、追い越しをより安全にする交通システムの設計は通常、医療制度の一部とは考えられないだろう。だが、交通安全が死亡と障碍を減らすのであれば、医療制度の概念を拡大してもよいと言えるかもしれない。より難しい例としては、WHOが指摘するように、女性の識字能力が子どもの健康にとって重要な要素だということが明らかになってきている。それでは、ある国の教育システムもまたその医療制度の一部であるとわれわれは言うべきだろうか。これはかなり奇妙に思われるかもしれない。それは、NHSを創設する際の議論において指摘されたように、もしある子どもが病気なら、その子は学ぶことができないので、同じ論理により、医療制度が教育システムの一部ということになってしまうからである。

WHOは医療制度の中に、ある社会において健康増進を第一目的とするすべての組織と制度を含めている。たとえば、これは職場における健康・安全のための措置を含むが、日常的な教育は含まないだろう。だがそれでも、これはあまりに限定的であると思われるかもしれない。結局のところ、社会の数多くの側面が、健康に対して大きな――とくにネガティブな――影響を、その第一目的の一部ではないものの〔副次的な結果として〕、与えている。この代わりとして、医療制度に関する次の仮の定義を採用することができる。すなわち、ある国の医療制度は、政府の行動によって左右され、また健康について重大な影響をもつであろう社会の諸要素から構成されるというものだ〔EQ－5D法や類似の測定方法が定義するように〕。明らかに、道路安全、アルコールやタバコの消費に影響する税制、環境保護のような、健康に影響を与える他の政府の活動の側面と同様に、ある国の保健制度も〔医療制度に〕含まれるだろう。このような見解によれば、民間の健康保険のシステム、国庫負担のシステム、あるいは皆保険制度のどれをもつべきかという政治的決定といった事柄が、明らかに医療制度の一部になるだろう。しかし、この非常に拡大された医療制度の概念は、政府と企業・個人双方による極めて多岐の活動を含んでしまう。議論をある枠内に収めるために、私は、ある活動が医療制度の範囲内に入るためには、健康への影響は「重大」でなければならないという考えをつけ加えた。ただし、何が「重大」とされるのかということについては、私はこれ以上言わないことにする。

★7　疾病その他の理由によって生じた健康上の損失を測る指標。

健康の不平等と健康の社会的決定要因――イギリスの経験

ＮＨＳが創設される前は、イギリスの保健制度はつぎはぎで、組織だっておらず、極めて不平等だった。そこでは、病院の治療費を払うことができる金持ちと、せいぜい慈善に頼らなくてはならない貧乏人との間に不平等があっただけではない。保険をかけられた働く男性と、保険をかけられなかった妻と子どもたちの間にもまた、不平等があった。彼らは、その当時運営されていた国民健康保険の仕組みにおいて提供された諸政策によってもカバーされなかった。そこで、ＮＨＳの目的の一つとしてあったのは、金持ちと貧乏人の間の保健制度へのアクセスの不平等に対処し、女性と子どもを、利用時に無料の皆保険の枠組みに入れることであった。このようにして、ＮＨＳは平等を目指したのであり、貧富や男女の別なく、すべての国民が必要に応じて世話を受ける権利をもったのだ。

１９８０年に公表されたブラック報告書は、ＮＨＳの導入から三〇年を経てなお、健康における深刻な不平等が残っており、ある面では不平等が拡大したことを明らかにした（Black *et al.* 1982）。ブラック報告書の第一のメッセージは、保健制度への平等なアクセスが健康の平等を自動的に生み出すのではなく、むしろその逆だということだ。第二のメッセージは、ほとんどすべての指標で、社会階級に応じた健康の「社会的傾斜」が存在するということである。１９８０年には、ある人の社会階級が高いほど、その人はより健康で長寿だった。専門職階級（professional classes）に属する人々は、男性も女性も、階級がたった一つ下の人に比べても、病気や活動制限のある日が少なかった。そのパターンは、職業上の階層のずっと下に至るまで見られた。データは、健康の不平等、そしてじつに、間違った方へと進む不平等を容赦なく描きだすのだ。NHSは高い社会階級の人々の健康を改善した一方で、他の階級の人々にほとんど変化をもたらさなかったように思われる。専門職階級はNHS導入前から保健サービスを容易に利用できていたわけだから、これは驚くべき、逆説的とさえいえるような結果だ。この違いというのは、より裕福な人々は予防的な手段を利用し公的な健康への取り組みから利益を得た一方で、社会的・経済的に低い階層にいる人々はそうしなかったか、少なくとも、彼らの健康を大きく改善するような形ではそうしなかった、ということのようだ。

保健サービスへのアクセスは、思われてきたほどの健康への効果をもたない、ということはすでに述べた。だが、これはある意味で当たり前のことなのだ。もしあなたが肉体を酷使する危険な仕事をし、不健康な住宅に暮らし、健康的な食べ物を買えなければ、保健サービスは必要なときにあなたに手当はしてくれるが、あなたの健康にそれが与える影響はかなり限定的なものになるだろう。医者と病院はあなたを元の状態に回復させることはできる。しかしそれらは、あなたをそもそもそうさせた要素をコントロールすることはまずない。ブラック報告書はわれわれの関心を、病気が起きてからそのメカニズムに対処することから、病気や体調不良を引き起こす諸条件へとシフトさせるべきだと論じている。

それでは、この諸条件とは何なのだろうか。「ライフスタイル」は〔健康の〕社会的傾斜の一つの主要な原因であるに違いない。たとえば、喫煙、過剰な飲酒、不健康な食生活には社会的傾斜があり、それは影響を及ぼす。しかし、およそ選択されない仕事や生活の状況もまた、明らかに影響がある。ブラック報告書はその分析の中心に、健康の社会的決定要因を置いている。それは、病気の原因となるような社会的および物質的な要因である。多くの体の病気、疾病、障碍の原因と改善方法は、保健サービスの手に届く範囲の外側にある、という結論にあらがうことは難しい。そのため、労働党政権の依頼したブラック報告書は、健康の不平等に対処するための貧困対策に大規模な公共投資をすべきだと主張した。〔しかし〕公共支出を拡大させる気はなかったマーガレット・サッチャーの保守党政権が誕生し、これが報告書を受け取ったので、諸々の勧告は拒絶された。じつに、政府はその報告書をほとんど周知させず、いい加減に編集されたものをわずかな部数のみ出版し、結果としてそれを抑えつけようとしたのだ。新聞がこの隠ぺいの試みを、それ自体として事件として扱ったことで、報告書の内容が予期せぬ注目を集めたので、この策略は裏目に出た。

だが、この議論は、より最近に出た1998年のアチソン報告書でも繰り返された。それは、これと極めて似た〔健康の不平等の原因についての〕像を描くもので、健康増進の手段として貧困削減のためのさまざまな提言をしている。健康の社会的決定要因の「第一波」としてわれわれが考えられるものは、物質的貧窮や生活条件に根差した「健康の物質的な社会的決定要因」を強調するのである。

しかし、すべての健康の不平等を、貧困や肉体的に危険な労働条件のせいにできるわけではないようだ。イギリスの公務員の健康と死亡率に関する大規模調査である「ホワイトホール調査」は、「幹部のストレス」という現象を究明するために依頼された。それは、組織の上層部にいる人々は有害となるレベルのストレスを受けており、そのため同じ組織の他の人々に比べて、より心臓発作になる可能性が高い、という仮説だ。ところが研究者はその真逆のことを発見した。事務次官〔公務員の最高位〕はその下の幹部たちよりも健康状態がよく、この下位の幹部らは彼らの補佐役よりも〔もちろん、平均的にではあるが）健康状態がよく、この傾向は郵便集配室に至るまで見られた。おそらく、幹部のストレスという神話は、一部には、上司が心臓発作を起こしたときにはすべての人がそれを知ることになるが、ある人がヒエラルキーのより下に行けば行くほど、その人の病気が及ぼす影響は小さくなるということによるものだろう。この〔健康の社会的〕傾斜は保健制度へのアクセスの違いに起因するのではないというだけではなく、それは貧困や危険な労働条件によっても説明できないように思われる。調査対象になった人々はみな、十分に貧困線より上にいたし、みながイギリスの公官庁という、同一の理解ある雇用者の下で働いていた。そこには他の要素や、あるいは一連の諸々の要素が働いていたに違いない。

これに関して考えられる一つの変数〔影響を与える要素〕は、純粋に地位である。他の変数には、自らの職業生活に対してあなたが行使できるコントロールがある。往々にして、あなたの地位が組織の中で下であればあるほど、あなたの行使するコントロールは少なく、このことは慢性的でしつこいストレスの程度に大きく影響するだろう。上級幹部は、時折、極めて重要な決定をしなくてはならないときには強いストレスに苦しむかもしれないが、ひとたび決定がなされれば、リラックスすることもできる。弱いレベルのストレスを、日々持続的に受けている人々は、解放と回復の機会がない。彼らは免疫反応の低下や、消化と睡眠の問題に苦しむかもしれない。高い要求、少ないコントロール、少ない報酬と少ないサポートは、慢性的なストレスを引き起こす「有毒なコンビネーション」だと言われる。このような議論は、健康の社会的決定要因理論の「第二波」と呼べるものを構成している。それは、物質的要因よりは心理的要因が部分的に健康の結果を決めるというものだ。サポートをしてくれるような社会のネットワークがあるかないかということは、慢性的なストレスのさらなる決定要因であるようだ。それは、サポートしてくれるようなネットワークをもつ人はストレスからのよりよい解放を達成でき、そのため、この〔心理的要因と健康に関する〕見解によれば、よりよい健康も達成できるからである（Marmot 2004, 2006）。

健康セキュリティ

われわれが概観してきた保健制度に関する懐疑的な議論は、この点でより明確になる。もし、健康が大部分において社会的に決まるなら、保健制度は健康にとって、そう思われたよりはずっと重要ではないことになる。そうであれば、なぜ皆保険制度に関してこれほど大騒ぎするのかと不思議に思う人もいるかもしれない。もしその効果がこれほど限定的なら、なぜそんなにも多くのお金と労力をそれ〔皆保険制度〕につぎ込むのだろうか。これに対する応答には二つある。第一に、〔皆保険制度の〕健康に対する効果は、ある特定の人々にとって、とりわけ生活の質に関して、非常に重要なものなのかもしれない。第二に、皆保険制度には、たとえそれが見出しにくいものだとしても、別の恩恵がある。このことを理解するために、私は「健康セキュリティ（health security）」という考えを導入する必要がある（ここで私は、Wolff and de-Shalit 2007 で初めて示した説明を発展させることにする）。

「セキュリティ」という言葉は、現在の政治的言説や社会政策において広く使われている。「社会保障（social security）」という言葉は何十年もの間使われてきており、さらに最近では、「燃料の安全保障」、「食料の安全保障」、「水の安全保障」について語ることも普通になった。大まかに言ってセキュリティとはリスクや脆弱性の逆であり、リスクにさらされることが人々の状況を悪くしうるとはどういうことかを考え抜こうとすることは、とくに健康について考えることとの関係で、大変に有益である。ここで、「健康セキュリティ」という言葉が使われるときには、それは普通、重大な公衆衛生上の脅威に関連して、「社会保障」よりも「国家安全保障」に近い意味で使われる。つまり、疫病の世界的流行、バイオテロ、気候変動はみな公的な健康セキュリティに対する脅威である。そこで、この言葉にはいまの文脈の意味には属さない意味合いがある。しかし、ここでわれわれが関心をもっているのは、各個人のレベルでの健康セキュリティと呼べるものなのだ。

完全な健康セキュリティをもつことができる人は誰もいない。医療サービスに対して、ある人がどのようなアクセスをもっていても、健康を保証される人はいない。じつに、治療を受けた場合でも、その処置が何であれ、どれほど十分に確立されたものであろうと、ある人が得られるものは回復するチャンスにすぎない。もちろん、ある人の回復する確率は、医療処置によって、つねにというわけではないが通常は、よい方に確実に変えることができる（医者が害をもたらすかもしれない場合についてはIllich 1977 と Wootton 2006を見よ）。しかし、健康セキュリティには単なる健康以上のものがあるのであり、これに関してはとくに四つの側面が区別される必要がある。それは脆弱さ（vulnerability）、コントロール（control）、回復力（resilience）、不安（anxiety）である。

四つの側面を順に見ていこう。第一に、脆弱さあるいは病気になる蓋然性は、健康の結果を普通にモニターすることで明らかになり、それは疫学の対象である。インフルエンザの流行状況、がん生存率、世界の疾病負荷といった、一般に公開されているほぼすべての健康統計は、人々に、自身についての他の何らかの事実〔たばこを吸っていることなど〕に応じて、さまざまな症状にかかる確率についての何らかの示唆を与える統計の例である。この点は、疫学の一般的な研究によって知ることができる。このようなデータのとらえ方や提示方法については多くの理論的な問題があり、リスク評価のための人々のグループ分けについての難問もあるわけだが、ここでわれわれがこれらの問題を追究する必要はない。

健康セキュリティの第二の側面は、われわれが「コントロール」と呼んだものだが、それは健康上のリスクを減らすためにとる軽減戦略のコストや困難さのことだ。社会において、さまざまな人々が、自身の健康上のリスクを減らそうとする際に、さまざまな課題に直面する。たとえば、喫煙は肺がんの極めて重大な原因だということはよく知られているとしても、喫煙率が他の集団よりもずっと高い社会集団が存在する。この理由から、疫学者は単に病気の原因だけではなく、「原因の原因」と彼らが呼ぶものを知りたがる。なぜ、低所得の女性は他のグループに比べて、それほど喫煙するのだろうか。もちろん、さまざまな仮説が立てられるが、われわれはそれらをここで究明することはできない。だが、重要なのは、社会の集団ごとに違いがあるということは、異なった状況にある人々は、健康上のリスクのコントロールをしようとする際、異なった種類の困難に直面するということを示唆する、ということである。またそれは、健康な生活を送る機会を向上させるために人々が軽減戦略をとる際に、どれだけ費用がかかり、また難しさがあるのかということについて影響を与えうるような方途や仕組みが、政府のコントロールのうちにあるのではないかということを示唆している。もし、あなたが健康に関係する行動を変えることはとても難しいとか、費用がかかるというのであれば、あなたは自身の健康に対してわずかなコントロールしかできないことになる。もしそれが相対的に簡単で安いというなら、あなたは大きなコントロールができることになる。

健康の社会的決定要因の「第一波」とこの健康セキュリティの第二の側面の間には、非常に明らかな関連性がある。それは、健康をコントロールする手段をとるための費用と困難さという点での関連性である。低劣な住宅（じめじめして、不衛生で、過密しているといった）に住み、危険な条件下で重労働を行い、高価で安全な食べ物を買うための収入がなく、リラックスや運動のための余暇も少ない人々は、確かに自身の健康を他の人々よりもあまりコントロールできず、そのため、少ない健康セキュリティしかもてない。彼らの健康を維持するために必要な方策を取ることが、他のグループの人々よりもコストが高かったり、困難であったりするからである。

コントロールの欠如から病気になる人々は、上述の第一の側面（脆弱さ）に即して、標準的な疫学でも浮かび上がってくるだろう。しかし、健康統計で見えてこないのは、人々がリスクをコントロールしようとする際に突き当たったかもしれないコストである。たとえば、悪天候の中を歩くときは、病弱な人は一般的により脆弱である。結果として、年を取り、一人暮らしをしていて、車をもたないような多くの人々は、転落によってけがをする危険を冒すよりは、家にいようとするだろう。これは社会的な交際の機会を減らし、孤独を増加させるが、それは彼らが健康を保つために負うコストなのである。

ここで、外でけがをする恐れから生ずる孤独を、医療制度の失敗とみなすのは幾分厳しいと言えるかもしれない。この点はそれ自体論争的だが、私は説明のために用いる。同じようなことが、危険な労働条件のために比較的給料がよい仕事をすることを断り、収入の低い仕事しか見つけられない人々にも言えるだろう。あるいは、低い収入の多くを健康的な食品に使ってしまうため、他の楽しみのモトになるものを買えない人々についても言える。過剰飲酒の文化に参加したがらず、同僚との社会的なネットワークを維持することが難しい人々にも、同じことが言えるだろう。これらはすべて、健康上のリスクを減らそうとする個人の試みが、健康とはかかわりのないコストを彼らの人生に加えてしまうという事態である。

これらの要素のうちのいくつかは、他のものに比べて、政府のより大きな影響下にある。たとえば、1998年のアチソン報告書は、EUの共通農業政策により、ある種の健康的な食品を選ぶことがより高価なものになったと論じた。もしそうなら、われわれは、それは広くとらえられた医療制度の欠陥であると見なすことができる。運動についても同じようなことが言える。街や都市の構造は、人々が運動を日常生活に組み込むことを容易にしたり、そうでなくしたりする。よって、たとえば、子どもたちに徒歩または自転車で学校に行くことを奨励するのは大変よいことだが、もし教育政策によって家から遠い学校に通う子どもたちが生まれるというなら、このような政策は現実的ではない。セイラーとサンスティーン（Thaler and Sunstein 2008）によって「リバタリアン・パターナリズム（libertarian paternalism）」と新たに名づけられた、「健康的な選択を安価な選択に」しようという、公衆の健康についてのスローガンは、健康セキュリティの第二の側面（健康上のリスクをコントロールする個人の能力）が、極めて多くの場合、政府の影響下にあるという点を強化する。政府は、ある種の選択をより簡単にまたは難しくさせることができるからである。これは別に、健康に関する考慮がすべての公共政策の策定において決定的であるべきだということではない。だが、このような事柄は、健康セキュリティの監査（health security audit）とでも呼べるものを行った際に明らかになるべきものである。

健康セキュリティの第三の側面は、先に回復と名づけられていた。それはこの話の文脈では、本質的に、健康上の不利益な出来事の後に、人々が「立ち直る」能力を意味する。それは、別々の側面として表すことのできる二つの要素をもっているのだが、それらはあまりに近いので、そうすることが作為的だと思われるほどである。つまり、病気の帰結と、これらの帰結を緩和するための方策を取ることのコストと困難さである。病気の帰結それ自体は、主に三つのカテゴリーに分けられる。それは医療的、社会的、経済的な帰結である。医療的な帰結は、病気と回復の物質的・現象学的な側面を含み、それには受けられる治療の水準も入る。社会的帰結には、家族、友人、同僚、店員などといったあなたの周りの人々の態度が含まれ、それは病気に耐えることをより難しくしたり容易にしたりする。最後に、経済的帰結は、潜在的な収入の減少のみならず、社会によっては、医療サービスの費用それ自体をも含む。これらの三つの要素はいずれも――他人があなたに向ける態度ですら――政府の政策によって重大な影響を受けることがありうる。

病気の帰結を緩和する各人の能力について、われわれは同様に、医療的、社会的、経済的な側面を区別することができる。医療的側面は、ある人がケアにアクセスし、その利益を受ける能力を含む。社会的側面は、たとえば脳性まひや精神疾患のもつ汚名を軽減するために、疾病について公衆を教育する政府の取り組みや、サポートグループを通じてであれ、より一般的にであれ、支援する社会ネットワークを作る各人の能力を助ける（または阻害する）ために、政府がとることのできる方策を含む。経済的側面には医療・失業保険の費用と加入のしやすさが含まれる。これらの経済的側面については、最後の側面——恐れと心配——に即してより詳しく話をしよう。いまのところは、ケアへのアクセスとその利用の問題に集中することにする。

数多くの研究によって、保健サービスの供給における事実上の不平等と、それが含意する、健康セキュリティ上の差別が明らかにされている。農村地域での〔医療への〕アクセスや、女性が、たとえば子宮頸がん検診に関して、男性医師に相談することをためらうようなある種の移民コミュニティにおける女性医師の供給人数について、懸念がある（Acheson 1998）。高度に専門的なサービスが受けられる大きな中央統制型の病院と、より設備は不十分で小さいが、訪れることが容易な地域の病院をうまくバランスさせることにも、関心が向けられている。〔さらには、医者がそれを行えば〕一日分の仕事と給料を失ってしまうものではあるが、無料の医療サービスさえも行おうという関心もある。これはすべて、これまでに追求されてきた方策だ。そのいずれも、ある人が治癒法を探り健康に影響を与えようとすることを、より高価にしたり難しくしたりすることによって、健康セキュリティに影響する。だが、私はここで、あまり取り上げられていないと思われる側面について焦点を当ててみたい。それは、医師のアドバイスに従う能力である。

抗生物質の導入以前には、医師は自らの武器庫にほとんど道具立てをもっていなかったという、いささか拍子抜けするような見解に依拠したい。医師たちのアドバイスはだいたい、温めなさい、冷やしなさい、運動をしなさい、安静にしなさい、というようなものだった。これは、これまでも言われてきたように、古代の四体液理論[★8]と大差ない。今日でも、あなたが手術、抗生物質、カウンセリングによって対処できるような状態にないなら、多くの場合、医者があなたのためにできることは、体の自然治癒メカニズムが働くように安静にしていなさいとアドバイスすること以外、ほとんどない。純粋に推測に基づけば、健康の重要な決定要因の一つは、身体システムを回復させるために、仕事や家事から解放される時間をもつ機会なのではないかと私には思われる。最低限度の収入で疾病手当がない人や、自分以外に子どもの面倒を見る人がいない若い母親は、医師の休息の命令に従うことができない。この点は百年以上前に、ジョージ・バーナード・ショー（Shaw, G.B.）の戯曲『医者のディレンマ』の中で十分に指摘されていた。そこでは、貧しい地域で診療をしているブレンキンソップという医師が、上流社会の流行医師である旧友のリジョンにこういうのだ。「私の患者はみな事務員や店子たちだ。彼らは病気になんかなっちゃいられない。金を払えないからね。で、彼らが倒れたら、私が彼らに何ができるっていうのか。君は自分の患者をセント・モーリッツとかエジプトに送ることができるし、乗馬とか、自動車旅行とか、シャンパン・ゼリーとか、半年の完全な気分転換と休暇とかを勧めることもできる。私も月の一かけを私の患者に注文してみようかね」（Shaw 1946 [1906], 109-10）。それから少し後で、ブレンキンソップは彼自身も体調が悪く極めて低収入であることを明らかにし、こう言う。「もし二週間の休みが私の命を救うというなら、私は死ななくちゃならない」（Shaw 1946 [1906], 134）。

極めて明白に、疾病手当や、仕事から逃れられない母親やその他の介護者への家庭内サポートを提供することによって、医療制度は人々の休息する能力に影響を与えることができる。じつに、ここでわれわれはなぜ社会的ネットワークが健康にそれほど重要なのかを理解できるだろう。家族や援助の手を差

★8　人間の健康と病気を血液、粘液、黄胆汁、黒胆汁の四種の体液によって説明しようとする学説。

し伸べる近隣住民といったよい社会的ネットワークをもつ人々は、回復するために、家事からの完全な休息をもてる可能性がより高い。この要素がどれだけ重要かは今後の検討課題として残るものの、それはこれまで比較的に無視されてきたのかもしれない。

最後に、四つ目の側面に戻ると、より主観的な要素である、恐れや心配を加えなくてはならない。多くの場合、人々は病気になることを恐れたり、心配したりする。ときには、恐れや心配が病気に結びつくこともある。たとえば、多くの人はがんをとくに恐れている。〔また〕病気の直接の経験に対してではなく、その好ましくない帰結に対して、恐れや心配を抱くこともある。これは、家族や同僚との関係にそれがどのように影響するかということのみならず、その破壊的になる恐れのある経済的帰結をも含みうる。イギリスのナショナル・ヘルス・サービスへの賛成論の一つは、まさしく、それは「お金の心配」を取り除くというものだった。収入が低い人々は、どのように医師の診療に料金を支払うことができるだろうか、端的にまったくわからなかった。これにより、そのような人々はしばしば、手遅れになるまで治療を先延ばししただけではなく、「病気になるほど心配してしまう」ことにもなった。つまり、病気の帰結について心配することが、心身両方の病気の原因となりうるのだ。先ほど見たように、慢性的なストレスは免疫システムを阻害して、ストレスをもつ人をより病気にかかりやすくしてしまうと論じられているのだ（Wilkinson 2001）。そこで、利用時に無料の皆保険の制度は、たとえそれから誰も利益を得ることがなかったとしても、個人の健康にとってはよいものだ。（「自己負担」、つまり患者の支払いの割合が高い制度の場合には、この利点は失われることに注意してほしい。）医療費破産が起こりうるような——とくに、それが頻発しているような——制度は、健康セキュリティの「回復」の側面ではうまくいっていないのだ。そして、もし人々がそのような結果を恐れたり心配したりしながら生きているとしたら、それは別の側面、つまり恐れと心配という面でもうまくいっていないのである。

心配は実際に、三つの異なる意味で重要である。第一に、始めに指摘したように、健康を測るための標準的な「道具」――EQ－5D法――は、憂鬱や心配を健康の側面として含んでいる。そこで、重大な心配が存在するなら、それ自体が健康にとって有害なものとしてみなされる。第二に、たとえ心配が「測定可能な」レベルに達しないとしても、それは慢性的なストレスを誘発し、免疫システムを阻害し、他の健康の問題を引き起こすこともある。最後に、心配が健康に対して何ら有害な効果をもたないときでも、それは生活の充足を大いに損なうこともある。よってこれが、単純な健康のデータにおいてはとらえられない医療制度のもつもう一つの影響なのである。

結論――哲学にとっての教訓

アメリカでは、保健制度改革は幅広く論じられてきた。それは一つの争点として、政治的に極めて激しく、感情的な問題であり、もし制度が改革されたら損失を被る人々の既得権益と対立している。結局のところ、極めて多額のお金が現在〔保健制度に〕使われているのであり、それはどこかで使われなくてはならない。皆保険制度を擁護する人々は、その重要性をおおよそ当たり前のこととみなしている。だが、イギリスの経験が示唆するのは、健康増進の観点から見ると、皆保険制度の結果は残念なものになるかもしれないということである。しかし、これは〔皆保険制度という〕ゴールを捨て去る理由とはならない。むしろこれは、その政策が達成すると合理的に期待されうることについて、明確にさせることとの理由であるのだ。この章での用語を使えば、皆保険制度は、少なくとも、とりわけ心配という一つの重要な側面で、個人の健康セキュリティを大きく向上させるのだ。健康についての心配は、それだけで十分悪いものだが、「お金の心配」と結びつけば、それは人を完全にダメにしてしまう。皆保険制度は人々の人生の質を向上させられるが、健康の改善は、そのごく一部にすぎないのかもしれない。

この本の観点から見た方法論的な教訓は、またしても、証拠を見ることとの必要性だ。明白に真実と思われたことが、調べてみたとたんに、誤りであるか少なくとも疑わしいものに変わってしまうことがいかによくあるのかは、驚くべきことだ。今回のケースでは、皆保険制度の主要な価値は、それがもたらす健康上の利益だということは明らかなように思われる。しかし、証拠が示唆するのは、保健制度へのアクセスは、健康の決定要因のうちの一つにすぎず、おそらくは最も重要なものではないではないということである。だが、それは他のもの、とくに安心の決定要因でもあるように思われる。健康セキュリティの発想を理解することは、健康と保健制度とのあやふやな関係の枠組みについての、われわれの理解を豊かにしてくれる。われわれは、いかに他の種類の政府の活動が、積極的にも消極的にも、健康に影響しうるのか、またいかに保健制度の提供が厚生（well - being）に影響しうるか、理解できるようになる。しかし、目的から政策改革に向かうルートは複雑に入り組んでおり、さまざまな種類の証拠が問題解決のために生かされなくてはならないのだ。

第七章　障碍

イントロダクション

　障碍があるとはどういうことであり、障碍のある人々に社会は何を提供すべきなのだろうか。これは明らかに、現実の世界における極めて重要なトピックである。イギリスでは現在、一千万人以上の人が、「〔生活上の〕制限となる長期的な病気、身体機能の損傷、あるいは障碍」（DWP 2010）をもっており、多くの財政的資源やその他の形での支援と取り組みが、障碍をもつ人々の生活をそれがなかった場合に比べてよりよいものにするために、費やされている。もちろんわれわれは、これらの人々すべてが何らかの実質的な意味で、本当に障碍があると言えるのかどうかと思うかもしれない。だが、極めて多くの人が、何らかの形の障碍に苦しんでいることは明らかである。しかし、われわれは障碍のある人々に十分なことをしているのだろうか。そして、正しいことをしているのだろうか。

　もちろん、かなり最近まで、障碍があるとラベルが付された人々――精神的障碍があるといわれた人たちに限るわけではないが、とくにこの人たち――にとっては、特別な施設で人生を送るのが普通だったことはよく知られている。それらの施設はだいたい、半ば田舎にあるか、街の片隅にあって、彼らは同じような状況の他の人たちや、彼らの面倒を見てくれる人たちと一緒に生活していた。彼らがもともとどこか別の場所で生活していたのでなければ、施設の外に友達をもつことはまずありえなかったし、家族の来訪は、日々の生活の一部に組み入れられているというよりは、週末の午後のような、特別な機会であることが普通であった。このような施設は、あたかもそれらが特別な避難や保護の場所であるかのように、「保護施設（asylums）」と呼ばれることが多かった。しかし、ある批判者たちの分析では、その逆が本当なのだ。つまり、それらの施設は、社会の主流の人々が、扱いの面倒な人々から避難することを可能にしていたのだ。よって、障碍者の家の主な役割は、それ以外のわれわれが彼らにほとんど関わらなくてもいいようにすることであったと言われるのだ。最悪のケースでは、それは去る権利のない受刑者のいる牢獄になぞらえられていた。

１９８０年代に保守党政権が、個人の権利を強化し、このような施設の多くを閉鎖する「コミュニティでのケア（care in the community）」の政策を導入することによって、これは変化した。このような変化の裏に、経済的な動機があったことは間違いない。だが保守党政権は、意図していたかどうかはともかく、障碍者をより広い社会とつなげるために、それなりのことをした。しかし、変化は道半ばである。多くの場合、障碍者は、家族や介助職員、デイセンターにいる他の障碍者以外には、ほとんど人に会うことがない。デイセンターは障碍者にやることを与えるという点で、ある程度、障碍者にとっての家の役割を果たしてきたが、障碍のない人々からは遠ざけられている（Duffy 2010）。自分がデイセンターに通うことになったら、と想像してみてほしい。あなたは乗り合いバスや小型バスで迎えられ、一、二時間のあいだ他の人を出迎えるために町中をグルグルまわることになるだろう。デイセンターに着くと、社会教育プログラムの一環として介助をするように要求された嫌々ながらの生徒たちや、さまざまなレベルで関わりはするが、結局は見下した態度をとりがちなボランティアやその他の人々の訪問を受けるかもしれない。そして空いた時間にはテレビを見るばかりである。お金を出してまで食べたいとは、まず思わないような質の食事を食べさせられるだろうし、その後の午後には、「作業療法」の名の下に、幼稚園と病棟でやることの間の中間のような、通り一遍の活動をすることになる。それから、あなたは乗り合いバスでまた二時間程度過ごし、その後両親の家でさらにテレビを見ることになる。

われわれは〔障碍者に対して〕正しいことをしているのだろうか。われわれはこれ以外に何をするのだろう。障碍者の取り扱いは、正義の問題であると思われる。そして、現代の分配的正義論は、社会は障碍者のために何をするべきかという問いを、第一の関心事とすべきだと考える人もいるかもしれない。

人々はそうしたことを考えるだろう。だが現実は少し違っている。現代政治哲学において分配的正義のテーマは、ジョン・ロールズ、とくに1971年に初めて出版された彼の『正義論』によって、主導されてきた。しかし、説得力のある正義の一般理論を提示し、擁護するために、ロールズは単純化の仮定をたくさん置き、彼の理論の射程をいくつかの方法で限定しなくてはならなかった。たとえば、彼は移民の出入りはないものと仮定した（よって、もし税制を嫌うなら、大儲けして〔国を〕出ていくことになる富裕層のことは問いに上がっていない）。また、戦争と貿易を含む外交の問題も、すべて彼は無視した。だが、ここでの目的にとってもっと重要なことは、社会のすべての人々は通常の範囲内の健康を備えており、よって障碍者はいないと彼が仮定したことである（Rawls 1971. 1999b, 259と1982, 168も参照）。彼がこう想定したのは、これは真実だと思ったからではなく――それは明らかに間違っている――、これが彼と読者を、彼が正義の中心的なケースとみなしたものに集中させてくれるからである。ひとたび中心的なケースについて明確になったならば、われわれは単純化のための仮定を取り除き、他のケースをカバーするように、議論の範囲を拡大してもよい、とロールズは論じている。

もちろん、何が分配的正義の中心的なケースであるかについて論じることも可能だ。もし、分配的正義は自分の世話をすることができない人々のために社会がすべきことを主要な関心事とすると考えるなら、障碍のある人々への関心は〔分配的正義の〕まさに核心にあるべきだ。他方で、もしロールズのように、分配的正義の主題は社会的協働の利益と負担をどのように分かち合うべきかということだとするなら、社会的協働の枠組みの一部ではない人々――多くの障碍者も含まれる――は分配的正義の主題にとって中心となることはないだろう。彼らのニーズや要求、権利は何らかの特別なトピックとして扱われなくてはならないだろう。

晩年、ロールズは、自らの単純化の仮定によって除外されていたいくつかのケース――彼の後期の著作『万民の法』(Rawls 1999a) でのグローバルな正義など――について論じたけれども、障碍の問題について詳細に取り組むことはついになかった。だが、この課題は、ロナルド・ドゥオーキン (Dworkin, R.) を含む他の理論家たちによって取り上げられた。ドゥオーキンは、その平等についての著作の中で、まず平等の理解についてかなり異なる二つのアプローチを対比している。それは彼が「福利の平等 (equality of welfare)」と「資源の平等 (equality of resources)」と呼ぶものである。福利の平等は、すべての人が同じレベルの（主観的）福利を達成したときに、平等のゴールは達成されるという理論である。

ドゥオーキンによれば福利とは幸福や選好の充足である。対照的に、資源の平等では、すべての人が適切に理解された同じ価値をもつ資源のパッケージをもつことを、平等〔の理念〕は要求すると考える。ドゥオーキンは、福利の平等に対して多くの強力な批判を行っており、それには、平等な選好充足がそもそも何を意味するかについて、適当な説明をしようとすることがいかに困難であるか、といったことについての詳しい議論も含まれる。このことや他の理由から、資源の平等がドゥオーキンの好むアプローチである（Dworkin 1981a, 1981b）。

ドゥオーキンの理論では、二つのタイプの資源がある。それは、お金や富といった、「外的資源（external resources）」と彼が呼ぶものと、技能や才能を含む「内的資源（internal resources）」である。簡単に言えば、ドゥオーキンの意見は、障碍のある人は内的資源を欠いているのであり、もしすべての人が同じ価値をもつ資源の「束」をもつべきだとするなら、彼らはその欠落を補うために、外的資源を余計にもつ必要があるというものだ。彼の障碍についての議論のほとんどは、障碍の補償をするために適切な課税と移転のレベルを決めるための提案を——仮想的保険市場の議論によって——試みることからなっている。

ドゥオーキンの提案は極めて独創的であり、見事に練られているが、その詳細はここでの関心では必ずしもない。だが、それには二重の問題点が存在する。第一に、彼は障碍についていかなる分析も行っておらず、障碍は単純に、精神的もしくは身体的な障碍からなるものと想定しているようである。それは障碍の「医療的モデル（medical model）」として、いまはしばしば理解されている。これは、障碍は少なくともかなりの程度、「社会的に構成される」とする〔障碍の〕「社会的モデル（social model）」と対比される。その意味は、われわれが物理的にも概念的にも世界を作り上げてきたその方法によって、世界があるグループにとって、それ以外のグループに比べて、より適したものになっている、というものだ。社会的モデルでは、少なくともそのラディカルな形では、「社会が人を障碍者にさせる」のだ。人々が生まれつき異なった体と心の能力をもつということは事実なのだが、ある人がこれらの能力を使って何ができるかということは、あらゆる社会的、物質的、文化的な要素によるのである。多くの哲学者が、しばしば個人的なまたは家族を通じた彼ら自身の障碍の経験から、これらの〔障碍の〕問題に対するこの〔社会的モデル〕アプローチを取ってきた。そして、これらの哲学者は私自身のこれらの問題に対する思考に極めて大きく影響を与えている（Asch 2001; Bickenback 1993; Kittay 1999; Silvers *et al.* 1998; Tremain 1996）。だが、分配的正義の考察についての哲学の主流が彼らの洞察を取り入れるまでには少し時間がかかった。

社会的、文化的、物質的要素が、障碍の経験にとって重要でありうることを理解するためには、都会のシドニーと田舎のカメルーンで対麻痺になることとの経験を比較した研究を考えてみるとよい。シドニーは、移動が極めて困難な人々のニーズによく対応できているので、彼らは比較的困難を感じない。カメルーンでは、身体的に移動が不自由な人は屈辱的な悪夢を体験し、〔人間らしい〕生活のほぼすべての側面から排除されることになる（Allotey *et al.* 2003）。車いすを使う人とそうでない人の違いが、眼に補正レンズをつける人とつけない人の違いと同じになるほど、〔障碍に〕対応している社会を想像することすらもできるだろう。その逆に、もし補正レンズが発見されていなかったら、いま、世界はどのようになるかを想像してみるといい。

そこで、ドゥオーキンの議論の第一の問題は、障碍についての医療的モデルの想定だったのだ。第二の問題点は、ドゥオーキンの障碍へのアプローチが、健常者から障碍のある人々へのお金の移転からなると考えられることだ。これは有益な社会政策の一部になるかもしれないが、完璧であるとはまったく思われない。じつに、われわれはここで、結局ドゥオーキンが障碍の「医療的モデル」を支持していると説明することは不正確なものであったかもしれないということを理解できるだろう。というのも、もし彼がこの見解をもっていたなら、彼の解決策は、医療や他の専門的な方法で障碍を治療するか、少なくともその影響を減らすためのさまざまな研究や治療に関するものになるだろうと、人々は予測するだろうからである。だが、実のところ、医療上の必要は、障碍を高くつくものにし、また障碍者の所得を増やすことで障碍〔の問題〕に対応しようと考えることを理に適ったものにするようなさまざまな要因の一つにすぎない、と彼はみなしているようである。これは障碍の「経済的」モデルを採用することだと言えよう。障碍があることは人生を経済的に困難にする。つまり、あなたの出費は増え、一般的に所得能力は落ちるのだ。

先に述べたように、この種のお金の移転は、出費が多くて収入が少ない、または出費が多いか収入が少ない状況の障碍者には歓迎されそうである。また、医療サービスやその他の治療が、「ポケットマネーから」の出費か保険という形で、完全に自由市場で供給されているので、このようなサービスを利用するためには余計な収入を必要とするような社会を想像することもできる。しかし今日の社会政策には、個人的な購買行為によってはとらえきれない多くのものがある。たとえば、医療分野での研究は、それが最終的にどのように利益を生むことができるかということを示すようなビジネスモデルに支えられるのでないなら、一般的には公的、組織的な投資が必要となる。もっと幅広く論じるなら、現在の多くの障碍者政策は、職場へのアクセスのしやすさ、建築基準の変更、特別なコンピュータソフト、〔障碍者にも〕使い勝手のよいデザインや、身体の機能障碍の影響を減らすその他の方法に焦点を当てている。文化的変化には、「不具（cripple）」や「のろま（spastic）」といった屈辱を与える言葉を放棄することや、学校の生徒たちを、自分たちとは違う人々についてより啓発された態度をもつように教育することなどがある。

これらの例から、われわれは、ドゥオーキンへの二つの批判が実のところ組み合わさっていることが分かるだろう。もし、障碍が〔生きることの〕経済的費用の増加以上のことであるなら、障碍者個々人に焦点を当てた解決策は道を過ることになるかもしれないと考えることは、おかしくはない。もし、障碍の原因が「人」というより「世界」であるなら、賢明な社会政策は、障碍者に補償を与えるというよりは、世界を変えることを目指すべきだということになるだろう。

先ほど見たように、ドゥオーキンは自らの障碍へのアプローチを、資源の平等の理論に基礎づけている。彼は資源の平等よりも福利の平等を採用した方がよかったのだろうか。どちらかというと、それはさらによくない結果を生むかもしれない。ドゥオーキン自身が、障碍者の状況はあまりにも厳しく、彼らを平等な幸福や選好充足のレベルに引き上げるには、かなりの社会的資源が費やされなくてはならないかもしれない、という反論を投げかけている。確かに、この点は人によって大きく異なるが、いくつかのケースではこれが当てはまるかもしれない。福利の平等が意味するのは、そうすることが彼らを幸福や選好充足の点で他の人々すべてに近づけるのであれば、われわれは福利の低い人々に対して、可能な限りすべてのものを移転すべきである、ということのように思われる。しかし逆の難点もある。数量化できる限りでの話だが、身体障碍をもっている人たちは、先進国で行われたいくつかの研究では、少なくともある種のケースにおいては、障碍がない人たちと同じようなレベルの人生に対する満足を表明する傾向があったのだ（Albrecht and Devlieger 1999）。もしそうなら、福利の平等のアプローチは、最も直観に反する帰結を導くように思われる。それは、正義は障碍者に対していかなる特別な扱いも要求しないというものである。もちろん、もし彼らがとりわけ不幸であったり、選好充足に欠けていたりしたら、〔そのような特別扱いをすべき〕ケースがあるかもしれないが、これは彼らの障碍というよりは、他の人と同じく彼らの悲惨な境遇や不満のためである。そうなら、ここに問題があるのである。もし、われわれが、厚生（well-being）を資源や主観的な満足によって測るような正義の理論にだけ注意を向けるなら、それらの理論が、障碍者を世界がよりよく受け入れるような、啓発された障碍者政策と一般的に思われているものに対して、まともな正当化を提供するかどうか、はっきりしなくなるのである。これらは、結局のところ、障碍がなくなるように世界を変えることを試みる政策である。資源や福利に基づく理論は、このようなアプローチを排除するということではないが、とくにそれを重視しない。このことについては、後にまた触れたい。

また、ドゥオーキンの理論のみならず、既存の社会秩序を批判するいかなる正義の理論にも当てはまる、かなり異なった問題もある。説明のために、正義に適った社会とは、何らかの点で平等を達成した社会であるということに、われわれが合意すると想定してみてほしい。だが、現存の社会は、それからはほど遠い。われわれはいまなお、人種、ジェンダー、また社会階級などによる不平等や、いかなる正義の原理によっても擁護できないと思われる所得格差を抱えている。そしてこのことは、障碍のような正義の特別なテーマをどのように扱うべきかということについての疑問を投げかけるのだ。障碍以外のさまざまな形の正当化できない不平等がある世界にあって、健常者と障碍者の間での分配について完全な平等を達成できるなどと、どうしてわれわれは期待できるのだろうか。多くの人は、これらの不平等はじつに不正であると論じるだろうが、われわれはそれらを根絶できているとはとてもいえない。ほとんどの正義の理論が、これらの社会的・経済的不平等を廃絶するように要求しているにもかかわらず、である。

もちろん、理論家としては、われわれは目標を高くし、社会はすべての不正義を取り除くことを目指すべきだと主張することもできる。だが、もしそうなら、障碍についての政策提言をどのようにすべきかは、困難な問題となる。政策立案者は、最もひどい不平等に最初に取り組むべきだろうか。だが、彼らはどれが最もひどい不平等であるか、どのように決めるのだろうか。そして、それらを見つけ出したら、彼らはその他の不平等をすべて無視するべきだろうか。とくに、障碍者への平等を達成することに特別な関心のある人々は、自分が脇に追いやられていることに気づくかもしれない。というのも、おそらくは人種差別、性差別や極度の貧困の方がより重要なことだと決定されるかもしれないからだ。障碍に関する理論家は、すべての不平等を取り除くキャンペーンを優先せずに、どのように障碍者のための平等のゴールを策定できるだろうか。

そこで、障碍に特別な関心を払っていながらも、障碍をもつ人とそうでない人の間の不平等の問題は必ずしも、社会が直面する最も喫緊の不正義の問題ではないことを受け入れる準備のあるような障碍者のための運動を行う人々のことを、われわれは考えることになる。では、彼らはどのように社会政策に影響を与えようとすべきだろうか。広い〔社会的不平等の〕文脈では、最も喫緊の要求をしているわけではないかもしれない人々を優先するために、社会政策を乗っ取ろう（hijack）とすることには、どこかあまり魅力的ではないところがある。しかし、障碍ある人々の要求が社会の最優先事項となってしまうまでそれを放置しておく、というのもまた、誤りであるように思われる。よって、〔障碍者の利益を〕特別に擁護する役割を引き受けたいと思う人たちは、難しいディレンマに直面すると思われる。実際には、障碍者のための運動家は、暗黙のうちに中間を歩む傾向があった。現在の社会は正義に適っておらず、正義に近づくには多くの時間、エネルギーと資源が必要だということ。そして、障碍のある人の要求よりも、もしかすると他の要求の方がより切迫しているのかもしれないこと。これらを受け入れつつも、それでも世界は障碍のある人々にとって、とりわけ不正であるべきではないと論じることは可能なように思われる。

説明しよう。もし、少なくとも短期から中期的には、すべての不正義を取り除くことはできないかもしれないということを、われわれは受け入れねばならないとしても、障碍者に対しての不正義といった特別な不正義は取り除くことが可能なのかもしれないのだ。そこで、〔障碍に関する正義の〕議論を現実的な文脈に位置づけるための一つの方法は、実践的な目的のために、われわれが「プラグマティックな平等（pragmatic equality）」と呼びうるアプローチを採用することだ。つまり、障碍者に対する正義が要求するのは、障碍が世界におけるその他の不正義を増幅させるものであるべきではないということである。この見解では、理論家も政策立案者も、少なくとも当面は、不平等があることをしぶしぶながら受け入れるが、それでも障碍の存在によって不正義はさらに増大してはならないとされる。プラグマティックな平等についてのもう一つの考え方は、障碍について（プラグマティックに）平等な世界は、障碍者の間の不平等を健常者の間での不平等と同じ程度に収めるべきだ、というものになるかもしれない。人種、性差、能力と社会集団を前提とした上で、障碍者も障碍のない人々と同じ程度のことができるのでなくてはならないのだ。障碍者への正義を強調しながら、その他の形の不正義を黙認するのは、かなり不愉快、もしかすると冷笑的あるいは偽善的とさえ思われるかもしれない。だが、第一に、プラグマティックな平等を達成することすら、多くの障碍者にとっては驚くべき前進となるだろうし、第二に、理念としては、少なくともこれは正義に適った社会のモデルというより、短期的なゴールとして提示されているのだ。

障碍・自立・包摂

前のセクションで、私はロールズとドゥオーキンによって代表される平等主義に関する主流派の文献は、障碍〔の正義〕について、成功の見込みがあるアプローチを生み出していないということを提起した。ドゥオーキンの立場でさえ、金銭的資源の移転以上のことを行う社会政策に対して、いかなる明確な正当化も打ち出していないのだ。しかし、われわれが現実に行っている社会政策を見るなら、それらはじつに多様である。それらは一方で、身体や認知の機能を向上させるための手術や他の治療といったものから、介助人や収入補助などの個人的なサポート、さらには職場をアクセスしやすくしたり、巧妙な形の差別を禁止したりするなどの物質的・社会的環境を変えることまでを含んでいる。障碍者のための運動においては、カギとなるコンセプトは「包摂（inclusion）」と「自立（independence）」である（Shakespeare 1998, 2006. 加えて、すべての人間の生における依存の役割については、MacIntyre 1999 も参照せよ）。一見すると、これらのコンセプトは、互いに退け合うものに思われるかもしれない。それは、包摂はある人が他者とともにあることを強調する一方で、自立は真逆の含意をもつと思われるからである。しかし実際には、両方とも同じ根をもっているのだ。その根というのは、普通の人生を生きることができるという発想であり、それは通常、社会における包摂と通常の人生の課題に対処する際の自立という両方の要素を複雑なバランスで含んでいるのだ。この分析によれば、障碍者は、単純に他の人々と同じ条件で社会の生活に参加したいということなのである。

ところが、先ほどの議論でも含意されていたとおり、われわれの喫緊の問題は、ドゥオーキンの平等についての研究から引き出された哲学的な概念上の言葉が、これらの問題を考えるために必要な地点までには、われわれを導いてくれないということだ。もし、われわれが政策の選択肢に関して、哲学的な観点から考えられるようになるべきだというなら、進歩を遂げるには、何とかして哲学的理論と現実の社会政策の間を架橋することが必要だ。手始めに、現在の、比較的控えめなプラグマティックな平等のプロジェクトは、結局、同化（assimilation）の一種だということを認めてみよう。すなわち、世界を障碍についての点で正義に適ったものとすることとは、障碍者が、〔彼らと〕同じような才能と特徴をもつが障碍のない人々と同じような機会のパッケージをもてるようにすることである。このようなプロジェクトを発展させるには、あらゆる個人について、その機会を決めているものは何なのかということを問わねばならない。おおざっぱに言って、われわれは二つの要素を考慮しなくてはいけない。それらは、その人が何をもっているのかということと、それを使って、彼らは何をすることができるのか、ということだ。ドゥオーキンの資源に関する言葉遣いは、正しい方向に進むために助けになる第一歩だ。すでに見たように、ドゥオーキンにとって、これはお金や、外的世界の一部に対するコントロールなどといった外的な資源と、才能や能力といった「内的な資源」の双方を含む。しかし、資源それ自体は、ある人の機会を決定するためには十分ではない。というのも、ドゥオーキンは真っ先にこれを認めるだろうが、社会の中で働いている構造についてのさまざまな事実も知られる必要があるからだ。それは、法や慣習、伝統、宗教、言語、文化その他の社会的規範の影響、物質的・自然的環境のあり方であり、おそらくはその他のさまざまなものも含む。少々誤解を招くかもしれないが、われわれはこれらすべてを、「社会的・物質的構造（social and material structure）」（ときには短く「社会構造」）と呼べるだろう。そこで、全体的な定式は次のようになる。あなたの機会は、自分自身がその中にいる社会的・物質的構造を前提として、自身の内的・外的資源を使って、あなたができることによって決定される。資源と構造は相まって、さまざまなコストと困難さをともなう〔機会の〕道を作り出す。あなたの資源は、それによって〔人生というゲームを〕プレーするものであり、構造はゲームのルールを提供するのだ。

したがって、もしある人が機会を欠いていると考えられているなら、原理の問題としては、われわれがこのことに対処する領域には、少なくとも三つあることがわかるだろう。それは、内的資源、外的資源、社会構造である。内的資源を調整することによって不利益を緩和しようという試みは、実際には人に対して行為することを意味する（それはもちろん、ある場合には本人が自分自身に対して行うこともある）。

これは、医療や手術などによる措置に加えて、教育や訓練も含むだろう。われわれはこれを明らかに「人的〔資源の〕増強（personal enhancement）」と呼ぶことができる。

外的資源に焦点をおいた行動は、少なくとも二つの主要な形をとりうる。もちろん、一つ目は、現金による補償であり、人々は好きなように使えるお金を与えられる。だが、二つ目として、人々が条件つきの資源を与えられるという方法も導入することができる。たとえば、学習障碍をもつある学生は、コンピュータの購入だけに使える現金を与えられるか、コンピュータ〔そのもの〕を与えられる。しかしこれは、普通〔物品の購入や取得に〕付随するようなすべての権利をともなった私有財産の供与を意図しているのではなく、特定の目的のみに限られたある物を使用させることを意図している。たとえば、彼らはコンピュータを売り払ってその売上をビール、あるいは食品や本にさえ使うことはできない。障碍者への車いすの貸与や、いくつかのサービスを行うためだけに雇われた国庫負担の介助人の提供など、多くの同じような例がある。よって、例として、ある障碍者は自身の介助人に他の人のために働くよう命令したり、介助人を最高額の入札者に貸し出したりすることはできない。このような方法で使用が制限された資源を人々に供与することを、われわれは「ターゲットつきの資源の増強（targeted resource enhancement）」と呼ぶことができる。

最後に、ある人の機会を、彼や彼女の資源を変えることなく、向上させる方法がある。われわれは実際に、人々がすでにもっている資源を使ってよりよく生きられるように、ゲームのルールを変えることができる。これは法や社会的態度の変化、階段からスロープへの取り替えや戸口の拡大をするための建築基準の変更などの結果でありうる。おそらくこれを完全にあらわす用語はないが、ここでわれわれはこれを地位の増強（status enhancement）と呼ぶことができる。いうまでもなく、地位の増強は、障碍の社会理論を発展させてきた人々に好まれる救済策である。そこで、機会の欠如に取り組む試みには少なくとも、四つの互いに異なる戦略があることになる。それは、人的増強、現金補償、ターゲットつきの資源の増強、地位の増強である。これらのすべては、障碍がもたらす不利益を乗り越えるために役立ちうる戦略である。だが、ある特定の状況下で、〔この四つの戦略中で〕他のものよりもある一つを用いるべき理由はあるのだろうか。

戦略の選択

さまざまな戦略の中から一つを選ぶことは、ときとして易しく、ときとして難しい。ある戦略は実行不可能であるとか、そのコストが法外に高いということが明白なこともあるかもしれない。よって、たとえば、医療による形をとる人的増強が、明らかにとられるべきアプローチであるようにしばしば思えても、医学や治療にはつねに限界がある。そしてある時点において、人的増強が何も提供できないとか、ある人の人生を改善させようという試みが、ごくわずかな利益のために長期間の過剰な措置や危害の恐れさえもたらすことによって逆効果を生む、ということが一般的に起こるだろう。このような理由から、身体障碍者の中には、医療的措置を受けるよりは、あるがままでなんとか人生を生きていくことを選ぶ人々もいる。だが、地位の増強にも限界がある。たとえば、歴史的な街の中心部をアクセスしやすくすることは、建物の配置を前提とすると、現在の技術では不可能であるかもしれず、唯一の選択肢はすべてのものを壊し、〔街づくりを〕最初からやり直すということになってしまうかもしれない。大切な公共サービスをアクセスしやすい場所に移すことを拒むことは道理に適わないだろうが、そのように〔すべてを破壊しやり直し〕することを拒否するのは道理に適っているように思われる。財政的・社会的なコストを考えることによって、いくつかの可能な戦略が除外されることがあるのだ。

だが、実行可能な選択肢の中であっても、コストだけが唯一の要素というわけではないかもしれない。ときとしてわれわれが、より低コストのものより、より高コストと思われる戦略を選ぶことは、ありえないことではない。というのも、異なった戦略は非常に異なった想定を前提としていると思われ、異なったメッセージを送ることができるからだ。このことを理解するために、人的増強戦略と地位増強戦略の対照を考えてみてほしい。障碍に関する医療的モデルは、われわれが通常、手術やその他の治療を通じてその人に働きかけることを提案しているという点で、人的増強の好例をなしている。この見解では、障碍とは、可能な限り治療によって「治される」べきものであるのだ。しかし、医療的モデルに反対する人は、それが示唆するのは人々があるべき「理想的な」あり方があり、この理想に満たない人々には「欠陥があり」、これらの欠陥は可能な限り治療によって除かれねばならないということだ、と指摘することがよくある。そこで障碍者は、医療的モデルの想定を極めて不快なものだと思うことが多い。というのもそれは、彼らは欠陥があるかまたは異常であり、社会で完全な役割を果たす前に修繕されなくてはならない、という含意をもつからだ。

対照的に、障碍の社会的モデルは、われわれが個々人ではなく、テクノロジーや法、〔建物などの〕構築環境や〔障碍についての〕人々の理解を変えるべきだ——この章の用語では地位の増強を試みること

――と提案する。地位の増強は人的増強の政策に比べて人々の差異に対してより寛容であるので、より多元的で包括的なメッセージを送る。よって、障碍の社会的モデルを受け入れる人々は、社会はすべてのタイプの人々を受け入れられるようにそれ自体を適応させる必要があると主張する。もしこれが成功するならば、障碍という概念が不要なものになりうる。さまざまな身体の特徴（より論争的かもしれないが、おそらくは認知能力のレベルも）を、人生のさまざまな機会を追求する人々の能力に無関係なものにすることによってである。

このようなことから、社会的モデルは人道的で楽天的である。これは、障碍とは何よりも、手術や他の形の治療を要求する医療上の問題だという考え方を見直す、非常に歓迎すべきモデルである。地位の増強は一般的に人的増強よりも好まれる、と暫定的に（というのも、われわれはいくつかの難点をすぐに知ることになるからだ）想定してみよう。われわれはなぜそのようなことになるのかを、これまでに論じられた哲学的理論から理解することができるだろうか。私の考えでは、その答えは、福利の平等と資源の平等のどちらの理論家も、自らの理論がこのような社会政策と合致していることを示すことができるというものだ。だが、第三の理論――潜在能力（capability）の理論として知られる――の方が、さらにうまくいくとしばしば考えられている。

そこで、このことを示すために、われわれは福利の平等の理論をより支持していると想定してみよう。もしわれわれが「プラグマティックな平等」――人々は障碍のせいでこれ以上の不利益を受けるべきではないということ――の目標も受け入れるとするならば、〔この理論での〕考えというのは、障碍者は自らの障碍のせいで、〔そうではない〕他人に比べて、福利の損失を被らないようにするということになるだろう。福利を損失させる明らかな原因の一つは、職場や政治のような、他の人々には開かれている社会的役割へのアクセスをもてないことのフラストレーションであろう。地位の増強は、成功すれば、この点で人々の競争条件を平等にするだろう。それは、他の方面ではよい理由からなされた――建物の正面に階段を作るという決定のような――他の〔文脈での〕決定がもたらす、意図的または意図的でない帰結としてのさまざまな形の実際上の差別を取り除く。機会を開放することは、障碍者に起こりうる福利の損失を減らし、社会を福利のプラグマティックな平等に近づける。したがって、福利を〔平等の〕尺度として好む人は、地位の増強を支持すべきだ。よって、結局のところ、福利の理論は、賢明な社会理論の哲学的基礎を提供できると思われるのだ。

さて、哲学的基礎を探すことはここで終えられるかもしれない。だが、資源に基づく理論も、同じく哲学的基礎を提供しうる見込みが十分あるので、さらなる探究をしないのは惜しいだろう。身体を動かせないために、文字通り職場に入ることができず、働くことができない人を考えてみよう。ドゥオーキンの用語では、彼らは内的資源の少なさを被っている。だが、もし職場〔環境〕の変化により、彼らがいまや働くことができるようになったとしたら、何が起こるだろうか。表面的には、これは彼らの資源に変化を与えないままでの、社会の改善だと思われる。しかし、これは同じく、彼らの内的資源を再評価した変化であるとも言えるかもしれない。じつに、これはドゥオーキンのこの問題に対する見解なのだ。職場にアクセスできなければ、彼らの技能や能力はほとんど価値がない。〔しかし〕ひとたびアクセスができるようになれば、彼らの技能や能力は突如として、より価値のあるもの――同じような訓練などを受けた人の技能や能力と同じくらいの価値――になる。したがって、資源のプラグマティックな平等を受け入れる人はみな、地位の増強を支持すべき理由がある。最も良いケースでは、それは障碍者の内的資源の価値を、そうでなければ同じようなバックグラウンドをもつことになった人たち〔の内的資源の価値〕と同じレベルまで、引き上げることができるのだ。再び、それは地位の増強にとっての哲学的な基礎を同じく提供することができる。いまや、われわれは一つ以上〔の哲学的基礎〕をもつことになったようだ。

これは驚くべきことと思われるかもしれない。先に、私は福利の理論も資源の理論も、障碍を概念化するには不適切であると示唆した。われわれが見たように、これらのアプローチを拒否すべき理由は、障碍者が直面する問題は、彼らの福利が他人よりも少ないということではないというものだった。というのも、彼らはそうであるかもしれないし、そうでないかもしれないからだ。同じく、障碍は経済的損失の問題以上のものだとも述べられた。これらの批判は、障碍があることの主要な問題は、他の人々が当たり前と思うようなことができないことだ、というさらなる洞察につながることが多い。この見解では、障碍があることとは、他の人々と同じように活動するための潜在能力を欠くことなのだ。そして、さらに続けるなら、これらの潜在能力に関わる哲学的理論——現在の研究で最も有名なのはセン（Sen 1980, 1999）やヌスバウム（Nussbaum 2000, 2006）の見解——は、「地位の増強」アプローチによって生み出されるだろう種類の社会政策を基礎づけるために、ずっと適切であるように思われる。共同体の経済的あるいは政治的生活に参加できない人々は、ある特定の仕方で活動するための潜在能力を欠いているのであり、これは彼らの損失を理論化するための最良の方法であると、よく論じられる。

潜在能力理論のもつ中心的洞察は、人間にとって重要なこととは、少なくとも政府に関係する限りにおいて、彼らが何が「でき」、何に「なれる」のかだ、ということである。もちろん、人間が高水準の福利と適切な資源をもつことは重要だが、資源は何かをするための道具にすぎないし、福利のレベルはあまりにとらえどころがないので、政府によって直接分配することができない。潜在能力に焦点を当てることで、政府は、すべての市民が幅広い機会をもてるよう、ベストを尽くすことができる。そして市民は、人生にあって価値あるものは何であるかということについての自身の考えを追求する際に、それらを利用することができる。この見方では、障碍者政策は障碍者の潜在能力を改善するように設計されるべきなのだ。地位の増強——障碍となるものを取り除くこと——は、潜在能力を高めるための重要な方法である。

それでは、福利と資源の理論に対して異論があることを、それらが地位の増強の政策に〔哲学的〕基礎を提供することに明らかに成功していることと、どのようにわれわれは折り合いをつけられるだろうか。理論の間のつながりはこうだ。もしある人が活動するための潜在能力を欠いているとすれば、ごく普通には、その人は満足を得られる源泉へのアクセスを欠き、妨げられているため、より低い福利しか得ることができない。同様に、ある人は、労働市場へのアクセスの低下とそれによる生計を立てる能力の減少、また——先に用いた議論に従うなら——その人の「内的資源」の価値の減少によって、資源を欠いているかもしれない。よって、福利理論と資源理論のどちらも、地位の増強の政策と首尾一貫している。だが問題は、それらは他のアプローチともまた、合致していることなのだ。われわれが主として個人の福利に関心をもっているとしてみよう。しかし、職場を配置し直し、機能するための潜在能力を人々に与えることによってではなく、職場はそのままにし、他の方法によってより多くの福利を与え、

〔職場への〕アクセスを欠いていることへの補償を障碍者に行うことによって、福利を増加させることもできそうだ。それは、休暇を増やしたり娯楽の質を高めたりといった方法である。もし、（少なくとも地位の増強が可能な場合に）このアプローチに何らかの問題点があると思われるなら、われわれは、少なくとも単純な形態の福利主義を受け入れていないと思われる。

そして当然ながら、ドゥオーキンの理論のような、資源に基づく理論についても同様の議論をすることができる。障碍者の資源の持ち分を改善するための方法として、ドゥオーキンは地位の増強の政策を支持することもできるだろう。だが、彼自身が用いたような、障碍の理論に対するこのアプローチは、より自然には現金を移転する政策を導くように思われる。もしわれわれがこれは問題であり、地位の増強がより望ましいと感じるなら、またしても、資源に基づいた理論よりも潜在能力の理論の方が、障碍に対するアプローチとして地位の増強に最良の基礎を与えることができるように思われる。もしこれらの議論が成功しているなら、重要な前進がなされたことになる。というのも、それが意味するのは、複雑な、実社会のケースに取り組むより良いまたはより悪い政策を検討することで、われわれはある哲学的アプローチを他のものよりも支持する理由を見つけたということだからだ。そして逆に、哲学的理論は、なぜある一つのアプローチは他のものよりも望ましいのかの理由を、われわれが明らかにするのに役立つ。われわれは理論と実践の完璧な結婚を見つけたようだ。

残された問題

だが、自己満足に浸りきってしまう前に、われわれは実際にすべての問題を解決したのかどうかをなお問わなければならない。すでに指摘したように、潜在能力理論は当然にして、社会で活動するための能力を人々に与えることを重視する。だが、「潜在能力」にはさまざまなものがあり、それらの中から難しい選択をしなくてはならないこともありうる。そして、われわれは、人々に平等な資源を与えることがどのようなことであるのかを理解できるが〔平等な福利についてはより難しいかもしれないが〕、人々に平等な潜在能力を与えるということは、そもそもどのようなことを意味するのだろうか。これは一般的に考えられた社会正義についての潜在能力理論にとって、重大な難点となる。だが、現在の目的にとっては、それを脇に置いてもいいだろう。というのも、思い出してほしいのだが、われわれのプロジェクトとは、一種の「プラグマティックな平等」であったからだ。つまり、障碍が不平等の他の原因に加わらないような世界を説明しようとする試みだ。このためには、われわれは、どのようなときに障碍者の潜在能力が、さもなければ同じような能力などをもつことになったような他の人々と比べて、減ってしまうのか知りさえすればよいのだ。それは、潜在能力の完全な平等の理論を求めるものではない。このこと〔潜在能力の完全な平等〕が定義できるかということは、「理想的理論（ideal theory）」にとっては重要な問いではあるのだが。

そこで、哲学的理論は完全ではないということを受け入れて、より完全な説明は現在の目的にとっては必要ないということも承知することとしよう。しかし、それでもなお難問は残る。一つには、障碍の社会的モデルが多くの思想家や活動家にとって一つの解放であった一方で、その擁護者たちでさえ、その限界にますます気づき始めているという点である。それが障碍の問題を概念化する方法は、本質的には、人間はさまざまな種類の身体と心をもって生まれ（または発達させ）、社会の構造は世界を、あるタイプにとって他のタイプよりもずっと生き易い場所にし、適合しにくいタイプには「障碍」のラベルを張ることで、他のタイプではなくあるタイプを「正当化」する、と述べるものである。その思想というのは、きめ細かい社会変革によって、世界をすべての人にとって等しく生き易いものにすることができるはずだ、というものである。だが、この理想像は、そもそもあまりに楽観的すぎるのではないかという当然の疑問があるのだ。目が見えず、視覚的な経験を享受できない人を考えてみてほしい。ここで、目の見えない人は彼らの他の感覚――聴覚や触覚――が結果としてより敏感になるので、目が見えないことに対しては「自然の」補償があるのだということがよく言われる。これは障碍の社会的モデルとはとくに何の関係もないが、本当なのかもしれない。というのは、それは、ある面での障碍は他の面での人的増強をもたらすということだからである。

むしろ、社会的モデルを採用する理論家は、目の見えない人々が他の見える人々と同じように活動できるように、社会は他の調整をすることができるということを論じなくてはならないだろう。よって、たとえば、コンピュータのスクリーンリーダー、ブライユ点字法による本の提供や盲導犬は、目の見えない人に、他の人々の住む世界の多くに、違った方法を通じてではあるがアクセスを与えてくれる。[★9] そしておそらく、他にも多くのイノベーションが可能だろう。だが、これで問題がなくなったと言えるわけではない。自然で人間的、また芸術的な形で視覚的な美を体験できないということは、言葉で説明したり触感で代替したりしても改善することができない欠損（lack）である。社会的変革や物質的変化は物事を目の見えない人にとって大きく改善することができるとはいえ、彼らが端的に享受できない多くの価値ある体験はなお残るということが、単純な事実だろう（Terzi 2004; Shakespeare 2006）。

この議論に対する一つの応答は、目の見えない人々について言えることは、われわれすべてについてもある程度は言えることだというものだ。すべての種類の喜びを経験することができるなどと主張できる人はいるだろうか。われわれの多くは、馬に乗って走ることはないし、スキージャンプを試したりマラソンを走ったりもしないだろう。それが臆病、能力不足、努力不足、機会の欠如のどれを原因としたものであれ、すべての人間は、他人が価値あると思うもののいくつかを経験することはできないだろう。

これは重要なポイントだ。だが、それが社会的モデルを救出できるかどうかは明らかではない。それがすることというのは、「健常者」とされた人々と「障碍者」とされた人々の区別をある程度崩すことであり、これは有益で重要である。そしてそれは、われわれがどこでその区別をするかは実際にはかなり恣意的であり、それゆえ、その意味で「社会的構築物」なのだということをわれわれに思い起こさせる。それでもなお、地位の増強によって達成できることには限界がある。社会変革が障碍のすべての側面を取り除くことはできないからである。

しかし、地位の増強の役割にはさらなる限界があり、そのため障碍の社会的モデルにも限界があるこ

★9　フランスのルイ・ブライユ（Braille, L., 1809-52）によって発明された点字法。

となる。これまで用いられてきたすべての例が、身体的障碍の例であったということに注意してほしい。そして、そのようなケースではしばしば、物質的または社会的な環境を変化させることによって、ある身体的機能の障碍が〔人を〕「無力にさせる（disabling）」ことがより少なくなるのだ。だが、認知能力の制約はこれとはまったく別の問題だ。読むことや何らかの複雑な形の理論的思考を理解することができない認知障碍をもっている人を想像してほしい。過去の、主として手工業による経済では、これはほとんど不利益にはならなかっただろうが、近代社会では、認知能力の差は、かつてよりもずっと重要である。社会的モデルは、そのような認知上の制約が「障碍」ではなく「違い」になるような社会環境の変化を起こすように提案すると思われる。ダニエル・ウィクラー（Wikler, D.）が指摘するように、これは契約法のようなもののさまざまな改正を意味するかもしれない。永続的な契約行為をなくすためである（軽度の認知障碍を負っている人々は、現在の契約法を理解することが極めて困難な可能性が高い）。だが、ウィクラーが妥当にも指摘するように、このような〔契約〕慣行を変更することの全体的な社会的コストは天文学的なものとなり、われわれが知っているような商業的関係の終わりをもたらすだろう。同様に、読むことができないことが不利益にならないように世界を作り直すことは、われわれの最も重要な文化的成果のほとんどを否定することのように思われる（Wikler 1979）。

よって、地位の増強はすべてのケースにおいて妥当なアプローチではない。認知上の障碍に対しては、人的増強策が確かに「最初の手段」となるはずである。それは、可能であればすべての人を「通常」の認知機能のレベルにまで引き上げるための、さまざまな教育や訓練である。しかし、もしこれが可能でない場合には、他に何ができるだろうか。一つだけの答えがある、ということはなさそうだが、潜在能力の見方は役に立つ。潜在能力〔理論〕の流れの中にいる理論家はみな、健康と生活の潜在能力だけではなく、自律と帰属も強調する。認知障碍者のための正義へのアプローチが要求するのは、認知障碍者が身体障碍者よりも苦しむことの多い受動性と主流社会からの隔離を、いかにして克服できるかを徹底的に考えることである。最近のいくつかの革新的な社会政策により、認知障碍者は、彼ら自身のケアや、彼らがどのように時間を過ごすか、また誰とともに時間を過ごすかということについての決定に関わるようになっている。これは先に見たように、このような人々がフルタイムのケアの中であれデイケアの中であれ、制度の中に取り込まれるようなかつての社会政策と比べて、歓迎すべき対照をなしている。より最近では、このようなアプローチは認知障碍者を、さまざまな楽しみや目標達成への可能性をもった人々というよりは、対処しなくてはならない問題だとみなす傾向があったということが、理解されてきている。だが、このケースでの地位の増強は、社会の態度を変えるという問題であるはずだ。社会的・財政的サポートを通じた人的増強やターゲットつきの資源増強といった他の形でのサポートは、認知障碍者の潜在能力に焦点を当てるあらゆるアプローチにとって、重要な一部をなすだろう。

結論——哲学にとっての教訓

さて、この章でわれわれは何を学んだのだろうか。個人的自伝のような問題としていえば、私は障碍の問題に、平等〔という理念〕についての一般的なプロジェクトの一環として取り組み始めた。それについてあまり深く考えることもなく、ドゥオーキンのアプローチ——そこでは、障碍が補償を必要とする資源の欠損（lack）として概念化されている――のようなものがおおむね正しいのだろうと思っていた。しかし、私は自分が障碍をもっている人の書いたものを読んでみようと思い、そしてショックを受けた。誰も補償の問題には興味がないようだった。ある人々は、病院や痛み、そして彼らの状況がわずかしか改善しないことに辟易して、これ以上の医療行為を拒否するほどまでに、彼らの障碍を受け入れてしまっているようだった。いくつかのケースでは、彼らのフラストレーションは一部には、世界の作られ方のせいで他の人々が簡単にできることを自分ができないことだったり、他の人々が自らに対して向ける態度が、それ自体として不快であり、前向きになることを妨げるものであったりする、ということもあった。ちょっとした例としては、車いすを使う人々は、店員たちが自らに対して直接にではなく、車いすを押す人を通じて語りかけるという目にあうことが多い（これは障碍者と彼らの介助人のためのラジオ番組である、「この人はお砂糖いりますか？」というタイトルに見事に示されている）。恐ろしいことに、障碍についての学術的文献のいくつかは、障碍者のニーズや希望とまったく無関係である――有害でさえあるかもしれない――ことが分かったのだ。そこで、第一の教訓は、もしわれわれが不正義の問題について鋭敏な理解に達し、またそれを理解するための正しい〔哲学的な〕道具立てを発展させたいのであれば、実際の事例と哲学分野以外の人々の書いたものに関心を向けることが不可欠だということだ。また、哲学が得るものも非常に大きい。それはこの章で見たように、理論を形成することに役立つだけではなく、それらに賛成および反対する議論を提供してくれるからである。政策分野で得られるものは、それが〔人々の〕要求を概念化し、秩序づけ、優先順位を決め、また必要となるであろう妥協とトレードオフを理解することに役立つということである。

だが、第一の点を突き詰めていくと、先の章で見てきたように、現実世界の事例にはさまざまなバリエーションがあり、すべてが同じパターンには当てはまらないかもしれないという、第一の教訓が出てくる。ウィトゲンシュタイン（Wittgenstein, L.）がかなり異なる文脈で警告したように、事例の「偏食」に頼らないことが大切なのだ（Wittgenstein 2009［1953］, 164）。障碍のケースでは、身体を動かせないこと、とくに車いすを使う人々の状況に、多くの関心が払われてきた。間違いなく、少なくともアメリカにおいて障碍者運動が先鋭化したのは、ヴェトナム戦争で受けた傷害が原因で障碍を負った多くの徴集兵が、アメリカに戻ってきたことの結果であった。国のために戦い傷害を負った、かつては健康であった若い男性たちはとても強力なロビーであるし、最終的に彼らが、自らの状況を聞いてもらい、ある程度は対処してもらうために十分な世間の共感を得たのは当然のことだ。交通や公共の建物へのアクセスの改善は、歓迎すべき結果だった。だが、車いすの使用者は、最も人目につきやすいとはいえ、障碍者の唯一の集団ではない。車いすに座るための筋肉さえ十分でない人々も他にいる。感覚障碍はあるが運動障碍はない人々もいる。認知障碍のある人々もいる。他にもさまざまなケースがある。われわれは障碍者の実例に注意を払わなくてはならないのと同様に、最も大きな公的な影響力や共感、または最も強いロビーグループをもつ人々に、議論が完全に占拠されてしまうことを許してもいけない。とりわけ、われわれは「画一的な（one-size）」解決を避けなくてはならない。ここで、哲学的な思考が役立つ場合がある。なぜある政策が、あるケースでは望ましいのかを理解することによって、なぜ他のケースではそうでないのかを理解することや、他に何がなされるべきかについての何らかのアイデアを得ることも可能になるかもしれない。

第三に、政策が、それを支持するどの特定の論拠よりも、しっかりと基礎づけられているように思えてくることである。動作が困難な人々のための、職場のアクセスに関する地位の増強政策の問題に、再び戻ってみよう。われわれが見たように、福利の理論家、資源の理論家、そして潜在能力の理論家はみな、どのように自らの理論がこの政策を支持する理由を提供できるかを示すことができる。一般的には、それは障碍者の福利や資源や潜在能力を改善するという議論になるだろう。最終的に、潜在能力理論を支持する議論が決定的に重要なものになると私は思うが、アクセスのしやすさを改善する一般的な政策を擁護するという観点からは、哲学的議論を解決する必要はないかもしれない。もちろん、われわれが詳細にまで目を凝らすならば、異なった哲学的アプローチは、ある程度異なった政策を含意し、異なった〔政策上の〕限界や制約を示すことになるだろう。しかし、一般的な政策に対する支持の幅広い連帯を構築することは、その政策に対してある哲学的基礎が他のものよりもなぜより適切であるかを示すことよりも、政策上の目的にとっては間違いなく重要である。

最後に、われわれは、障碍者の平等のための議論をするという課題には問題があるということを指摘した。正義に適った世界がどのようなものであるかの理想を示し、そのような世界に向けて動き出すことを主張することは可能かもしれない。そのような世界はすべての人を平等とみなすだろうし、すべての経済的・政治的制度と政策は、平等な人々からなる社会を作り、維持することを目指すだろう。だが、このようなヴィジョンがどれほど魅力的だと思えても、政治的には大きな進歩はとても期待できない。このことは翻って、障碍者のための正義が達成されるまでには、すべての人にとっての正義が達成される――そんな日はやってこないだろう――まで待つべきなのか、という問いを生む。むしろ私は、現実的な目的のためには、「プラグマティックな平等」と私が呼ぶものを障碍についても受け入れることができるのではないかと提案した。それは多くの社会が人種やジェンダーのケースで目標としているのとちょうど同じである。つまり、われわれは人種やジェンダーや障碍が、世界の不平等を増やさないような世界を実現するよう、努めるべきだということなのだ。言い換えれば、生まれや特権による偶然の結果として、富や機会の嘆かわしい不平等があるとしても、これらの不平等は人種やジェンダーや障碍の差異によって拡大させられてはならない。プラグマティックな平等を採用することは、少なくとも短期から中期的には、現実的かつラディカルな、そして同時に少なくとも議論によっては極めて抗し難い政治的プログラムを提示することを可能にしてくれるのだ。

第八章　自由市場

イントロダクション

第四章で、われわれは公共の安全性の規制について検討した。規制が必要となりうる一つの理由は、自由市場は、社会的に受け入れられると思われる結果をもたらすとつねに信頼できるわけではないということだった。われわれは、安全性のケースでは、自由市場が道を誤るかもしれない理由は少なくとも三つあると指摘した。第一に、多くの場合、ある人の購入についての決定は、他の人にも影響を及ぼす。これは「外部性」の問題である。例示したのは、私の購入の決定が他の人々に対する危険となりうる「低品質の自動車部品」だった。第二に、たとえば鉄道の交通のように、〔市場に〕独占があるときには、自由市場は存在しない。提供されているものを好まない人々は、他の供給者を見つけることができない。独占者は市場で巨大な力をもっているので、公共の利益のために、独立した監督と規制が求められるということが、一般的に受け入れられているようである。最後に、そしてこれはほぼすべての市場に共通する問題であるが、情報の非対称性がある。たいていは、売り手は買い手よりも商品についてずっと多く知っているだろうし、もし取引が完全に規制されなければ、買い手の期待に本当は一致しない商品を売って済ましてしまうかもしれない。ここで分かるように、これらの問題は安全性の論点に限られるわけではない。それらは、多くの種類の商品に影響するのである。

市場——とくに資本主義の形態をとる市場——の批判者たちは、他の攻撃材料も見つけることができる。たとえば、市場における関係は労働関係での不正義につながる、とよくいわれる。資本家たちは、とりわけ結託すれば、強力な交渉上の立場をもち、それを用いてとくに組合に入っていない未熟練労働者に、低い賃金と過酷な労働条件を押しつけることができる。そして彼らにとって、それ以外の選択肢は失業しかない。これはもちろん、資本主義は労働者の搾取につながるという、古典的なマルクス主義的議論の一形態だ。当然、マルクスがこの説得力ある主張を提示してから一五〇年余りの間に、多くのことが変化したし、一般的な問題のとらえ方としては、それはもはや成り立たない。先進国の給料の良い多くの給与労働者が、たとえ他の不満をもっているかもしれないとしても、マルクスが想定したようないかなる意味においても、搾取されていると主張することは馬鹿げているだろう。だが、このような批判が本当に聞こえるような、大きな経済の領域が——とくに世界経済では——あるということは、誰も否定できない。しかし、私は労働者と資本家の間での正義の問題についての問いを——それらは重要なのではあるが——ここでは脇に置き、自由市場に関するあまり論じられることのない論争を検討していきたい。

この章の焦点は、われわれが生活の諸領域を市場による浸食から守ろうとするさまざまな状況と、われわれが市場取引を制限、または少なくとも規制しようとするだろう理由を考察することである。「自由市場は是か非か」と問うより、「自由市場はどのようなときに適切で、どのようなときに適切でないか」を問うことの方が、より理に適っていると思われるのだ。これが、この章でのわれわれの問いだ。

自由市場への賛否

市場取引は奇跡的なものだ。もしそれがうまくいけば、経済理論で（経済学者のヴィルフレド・パレート（Pareto, V.）から名づけられた）パレート改善（Pareto improvement）と呼ばれるものを生み出す。パレート改善は、少なくとも一人の状況を改善し、誰の状況も悪化させない。市場取引は、もし自由な参入があり、双方に適度な情報があるならば、通常は両方の状況を良くし、もし外部性の問題がないなら、よい方向にも悪い方向にも影響される人は他に誰もいない。もし私が、缶入り飲料を街角の店で買ったとしたら、私の状況も店主の状況も、ともに改善されている。われわれはともに、以前よりも状況が良くなっているし、互いに取引ができることに満足している。このように見れば、市場取引は、薄い空気の中から互いの利益を引き出す、ほとんど魔法のようなものだ。

市場を擁護する人々は、取引する者たちの意図が何であれ、市場がこのような効果をもつと指摘する。というのも、市場は実際のところ、もしすべての人々が主として自身の利潤を求め、自身の利益をさらに増大させようとするならば、最もよく機能すると言われるからだ。その理屈というのは、長期的には、持続可能な形で利益を生み出すことができる唯一の方法は、人々に彼らが欲しいものを与えることによってである、というものだ。この理屈の一つの発想の源になったのは、アダム・スミス（Smith, A.）の次の有名な観察だ。「われわれが夕食を得られるのは、肉屋や酒屋やパン屋の慈愛によるのではなく、自己利益に対する彼らの関心によるのである。われわれは、彼らの人間性ではなく自己愛に呼びかけ、われわれ自身の必要についてではなく彼らの利益について、彼らに語るのだ」(Smith 2003［1777］: ch. 1, bk 2, 119)。

より最近では、オーストリアの経済学者、フリードリヒ・ハイエク（Hayek, F.）がスミスの議論を拡大し、市場取引だけではなく利潤システム全体の利益を強調した。ハイエクが著述したのは、ソヴィエト連邦が主たる例である中央計画経済よりも、自由市場の方が効率的かどうかについて、経済学者たちの間で熱心な論争が行われていたときである。計画経済では政府は、財の生産と分配の組織化について、すべての詳細に至るまで完全なコントロールをもつ。この学術上の論争は概して、完全な知識を前提とする文脈で行われた。それは、すべての人が経済の機能に関するすべてのことを知っているということである。ハイエクは、このような論争はむしろ不毛で重要ではないと論じた。完全な知識がある条件下では、市場経済も計画経済もともに効率的でありうる。しかし、知識がさらにずっと限られている現実世界の状況下では、物事は大いに異なるのだ（Hayek 1937）。

政府は市民のニーズと選好について、相対的にわずかな情報しかもっていない。もちろん政府は、人々には食料、衣服、住居が必要なことを知っている。だが、どのような種類のものを彼らは選ぶだろうか。たとえば、彼らは一戸建てとアパートのどちらに住みたいのだろうか。そして、二つ目のバスルームよりもより大きな部屋を望むのだろうか。選好は個々人によって異なるだろうし、もし生産と分配が効率的であるべきなら、経済の中で生産される無数の財の一つひとつについて、各人の選好に関する詳細な情報が必要になる。だが、このような知識がなければ、中央計画経済は不可能に近くなる。政府は、もし人々が何を欲しているかについて知らなければ、どのように生産と分配を計画できるだろうか。

この議論に直面して、自由市場の方が果たしてうまくいくかどうかと、当然に問われるかもしれない。建築会社は何を建築すべきかをどのように知るのだろうか。当然、市場調査をすることもできるが、ハイエクの答えは、自由市場は価格システムによって、情報を広めるそれ自身の方法をもっているというものだった。建築会社が家屋とアパートをともに建てると想定してみよう。また、その会社がアパートを売るためにその値段を下げないといけなくなるほどにまで、家屋の方がアパートよりもずっと速く売れ、他方で購入しようと競争する人々は家屋の価格を競り上げると考えてみよう。将来計画の中で、その会社は利潤を最大化するために、生産を調整するだろう。他の建築会社はこの状況を見て、家屋の価格は上がりアパートの価格は下がるので、少なくとも当面は、家屋を売ることによって多くの利潤が得られることに気づいて、計画を調整するだろう。

もちろん、事態は変化するし、もしあまりにも多くの会社が家屋を生産し始めたら、市場は供給過剰となり、価格は下がり始めるだろう。おそらくその時点で、アパートに切り替えるか、オフィスやスポーツ施設を建築しようとする建築会社も出てくるだろう。大変興味深いのは、価格の変化は需要のパターンの変化を反映する一方で、誰一人として需要が増えているのか減っているのか知ったり、ましてや経済を計画するためにすべての情報を集めたりする必要がないということだ。資本家がすべきことは、価格と利潤の動きを観察し、変化する状況に応じて、利潤を最大化するように努めることだけである。

さて、ハイエクが拡大したスミスの議論が、極めて多岐にわたるケースで成り立つのは事実である。

自由競争と利潤追求行為によって、粗悪品は駆逐され、価格は安く抑えられ、供給は需要に適合するだろう。それは、消費者のためにお金に見合った価値を提供する素晴らしい方法でありうる。だが、スミス自身が気づいていたように、この議論がどの程度一般化されるかという問題がある。われわれはすでに、自由市場に反対する人々が、規制が不十分な市場では、消費者は冷酷な資本家にごまかされ騙されるはずだ、と主張すると指摘した。サブプライム・ローンのような金融商品の乱売は、近年の特別な懸念事項であるが、この問題はもっと古くからある。第四章で見たように、イギリスにおいて居酒屋の主人がビールに塩を混ぜ、パン屋がチョークの粉をパンに混ぜることを止めるために、1860年の不正飲食物防止法（Adulteration of Food and Drink Act）が必要だったようだ。醸造者やパン屋の間の自己利益を目指した競争は、うまくいかなかったのだ。

自由市場の擁護者も批判者も、資本家は概して、自己利益を最大限追求すると想定している。彼らの意見が相違するのは、こうした行動がもたらしうる影響に関する主張においてだ。すなわち、見えざる手と失望のどちらをもたらすのかという点である。どちらの側も正しく、かつ間違っている。言い換えれば、事例によって異なるのだ。ある財については、市場は品質を押し上げ価格を引き下げる傾向にある。しかし、市場がそのような内在的な傾向をもたず、じつに、利潤追求者のインセンティブが消費者の利益にとって有害となるような財も他にある。これらのケースでは、われわれがこのような影響を気にすると想定するなら、消費者の利益を追求する他の道を、われわれは探る必要があるだろう。それは古典派経済学の説く自由市場というよりも、〔財の〕共同供給や厳しく規制された市場といったものである。

これらの難しいケースを評価するために、肉屋で肉を買うことを再び考えてみよう。肉屋はあなたに、質の悪い肉片を最高の品質だと偽って売ろうとするかもしれない。しかし、もしあなたが失望したならば、翌日には別の肉屋に行ってみることができる。ポイントは、肉屋はあなたに継続的に店に来てほしいということである。そして、彼は利潤をあげなくてはならない一方で、彼はあなたを満足させ続けるような形で、自己利益を追求する方法を見つけねばならないということだ。人々が購入を繰り返し、購入後にはすぐさま財を消費してしまうような市場では、生産者は商品がしっかりした品質であることを確実にしておくあらゆるインセンティブをもつ。彼には競合者がいると想定すると、もし消費者を騙そうとするならば、まず長くは商売に留まれないだろう。

しかし、肉屋の隣に、〔私的な〕年金プランを売るオフィスがあると想定してみよう。そして、大多数の商品については、これらを売る代理店は委託販売をしている。いろいろな会社のいろいろな年金プログラムが売られているとしよう。もし、これらの会社が自己利益によって動かされているなら、彼らは、消費者にとって最もよいものではなく、彼らに最大の利益をもたらす商品について、最大の手数料を代理店に支払うはずだ。そして代理店は、もし自己利益によって動かされているなら、最も高い手数料を得られる年金をあなたに買わせようと仕向けるだろう。消費者として、あなたは年金プランについてある程度の量の情報を集められるだろうが、それはそれほど多くはない。また、あなたはその年金プランが将来どうなるかについて、まず知りようがないだろう。あなたは、それを提供している会社が、年金が払い始められるときに、まだ操業しているかについてさえはっきり分からない。肉のケースでは、あなたがまずい買い物をしたとしても、あなたはただちに知ることとなり、今後はどこか別のところで買い物をするだろう。年金プランの場合、あなたは良いプランと悪いプランのどちらを買ったのか長年にわたって分からず、それを知ったときにはプランを変更するには遅すぎる。自分のお金を質の低い商品に捨ててしまったからである。年金プランでは、購入してから消費するまでの間には大きな遅れがあり、それは通常の状況では、あなたが一回しかしようとしない買い物なのだ。したがってここには、肉屋を正直にさせる、客による「進化的学習（evolutionary learning）」のようなものが生まれる見込みはない。言い換えると、もしわれわれがすべての人は自己利益から行為すると仮定するなら、代理店はあなたにとって最良の商品ではなく、最大の手数料を生み出すものを売るインセンティブをもつことになるだろう。自己利益の追求という容赦のない市場の論理は、ある状況下では利益をもたらすが、他の状況下では消費者にとって極めて有害なものとなりうる。とりわけ、購入者が極めて重要な買い物をするが、長年その商品を消費しないような場合である。多くの、おそらくはほとんどの金融商品はこのような性質をもっており、このことが、普通の消費者に長期の金融商品を提供することに多くの問題が生じ続けていることの理由である。

よって、少なくともときとして、市場は放任されれば、消費者を守ることはできないと言えるだろう。製造者と委託販売者が、自身の利益を消費者よりもあまりに優先する場合に、何らかの形で罰せられるように、規制は必要である。先の章で見たように、何らかの理論で想定されるようにはつねにスムーズにいかないまでも、処罰はインセンティブを変える一つの方法である。しかしここで、われわれは結論を引き出すことができる。少なくともあるケースでは、消費者の利益を守るためには、実質的な〔市場の〕規制や修正が必要なのだ。スミス的でハイエク的な議論は、通常思われているよりも、ずっと適用範囲が限られているのである。

阻止された取引

ここまでわれわれは、少なくともあるケースでは市場の規制は極めて望ましいという結論を導く、強力な議論だと私が思うものを見てきた。しかし、さらに議論を進める人々もいる。彼らは、ある場合には市場では決して売られるべきではない財が存在すると論じる。これは、「阻止された取引（blocked exchange）」の理論として知られるようになった。それは、端的に売り買いされるべきではないものがあるという理論である。近年では、この批判はとりわけ、マイケル・ウォルツァー（Walzer 1983）とマイケル・サンデル（Sandel 1998）に結びつけられてきた。しかし、それは当然ながらマルクス（Marx 1975a［1844］）、またマルクスを通じてシェイクスピアの『アテネのタイモン』、そしてマルクスが着想を得たゲーテの『ファウスト』にまでさかのぼる。

だが、売買する意思のある人々の間でモノを売ることは、果たして間違いであるだろうか。確かに、そう思う人々もいる。ありふれた例はたくさんある。オープンな市場でプルトニウムが売られているか考えてみればいい。自分自身の腎臓を売ることが許されるかどうかは、これまでずっと議論されてきた。自分自身を奴隷として売り出すことについては、もっと長い間議論されている。自分の赤ん坊を売ることの道徳性は、メロドラマでときとしてテーマとなる。しかし現実の生活では、かつては売られていたが、現在のわれわれには驚きに思えるモノの実例がある。たとえば、19世紀には、イギリス軍での階級は売り買いすることができた（Bruce 1980）。将校は、自らの地位を買い、またそれを再び売るような人々であった。いまはこのようなことは起きないし、それを再び導入しようと提案することは、自由市場的経済学の何かのパロディーだとみなされるだろう。だが、それはなぜなのか。

そのような行為は、平時には完全に受け入れられたが、戦時にはあまり評判がよくなかったようだ。おそらく、このような行為は有害な外部性をもたらすと思われたために、軍隊は改革されたのだ。イギリス人は戦闘に負け始め、あるいは少なくとも、多くの戦死者を出し始めていた。軍隊はいまでは階級を売るのではなく役職への適性を基に任命を行っており、それはいまやあらゆる場面の業務に広く行きわたっている。そこで、ここでの要点というのは、職位を買えてしまうような市場は、悪い帰結を間違いなくもたらし、このことがこの行為を禁じるのに十分な理由になる、というものになるだろう。今日では、われわれは機会の均等をそれ自体として望ましいと語るかもしれないが、それは当初は、社会一般の利益のために能力主義を導入するという点で正当化されたようである。

だが、すべての阻止された取引をこのように理解できるだろうか。腎臓や赤ん坊を売ることは、破滅的な帰結をもたらすのだろうか。このことをわれわれは知っているのだろうか。そして、そのような考えによって、それらの取引を阻止したままにしておきたいという人々の立場を説明できるのだろうか。そうだとするなら、もしわれわれが良い結果だけを確保できるように規制された市場のあり方を考案することができれば、おそらくその反対は消えてなくなるだろう。しかし、これは起きそうにない。第三者への影響が望ましくないということによっては、なぜ極めて多くの人が、生きているドナーから提供される臓器の市場に反対するのかは、説明されないと私には思われる。だが、私はそのことについて考えれば考えるほど、われわれの――あるいは、少なくとも私の――この分野における直観は頼りにならない、ということをますます確信するようになるのだ。これは、その直観は間違っているというのではなく、なぜわれわれがその直観をもっているのかを理解するのはかなり難しい、という意味だ。私は以下で、特定の取引、よって潜在的には多くの形態の阻止された取引を疑問視すべき、多くの異なった理由があることを論じるつもりである。私は市場には道徳的限界があると思うが、この限界を支える道徳的理由は、それほど自明であるわけではない。

最も分かりやすい形の事例は、売りに出されたものを買うことが、その商品の性質が何らかの理由でお金で取引されるという考えにそぐわないため、厳密に言って不可能であるというものだ。愛、友情、道徳的賞賛、そして救済が、その一般的な例である。もちろん、表面的に愛や友情などに似たサービスを買うことは可能だ。たとえば、マイケル・ウォルツァーは救済を買うための手段として、教会で「贖宥状を売る」という行為について論じた（Walzer 1983）。しかし、厳密に理解すれば、愛のような財は、概念的に言って売られるようなものではない。したがって、愛や友情、または救済を金と引き換えに提供する者は、詐欺を働こうとしているのだ。これが意味するのは、われわれが社会としてこれらの取引を阻止しなくてはならないということではなく、取引が端的に不可能なので、ある意味でそれが自然と排除されてしまうこともあるということである。

だが、これはそれほどはっきりしたことだろうか。マルクスは次のように述べた。

私は醜いが、自分のために最も美しい女性を買うことができる。だから、私は醜くない。というのも、醜さの作用、そのおぞましい力は、貨幣によって無効にされるからだ（Marx 1975a［1844］, 37）。

初めて読めば、マルクスが言っているのは売春のことだと思うかもしれないが、彼は何か別のことを思い描いているようだ。マルクスは、金は醜い人物を紛れもなく魅力的にすると示唆しているようであり、もし醜い人が十分に金持ちなら、彼は正しいのであろう。だが、彼はこのことは道徳的に問題だと示唆しているようだ。人は自分のお金によって魅力的になるべきではないとでもいうように。じつにここでは、人の魅力に関係すべきなのは見た目だけだと含意されているようだ（これは、普通は誰もマルクスに結びつけようとは思わない見解だが）。しかし、そこで暗示されているのは、それ以外のすべては逸脱や堕落（corruption）であるということのようだ。

さて、この例についてわれわれがどう考えようとも、これが興味深いのは、その議論の仕方だ。ここで考えられているのは、誰かを魅力的だと思うのには固有の根拠がある、ということだと思われる。この根拠をお金にしようとすることはできるが、それは成功するかどうかはともかく、やはり問題がある。われわれはすでに、二種類の問題がありうると指摘した。第一に、それは概念的に不可能かもしれないということと、第二に、それは可能ではあるが堕落だということだ。しかし、どのようにわれわれはこの堕落の概念を理解できるのだろうか。この問題がさらに難しくなるのは、軍隊で階級を売ることは、いまでは極めて堕落した行いだと思われるが、かつてはよくあることだったからだ。

先に贖宥状を売ることに関して言及されたマイケル・ウォルツァーは、互いに区別されるいくつかの

「正義の領域（spheres of justice）」があり、それらは各々の領域に固有の財を分配し、それら〔の領域〕自体の原理によって統制されていると論じる。ある一つの領域において適切な原理を、他の領域での財の分配に用いようとすることは、堕落の一形態なのだ。ウォルツァーの提示する際立った例は、政治権力と金銭の関係である。ウォルツァーは、自身の属するアメリカ社会も含めた多くの社会において、お金はある人の政治権力への接近を助けるだけでなく、政治権力はある人のお金への接近を助ける、ということを指摘する。領域間のこのような干渉を、ウォルツァーは「暴政（tyranny）」と表現する。これはやや強烈な言い方かもしれないが、われわれは確かにそれを堕落とみるだろう。しかし、金持ちになるために政治を利用することは政治権力の不正な使用だと言う方が、政治的地位を得るためにお金を使うことはお金の不正な使い方だと言うよりも簡単だろう。お金をこのような方法で使う人に、われわれは強く反対するだろうが。理想的には、政治が商業的な事柄から分離されていることが社会的に有益だろう。われわれはあいにく、この点でやや失敗してきたとしても、である。そしてこのことは結局、何らかの点で軍隊のケースと共通するということになるだろう。われわれは大惨事や、市民の利益の無視にさえ通じるかもしれない政治システムを望んではいないし、政治とお金をあまりに密着させることは、われわれのほとんどすべてにとって、悪しきことになるだろう。よって、おそらく、政治とお金を分離しておきたいという願望は、第三者への効果の観点から説明することができる。したがって、阻止された取引のこの典型的な例でさえ、その財——政治権力——の内在的な性質とはあまり関係がなく、それが売られるのを許すことの有害な効果により関係しているということは、ありえないことではないのだ。

阻止された取引に関する論争で用いられる多くの例が、愛や政治権力といった重要な社会的財に関わっているのは驚くにはあたらない。だが、阻止された取引の例は、実のところどこにでもある。私が1986年にいまの大学で初めて働き始めたとき、大学は駐車許可証を、ほしい人には誰でも極めて安い金額で売っていた。だが不運にも、駐車スペースよりもはるかに多い駐車許可証が発行されており、その一ヵ所を得るには、私はそうしていたのだが、科学者たちよりも先に――つまり7時45分頃に――出勤することが必要だった。もしそれを逃せば、家に引き返す以外の唯一の選択肢は、その当時としては恐ろしく高い一日十ポンドというロンドン中心部の価格を払って、商業駐車場に駐車することしかなかった。そのとき、私はある程度の経済理論の文献を読んでおり、それによって私は駐車スペースを早朝に手に入れることで、希少な資源を得ているのだということに気づいた。つまり、そこでは金儲けをすることができるのだ。9時30分頃に、私が自分の駐車スペースを、たとえば五ポンドで他人に譲る気があるということを人々に知らせた、と考えてみよう。おそらく、その提案のショックがおさまったときに、乗り気な買い手が現れるかもしれない。これはパレート改善であろう。私の状況も買い手の状況も良くなるし、誰も損害を受けないと思われるからである。しかしもし私が実際にこれをし、大学当局がそれを発見したら、私はおそらく警告を受けるか、もしかすると不正行為で解雇さえされていたかもしれない。よって実際には、正式の規制によるものではないとしても、取引――潜在的にはパレート改善になりうる取引――は阻止されていたのだ。

あたりを見回せば、われわれは多くの同じような例を見つけることができる。あなたがラッシュアワーの混雑した地下鉄に乗っていて、ハンドメイドのスーツを着たあるビジネスマンに、五ポンドで席を譲ってほしいと提案されたと想定してみよう。あなたはどう思うだろうか。また、お金を提示されたのがあなたではなく、隣の人だったと考えてみよう。そして、その取引が行われ、両者とも明らかに満足したと考えてみよう。それについてあなたはどう思うだろうか。車両中を行きかう非難のつぶやきが、いまにも聞こえてくるに違いない。

あるいは、チケットの転売、いわゆる「ダフ屋行為」について考えてみてほしい。多くの人はこれを極めていかがわしい行為だと思うし、それがさまざまな形の詐欺を含んでいることが多いのは事実だ。しかし、いかなる詐欺も含まれていない場合、少なくともその行為のもつ外部性についての潜在的な長期的影響を考えることなしに、それのどこが問題なのかを正確に言うことは難しいだろう。私がいま言及した「阻止された取引」――駐車スペース、電車の座席、コンサートのチケット――について興味深いのは、関わっている財がありふれたものだということだ。これらの財そのものの性質の中に、それらの取引を阻止したいと思わせるような何かがある、とは言い難い。市場取引が、駐車することや電車で座ること、また娯楽イベントに行くことの社会的意味を堕落させる、などとわれわれは本当に言いたいのだろうか。それは馬鹿げたことだろう。これらの財はすべてお金で売られるものなのだ。ポイントは、われわれはそれらの財についての何らかの市場は認めるが、その他の市場には強く抵抗するということだと思われる。なぜなのだろうか。

ここで、駐車の例について興味深いのは、私が大学の一員となってから数年後に、経営陣が新しい仕組みに変えることを決め、個々の駐車スペースについての駐車許可証を市場価格で発行することにした点だ。私が駐車していたスペースは高価なスペースの一つになり（つまりそれは玄関に面する中庭の正面にあったわけだ）、それは年間一五〇〇ポンドもするものだった。そのときまでに私はどのみち通勤方法を変えてしまっていたし、駐車スペースには関心がなかった。もちろん、多くの不平が飛び交ったし、最も給料が高い教職員の間では、駐車料金を補填するために増給されるべきだという要求もあった。しかし一年ほどのうちに、駐車スペースのために多額を支払うことは確立されたシステムになり、私が知る限りでは、それはやや便宜主義的ではあるが、妥当な方策として受け入れられた。

座席のケースも考えてみよう。多くの公共交通機関は、より多くのお金で、よりよい座席やより確実に座るチャンスを買うことができるような、複数の快適さのランクを提供している。このような〔異なった等級の座席の〕提供が、正当化できない社会的特権を示し強化することで、何らかの平等の原理を侵しているのではないか、と疑うべき理由が生じうるのは事実だ。だが、地下鉄の座席に個人の間で追加額を支払うことに対して示されるだろう非難は、異なった切符の価格設定に対するどんな非難よりも、強いものになると思われる。むしろ、それはそのようなことは端的にされるべきではない、ということにもなるだろう。

これらの事例に関する一つ説明の出発点は、財が希少なときには、どんな社会でもその分配のためのルールを必要とする、という観察である。多くの場合には、われわれは「早い者勝ち」という要素をもつつルールを使う。だが、これが唯一の方法ではない。市場決済価格を課金するというのも、もう一つの可能性だ。駐車や座席のケースでわれわれが見たのは、あるルールが有効なときには、違うルールに従って行動しようとする人を、われわれは受け入れないということなのだ。それは、駐車スペースや座席が市場価格原理によって分配されるべきではない、というわけではない。むしろ、他のルールがあるときには、それをあなた自身の目的のために覆してしまうことは、それによって誰も損害を受けなくても、不公正、あるいはもしかすると搾取的となるのだ。これはある種の第三者効果であるが、われわれが見た他の例とは大きく異なる。もしわれわれがルールを完全に他のものに替えるなら、ちょうど駐車の事例で見たように、われわれは過渡的な影響を切り抜ければ、それに十分簡単に慣れてしまうだろう。私の推測は、電車の「早い者勝ちで座る」というような、希少な財の分配についてわれわれが実行している非市場的なルールが生き残っているのは、単に、それを破る人は何か間違ったこと、さらにはとんでもないことを行っているという、強い直観をわれわれがもっているからである、というものだ。言い換えると、われわれはルールについて、ある種のタブー的な地位を何らかの形で作り上げてきたのだ。おそらく、ルールはそれ自体としては脆弱なので、それが存続するためには、タブーによって支えられることが必要なのだろう。タブーは「強固な道徳的直観」の形で示される。それを破ることは道徳的理由からほとんど考えられない、と思われないならば、ルールの存続はおぼつかない。しかし、財の性質にはルールを要求するようなものは何もないようだ。それは単に、われわれがどのように希少性を統制しようとしたか、ということだ。タブーは――そして強固な〔道徳的〕直観は――ルールに付随しているのであって、財に付随しているわけではない。

より詳しく説明するために、チケットの転売行為を再び考察してみよう。ある大人気のスポーツイベントのチケットは、この特定の行事の魅力に基づくのではなく、習慣で決まる価格で売られる傾向があるため、市場決済価格よりもかなり下の価格で売られている。そのため、チケットの配分は、提示された価格を支払うことを条件として、早い者勝ちで決まる。チケットはときとして早く売り切れるので、やがてできる闇市場の機は熟している。例として、トゥイッケナムでの国際ラグビーを考えてみよう。

チケットは額面価格よりもずっと高い金額で持ち主が変わることが多く、ダフ屋行為はありふれている。それは、チケットを法外な価格で買う気のある人からは賛同されるが、そうでない人々からは非難される。

現在のシステムの利点の一つは、チケットの価格を相対的に低いままにしておけば、そうしなかった場合よりも、イベントがより多くの人々にとって手ごろなものになるということだ。実際には、ここにはくじによる分配の要素が多分にある。しかし、トゥイッケナム（ラグビー大会の主催者）が、すべてのチケットをゲーム前日に終了するeBAYでのオークションにかけることによって、転売や「ダフ屋」を締め出そうとしたと考えてみよう。初めは抗議があるだろうが、これはチケットの適切な配分方法だと、われわれは思うようになるだろう。結局、われわれは他の多くの場面では、オークションによる価格づけに慣れているのだ。サザビーズやクリスティーズでは、競売品を最初の入札者に与えることは想定されていない。もしこれが正しければ、われわれは一つの配分ルールから他のルールへと、簡単に移行できるかもしれない。もしそうなら、このことによって、阻止された取引の中には、取引される財の性質とはほとんど関係がない類のものがある、ということが明らかになる。むしろ、われわれは希少な財を配分するためのルールをもっており、時としてこのルールを自明のものとして――先に見たとおり、ほとんど神聖なタブーであるかのように――扱う。われわれが堕落だと思うのは、自分の利益のためにタブーを犯そうとすることなのだ。だが、しばらくたつと、われわれは難なく、異なった配分のルールをもつ新しいシステムに移行するだろう。駐車の事例で実際に起きたように、それが一般化されすべての人に適用される限りにおいてである。これは慣習的な、または偶然に生じる、阻止された取引のタイプだ。それは市場に対する道徳的制約の一形態を明らかにするが、財の性質に基づくものではない。

ある種の財の性質に根ざした取引の阻止と、他の社会的要因に基づく取引の阻止はよく混同される。そして関係している社会的要因は配分のルールだけではない。補償的正義の分野には、まったく異なるケースもある。何年も前に私は、新しい黒のキャデラックを非常に自慢にしているアメリカ人の老夫婦が登場する探偵小説を読んだことがある。ある朝、彼らは階下に降りてきて、施錠されたガレージに行き、カギをされた車の中に、死体を発見したのだった。当然彼らは警察に電話し、検死のために死体と車は運び出された。一週間後、その夫婦は警察署に手紙を書き、その車が不快なので、それを取り戻す気になれず、警察が車を交換してくれないかと述べた。お金がかかるわけではないので、今回に限っては、白で赤い縁取りのものを所望しておりますというわけだ。警察署は、調査が終わったら車をお返しできますという素っ気のない返事をした。しかしここで、調査により車が壊れてしまい、警察がそれを交換する義務があると認めたと想像してみよう。そして、白い車は実際により安価なので、それを提供することがパレート改善になると想定してみよう。つまりみなが得をするだろうからだ。それでもなお、私には、破壊された車をもともとの色の車に交換する義務しかないと思われる。何か別のものを要求することは、どこか間違っているように思われるのだ。それは状況を誤解したようなものだからだ。もちろん、要求がなされれば、警察がそれを拒絶するのはやや無愛想だろう。しかし、だからといって、彼らが何らかの義務を負っているわけではない。

とはいえ、これによってキャデラックの分配の適切な根拠について、何らかのことがわれわれに示されると結論するのは馬鹿げているだろう。むしろそれは、あまり着目されることのない、義務論の論理

――道徳的言明の論理（the logic of moral statements）――として知られているものの原則を適用したものだと思われる。それをわれわれは義務の不可譲性と呼ぶことができるだろう。もしAがBにXを提供する義務を負っており、Bはむしろ Yを欲し、かつAはYをより安く、容易に提供できるとしても、AはBにYを提供する義務を負わない。

これら〔の例の〕すべてにおいても、われわれはある財はその財自体の性質ゆえに、市場から保護されるべきだという考えに近づけるわけではない。〔市場からの保護が当てはまる〕一番もっともらしい事例は、財そのものの性質の中に、売ることにより財が破壊される何ものかがあるというものである。愛と友情は最良の候補として残るかもしれない。それ以外にわれわれは、第三者への有害な効果を防ぐために、何らかの取引規制が必要だと指摘した〔軍隊での階級の販売の例〕。さらには、ある種の搾取やルールの破壊を避けるための市場の制約もある。しかしこれらのルールの多くは完全に偶然的なものであり、変更されうるのだ。

市場と自発的セクター

市場から自由であるべき生活の領域があるという議論をする別の重要なやり方は、われわれが人生において価値があると思うものの多くは、市場や国家からではなく、自発的な結社から生じるのだという観察を出発点とする。すなわち、人々が自分自身と他人のために、商業的ではない理由から行う物事だ。クラブや団体、あまり形式的ではない友人のグループや、家族のネットワークがこの領域に入る。われわれわれの時代では、インターネットがその完璧な例である。いまやインターネットの商業利用は大規模で、それは国家やその他の政府機関の目的に使われてもいる。しかし、人々が単にそうすることに意義があると思うため、インターネットにはなお莫大な資源が投じられている。なぜ人々はそれに価値があると思うのだろうか。他の言葉では言い表せないが、明らかにそれは多くの人にとって重要な価値をもち、彼らに目的意識や他者とのつながりの感覚を与えているのだ。

こういった議論は、自発的結社、あるいはマッキンタイア（MacIntyre 1981）の言葉における実践（practices）には、内在的な価値があるというものだ。ラッセル・キート（Keat, R.）は、市場の限界に関してこの議論を用いている。実践はそれ自体の伝統、卓越さと美徳をもっている。キートはとりわけ、文化的な財を提供する市場の役割に関心をもっている。キートは、ひとたび市場が侵入してくると、商業的価値が実践を堕落させ、伝統は忘れ去られ、お金が追求されて美徳が廃れると論じる（Keat 2000）。この議論は最近、自発的結社のふりをしている二つの国家機関に関してよくされている。それはＢＢＣと大学である。

より一般的な問いとして言えるのは、なぜ文化的財は自発的結社により分配される方がより適切だと考えるべきなのか、ということだ。一つの議論は、それらはすべての人に利用されるべきであるのに、市場はこれを保証できない、というものだろう。これは重要であり、私は後に再び取り上げるつもりだ。しかし、このポイントはそれほど明白だろうか。近年、生活のある場面において、自発的結社から商業的組織へとその地位が変わったものがある。オリンピック運動を考えてみればよい。つい最近まで、もしスポーツで報酬を受け取っていたら、あなたは永久追放されただろう。いまでは、トップアスリートは莫大な額の金を稼ぐ。これはスポーツを劣化させただろうか。その気になれば、われわれは子細に論じることはできるが、スポーツがいまや堕落しているということを立証することは難しい。利点と欠点の双方をともなって変わりはしたが、堕落したわけではない。われわれは同じことを、文化的な財についても言わないだろうか。芸術の市場は芸術を破壊しただろうか。それとも、それによって質素な家の出の人々が、才能があれば芸術の夢を追求することが可能になったのだろうか。何か特定のものが市場から排除されるべきだという議論をすることは、ますます困難に思えてくる。賛否の双方に、考慮の余地がありそうだ。

このことは、すべてのものは市場で供給されるべきだということを意味するのだろうか。私が述べてきたことからは、これは導かれない。ある特定の何かが市場からは除外されるべきだとは言えない、という事実――もしそれが事実なら――から、すべてのものは市場で供給されるべきだ、ということは結論されないのだ。実際、私はかなり大きな非市場の領域があるべきだと考えている。だが、ややひねくれて言うと、私は、いくつかの重要な要素を脇に置けば、十分な規模の非市場セクターがある限り、何が市場の領域におかれるかそうでないかは、あまり大きな問題ではないという見解に変わりつつある。

初めに、なぜわれわれは非市場の領域をもつべきなのかを問うてみよう。これに関するあらゆる例の中で、最も有名だと思われるものを考察することで、これに取り組んでみたい。それは、リチャード・ティトマス（Titmuss, R.）による献血の例である。ティトマスは、血は贈与され売られないイギリスの「贈与関係（gift relation）」のシステムと、血を売ることで金を儲けられる人から、かなりの量の血を買っているアメリカのシステムを比較した（Titmuss 1970）。

ティトマスは、献血システムには二つの利点があると指摘した。第一の利点は、よりよい血液を得られることだと彼は主張した。もし、血が汚染されているかもしれないと感じたなら、誰が献血するだろうか。しかし、もしあなたが多くのお金を必要とするなら、あなたは汚染されているかもしれないと疑う血を売るかもしれない。第二の利点として、献血という行為は、社会的連帯の意識を高める。現在では、われわれがより良い血液を得られるかどうかは偶然によるとされ、これは論議の的である。たとえば、HIV感染症に対しては、商業的な血液バンクの方が、法的責任を懸念したためずっと素早く対応したと言われている。しかし、社会的連帯に関するポイントは否定できないと思われる。たとえば、9・11のような大きな危機の後には、献血は、そのような伝統のない国においてさえ、悲しみと被害者との連帯を表す方法として急増することが分かるだろう。そして、血液はそのような象徴と共感の作用をもつ「財」なので、それがそのような役割を果たすのは適切だと思われる。それでもなお、血液とともに、あるいは血液の代わりに、何か他の財をわれわれが選ぶことができなかったのは、それほど明確だろうか。人々が市民の義務として、自分の土地に接する道端を塵ひとつなくきれいに保つ義務を負っている国もある。それは献血よりも良いことなのだろうか、あるいは悪いことなのだろうか。

これらのケースは、財の質とそれを自発的に供給することのもつ意味について、取引の供給側に主に着目している。だが、われわれは消費側も検討する必要がある。ここで私は、さまざまな財を市場から隔離しておくことを支持する二つの議論を見てみたい。第一は、おそらくより明白なものだ。もしすべての財が市場ベースだけで提供されているのであれば、人生で経済的に成功しなかった人々は、それ以外のほとんどすべてからも締め出されてしまうだろう。非市場的供給を認めることは、より多くの人たちに、普通のレベルの〔人生の〕満足を達成可能にすることができる。公園での無料コンサートから無料の医療まで、選択肢は限られているとはいえ、経済的に成功していない人生もなお、相対的に安全で、楽しみに満ちたものになりうる。これらの財のいくつかは国家によって、またいくつかは自発的な結社によって、またいくつかは、市民的義務の感覚をもった個人によって供給されるだろう。では、非市場的財のパッケージには何が含まれるべきだろうか。教育や、先に議論したように保健制度といった、明白な候補がいくつかある。しかし、より選択的になるものが他にある。多くの社会では、図書館の利用や美術館への入場が無料で提供されるが、無料の食事や住居は提供されない。間違いなく、これには正当な理由があるが、われわれはこれとはかなり違った形で運営される社会を想像することもできる。

第二の議論は、公的セクターと私的セクターの供給原理の違いにとくに関わっており、二つのタイプの経済的関係を比較するものである。第一は市場にあり、「取引社会」と呼べるもので、そこで人々は最善の取引を求めて、個々の取引活動を行う。もし期待していたものを得られなかったり、わずかな価値しか与えられなかったりしたら、あなたには抗議する権利があり、ことによっては告訴するかもしれない。第二は、特徴づけるのは難しいが、「清濁併せ呑む（taking the rough with the smooth）」または「一長一短（swings and roundabouts）」社会として考えられるものである。このケースの考え方は、ときとして良く、ときとして悪い結果をもたらす分配の一般的ルールや方針があるが、われわれは〔その中でされる〕個々の取引をその利点によって判断するよりは、その取引実践を全体として判断するべきだ、というものだ。

この「清濁併せ呑む」態度は、一般的に、公共サービスに対してわれわれが取るべきとされている態度である。たとえば、ある人は、彼女の税金のいくらかが公共図書館に使われていることを知っているが、それは自分では決して利用しないので、その意味で彼女は損な取引をしている。もしそれが民間のサービスであれば、彼女は図書館に登録することはなかったろう。だが、彼女はもしかすると、国民健康保険制度でまかなわれている高額医療が必要な疾病を抱えていて、その意味で〔政府からの〕補助金を受け取っているかもしれないのだ。そこで、取引社会の尺度からいくと、彼女はある財については「過大請求」されているが、別の財については「過少請求」されている。「清濁併せ呑む」社会では、そのような計算を彼女は決して行わない。その意味するところは、もしわれわれが清濁併せ呑み、財が公的に供給されていれば、われわれみなが利益を受けるというものだ。われわれは得をする場合もあるし、損をする場合もあるが、われわれは二つの意味で全体的に得をする。第一に、個々の価格設定をする運営コストにより、民間のシステムはより割高になってしまうし、第二にわれわれは社会的連帯を得ることができる、という意味においてである。

　さて、これら〔二つの利点に関する主張〕の最初のものは偶然に依存する主張である。それは、個々の価格設定により、別の形で〔社会運営の〕効率性が促進されると考えるなら、多くの人が誤りだと思うだろうものである。だが、それはある財については正しく、他の財については誤りとなるはずであり、それが正しい場合には、このことはその分野で公的供給を行うことの正当な理由である。だが、社会的連帯――われわれはいまここで、みな一緒だという感覚――は公的セクターを拡大しておくことによって促進されるのだ。しかし、このことのポジティブな効果は、そのセクターが全体として非効率的で無駄が多いと思われれば、干上がってしまうだろう。すなわち、正味で利益があると少なくとも思われていなければならないのだ。

もちろん、物質的には得をしない人もいるだろう。そしてもし、彼らが物質的損失を引きずり、それによって過度に影響を受けるならば、他の面でも彼らは得をしなくなるだろう。よって、われわれは難しいバランスを維持する必要があるのだ。社会が最善の結果を得るためには、われわれは、公共サービスは「私に十分な価値を与えてくれるのだろうか」と問わずに、それが全体として十分な価値をもたらすのかどうかを問うことができなくてはならないのだ。さらに悪いのは、「個々の公共サービスから、私は十分な価値を得ているのだろうか」という問いだ。この最後の問いが普通になされるようになれば、公共サービスは脆弱になり、われわれの被る潜在的損失は極めて甚大なものになるだろう。したがって、もしわれわれが公的セクターを社会的連帯と効率的供給を生み出すための手段にさせたいなら、われわれはそれを維持し、かつそれには一定の〔限られた〕形の審査のみを受けさせるようにしておく必要がある。

結論——哲学にとっての教訓

この章での私の課題は、財を生産し、分配するために市場を用いることに対する賛成と反対の議論を究明することだった。私の全般的なアプローチは、多くの例を検討し、異なった状況に対するわれわれの異なった対応を理解しようとすることだった。私の取りあえずの結論は、われわれは種々のケースの正しさや間違いについて強い直観をもつことがよくあるが、なぜその直観をもつのかを、われわれはつねに理解しているわけではないというものだ。われわれは多くの場合、市場の失敗の仕方について〔適切な〕評価をしていない。とりわけ、遠い将来まで消費されることのない財の供給に関してである。同じく、われわれは多くの場合、ある生活の領域に市場が侵入してくることに反対するが、それはその生活の領域に何か特別なものがあるからではなく、われわれが希少な財の分配のために、現在それ〔市場ルール〕とは異なる、非市場的なルールをもっているからなのである。だが、われわれは新しいルールに完全に慣れてしまうこともよくあると思う。それにもかかわらず、私はすべてのものについて自由市場を擁護するわけではない。むしろその逆だ。私が思うに、生活の領域の多くが市場から隔離されることは重要だが、その〔隔離の〕境界線が厳密にどこに引かれるかは、それよりは重要ではないのである。

この章の方法論的な結論はやや厄介なものだ。道徳・政治哲学、そして公共政策における理論作りの大方は、ある実践は明らかに正しい、または間違っているという明確な評価から出発する。だが、われわれは、自らの道徳的直観が強固に基礎づけられていると、つねに確信できるだろうか。私のポイントを最も異論がない形で言うなら、あることが正しい（または間違っている）と思うわれわれの確信の強さは、実際にそれが正しい（または間違っている）のかということにとっての明白な指針にはならないということなのだ。では何がよりよい指針となるのだろうか。私はてっとり早く簡単に答えられたらいいのに、と思う。われわれができることは、一方で自分たちの想定をできる限り自己批判しながら、〔取り上げられた〕問題について、できる限り明確に、また想像力をもって、考えるように試みるということだけだ。

第九章　結論——哲学と公共政策をつなぐ

カール・マルクスの墓石には、「哲学者たちは世界をさまざまに解釈してきただけだったが、大事なことは世界を変えることだ」という言葉が刻まれている。マルクスの『フォイエルバッハに関するテーゼ』（Marx 1975b［1845］）の終わりにあるこのスローガンは、哲学は学問の世界に閉じ込められるべきではなく、現実世界に関わることによってその手を汚すべきだと考える多くの人々にとってこのインスピレーションであり続けてきた。そしてそれは、１８４０年代のドイツ哲学に反対する刺激的な思想であった。だが、われわれの時代では、先に私が述べたように、また間違いなく再び述べるだろうが、これには問題を後退させてしまうような意味合いがある。全体的にみて、道徳・政治哲学者たちはどのように世界を変えうるかについての提案をしてこなかったのではない。政治哲学者たちは、善くかつ正しい社会の最善のモデルを考え出そうと互いに競ってきた。道徳哲学者たちは、中絶、安楽死、また動物を食べるといった行為について、それがなぜ、正しいまたは誤っているのか、いないのか、そして代わりにわれわれは何をすべきなのかについて、教えてくれる。よって、世界を変えたいと思う哲学者が不足しているわけではない。しかし、ときとして彼らがしてこなかったのは、自らが住む世界を解釈することなのである。彼らは、社会のいまのあり方がそもそもなぜそうなっているのかを、探究し損ねることがある。中絶や安楽死について、われわれはどのようなアプローチを現実にはもっているのだろうか。法律ではどうなっているのだろうか。医師たちは実際には何を本当にしているのだろうか。温情ある結果を妨げると思われる法に、彼らは抜け穴を見出しているのだろうか。法改正は本当に改善をもたらすのだろうか、それとも、歓迎されない副作用が起こるのだろうか。現行法とコモン・ローの観点から、裁判所はどのように新しい法を解釈するだろうか。敵対的なマスコミは、法改革の試みを台無しにするのだろうか。こうした問題である。哲学者たちは、あたかも問題全体が〔単に〕知的なものであり、ひとたび最善の政策のための最善の理由が示されれば、哲学者の仕事はそれで終わりであるかのように議論すると思われてきた。もちろん、世界が奇跡的に、どういうわけか知的な理想に順応していくなどとは誰も考えないだろう。しかし哲学者は、〔政策の〕プロセスと、より重要なものとして、実行した結果という問題を懸命に考え抜くという課題を担おうとしないことがある。

その課題というのは、当然ながらさまざまな側面をもつ。まず第一に、われわれはバーナード・ウィリアムズのアドバイスに留意する必要がある。少なくとも応用的な道徳・政治哲学に関する限り、重要な問いというのは、「最善の社会の姿とはどのようなものか」ではなく、むしろ「いま現在から出発して、われわれがたどり着ける最善の社会の姿とはどのようなものか」なのである（Williams 2005, 23）。このことは翻って、理想を作り上げる際の二つの制約を生み出す。第一に、われわれの歴史を前提とすれば、ある特定の理想を達成するのは単純に不可能であるかもしれない。よってたとえば、核兵器や遺伝子組換え作物のない世界で生きることを望む人もいるかもしれないが、〔核や遺伝子組換えについて〕蓄積された知識をなくすことはできない。第二に、同じくらい明白なことだが、いまどこにいるのかを理解することなくしては、われわれは求める世界を実現するために何が変革されなくてはならないのかを、知ることがないだろう。われわれが得られる限りの包括的な〔いま置かれている〕状況の理解がないまま、まごつき、改善を試みることはあらゆる種類の問題を生むかもしれない。変革に効果がないかもしれないし、最悪の場合には、予期せぬ害をもたらすかもしれない。この本で議論されなかったケースを取り上げるなら、対外援助はそのような問題を生み出すとよく言われている。抗レトロウイルス療法を用いて、ＨＩＶ・エイズ感染を軽減するために、サハラ以南のアフリカに現在莫大な額のお金が費やされていることを考えてみよう。これらのプロジェクトによって、多くの利益が生み出され、数多くの命が結果として延命されたし、これからもされるだろう。だが、これらのプログラムは運営するために医療スタッフを必要とする。プロジェクトの責任者の多くは、理解できるし、おそらくは称賛されるべきことでもあるが、可能な限り現地のスタッフを使うということを目標にしている。だが、アフリカには訓練された医療スタッフが有り余るほどいる、というわけではない。その真逆なのだ。つまり、ＨＩＶプログラムにおいて医師や看護師を雇うことは、彼らが何であれ〔それ以前に〕他にしていたことから彼らを奪い取るということを意味するのである。それは、子どもにワクチンを接種するとか、出産に立ち会うといったことだろう。巨額のお金をＨＩＶプログラムにつぎ込むことの意図せざる帰結は、逆説的に、保健制度を弱体化させることだったようだ（Haacker 2010）。そしてこのことは、行動する前に〔問題の全体〕像のわずかな部分しか評価していなかったことの結果なのだ。もちろん、後知恵によってこのような観察をするのは簡単だが、可能な限り〔問題を〕予見するように努めることは、〔この例から得られるべき〕よい教訓なのだ。

このようなケースを理解することによって、〔ある哲学的見地から〕間違いなくよいものである〔といえるような〕変革を提案することなどできない、と人は失望するかもしれない。発展途上国の保健制度や、対外援助の複雑な経済学について、哲学者は何を知ることを望めるだろうか。われわれがいまどこにいるのか、ということについての包括的な理解なくしては、われわれは、世間知らずだとして退けられることになるか、さらに悪い場合には、受け入れられるが、後々改善よりも多くの害をもたらすことになる勧告をして、盲目的な行動をすることになるのではないだろうか。本書の教訓は、哲学者は公共政策を他の人々に任せ、価値の形而上学や時間の本質といった安全なトピックに退いていくべきである、ということなのだろうか。実際、それは一部の哲学者にとっては正しい応答なのかもしれないが、私はそれがわれわれのなすべきことのすべてだとは思わない。この章の最後に、私は、哲学者にとって公共政策の問題に取り組む上で正しい方法だと私が思うものについて、いくつかの提案をする。だが、そのポイントまで話を進めるには、われわれは本書のこれまでの章の結論をまとめる必要がある。

第一の教訓は、われわれが検討したように、序論で提示されていた。道徳・政治哲学は、公共政策について重要な含意をもつ思想分野であると明白に期待されているにもかかわらず、それでもなお哲学という分野には、最初にそう思われたよりも公共政策とのつながりをずっと難しくさせるような何らかの問題がある。哲学者は概して、意見の一致よりも独創性を重視する個人主義者かつ論争家であり、彼らは意見の一致を退屈で面白くないと考えがちだ。妥協は哲学者たちにとってなじみの概念ではない。実用的な結果を生むために合意すべき、というプレッシャーの下にはないので、哲学者は妥協する必要がないのだ。このことは思想の開花と斬新さの追求をもたらす。〔この事態の〕難しさを表すために、私は

「小異にこだわるナルシシズム」というフロイト的な概念を使った。哲学者は、他人と共有するものよりも、意見を異にするのはどんな点かということにより関心をもつ。もちろんこれは、哲学者が公共政策の論争に寄与することを完全に妨げるものではないが、そうするためには彼らは自らの自然な傾向のいくつかを制御する必要があるということは意味している。

さらなるポイントは、第一の教訓からある意味で自然に導かれるものである。つまり、それが政策への哲学的アプローチが失敗する一つのあり方を示すという点においてである。哲学的理論や箴言を取り上げて、それを「小奇麗に」公共政策の問題に適用することは、概して、ほとんど採用される見込みのない見解をもたらし、じつに、実務に携わる人々を懐疑的にさせてしまうかもしれない。よって、たとえばピーター・シンガーの「すべての動物は平等である」という議論は、人間が人間でない動物をどのように扱うべきかということについての、極めて急進的な帰結をもたらす。だが、政策立案者がシンガーを読み、われわれの実践が誤っていることに気づき、そしてそれを根拠に、われわれがしていることを完全に見直し、シンガーの見解では人間ではない生物を差別することになるすべてのことを廃止するかもしれない、などと思うことはファンタジーである。同じく、ジョン・スチュアート・ミルの自由原理――それは、あらゆる成人した人間の自由に干渉する際の唯一の正当性は、他人への危害あるいはその危険性を止めることにあるとする――によれば、少なくとも近代の世界であらゆる社会がこれまで認めてきたよりも、ずっとリベラルな薬物規制やギャンブルに関する政策が推奨されると思われる。これはシンガーやミルが間違っているとか、彼らの仕事に価値がないとかいう意味ではない。その真逆だ。彼らの思想は、われわれが取り組んでいる論争を明確にするのに役立つという、非常に重要な貢献をしている。ポイントは単に、そのような貢献は議論を開始するのに役立つし、おそらく他人に自分の立場を変えさせたり、反対の意見をより真剣に考えさせたりする影響をもつだろう一方で、それらの貢献は何も解決しないということだ。もし哲学者が真実は発見され、論争は終わったと言い張るなら、彼または彼女は論争が自分抜きで続いていくのを知ることになるだろう。クエーカーの古いスローガンの言葉を用いて、哲学者の役割は「権力者に真実を告げること」だと言ってきた人もいる。それは大変結構なのだが、あなたは本当に真実を知っており、権力者にそれを聞かせる手段を知っているとそれほど確信できるだろうか。

私の言いたい一般的なポイントを述べる一つの方法は、われわれは政策論争への哲学的なインプットについて、二つの役割を区別できる、というものである。問題が議論され、実践的な解決が模索されている、政策の最も重要な局面では、哲学者はプラグマティックに行動しなくてはならない。というのも、もし彼らの提案が、人々が実際にもっている価値に対応しないのであれば、彼らは無視されるからだ。しかし、長期的なプロジェクトを行うこともまた可能であり、間違いなくそれはより価値があるだろう。そのプロジェクトというのは、人々がもっている価値〔そのもの〕を形成することを望めそうな、物事の別のやり方についての議論とヴィジョンを示すことだ。もしそれが成功すれば、将来の世代にとって、政策の文脈と論議は異なってくるだろう。たとえば、われわれはメアリー・ウルストンクラフト(Wollstonecraft, M.) のような思想家の貢献をこのように理解できるかもしれない。政策の観点からいって、1792年に女性の権利を擁護しようとすることは、望みがなく、馬鹿げたプロジェクトだった。しかし長期的には、それは計りしれない価値をもっていたのだ。ウルストンクラフトは公的論争の背後にある価値を形成するのに貢献し、その結果として、彼女自身や他の人々が戦った多くの闘争に、20世紀の女性が勝てるようになったのである。私がここで言いたいのは、この種の長期的な貢献を軽んじることではまったくない。それはむしろ、哲学者が短期的な政策論争に介入することに成功するためには、彼らはこの種の仕事が理想的理論とはいかに異なっているかを理解する必要がある、ということを明らかにすることなのだ。

哲学者の文脈と政策の文脈の一つの違いは、これまでの各章では暗黙にのみ示されていた論点、つまり「道徳的実在論（moral realism）」の論点を展開することによって明らかになる。これはここ数十年の道徳哲学における重要な問題であり、現在、多くの哲学者が、さまざまな形態の道徳的相対主義や主観主義を否定する見解を支持し、道徳的価値には真理あるいは少なくとも何らかの形の客観性があるということを論じている（たとえば、Sayre-McCord 1988 を見よ）。しかし一部の哲学者はさらに進んで、真の道徳原理がありうるというだけではなく、彼ら――その哲学者たち――はこれらの原理が何であるか知っていて、あなたに教えることができると示唆している。よろしい。彼らはあなたに教えることができるかもしれない。しかし、彼らがあなたを説得できるとはとても思えない。

公共政策が、――それが真の道徳原理から導かれるものであるから――ある特定の仕方で形成されるべきだと提案しても、「誰がそんな原理を言ったのか」という反応が返ってきそうである。〔そんなことをせず、〕幅広く共有されている価値に訴えることによって、より多くの〔政策的〕進歩が生まれるはずであり、公共政策の分野では、価値が「客観的」か「主観的」かを問うことで得られるものはほとんどなさそうだ。もし間主観的な合意が得られれば、われわれは当然に望むことのできるすべてのものを達成したことになるのだ。

間主観的な合意は多くのケースで達成できる。障碍についての章で見たように、政策——この場合では、障碍者がより生きやすくなるように物質的・社会的な世界を変える政策——について合意を得る方が、そのような政策の哲学的正当性についての合意を得るよりもずっと容易かもしれない。他の例としては、ナフィールド生命倫理審議会の作業部会は、動物実験に関する今後の望ましい政策について「合意声明書」を得ることができた。その報告書を書いたメンバー間には、極めて根深い哲学的な対立があったにもにもかかわらず、である。

公共政策分析に対する哲学的アプローチは、もしそれが正しいと主張される一連の原理や価値を宣言してから始めるならば、おそらく失敗するだろうと私は思う。では、それはどこからスタートすべきなのだろうか。そう、すべての公共政策の分野が哲学的なインプットを必要とするわけではないのだ。インプットが必要なのは、問題を抱えている分野なのである。何らかの論争や意見の対立があるから、関心を払うべき理由があるのだ。哲学者は、(極めてゆっくり動く)救急隊のように登場してくる。そこには、もし可能であれば解決されるべき問題が存在する。よって、その問題が理解されなければ、いかなる進歩も生まれえないのは明白だ。たとえば、もし動物実験やギャンブルや快楽用の薬物について、より良い規制を作るためにあなたが貢献したいのであれば、最初にすべきことはその政策領域について調査することだ。少なくとも、四つのタイプの精査が必要となるか、少なくとも有益である。第一に、そして最も明らかなことだが、あなたは現在の状況を知る必要がある。よって、政策活動に関するありとあらゆる公的統計や書籍、論文を調べる必要が出てくるだろう。安全性と障碍に関する章で、不適切な一般化を避けるために、政策分野のさまざまな経験的事例を考察することがいかに重要であったかを思い起こしてほしい。第二に、あなたは現在の規制と、変革のためには何が必要となりそうなのかを理解する必要がある。私はこのことを本書の主要な章では論じてこなかったが、もしあなたが本当に真剣に変革を提案したいのならば、議会の手続きや、一次立法と国家の他の活動との違い、あなたが直面するであろう多くの手続き的な困難を前提とした上での変革の可能性について、学ばなくてはならないだろう。だから、たとえば私が参加した委員会は、報告書が〔政策の〕議論に影響を与えるより多くの可能性があった決定的な好機を逃さないために、大急ぎで報告書を完成させたことがある。第三に、現在の〔政策〕実践と規制がどのようにして現れたかということについての歴史を理解することは、極めて有益であることが多い。それは、なぜわれわれがいまここにいるのかを理解するためだけではなく、かつて物事はどのように異なっていたのか、そして、過去になぜ変革がもたらされたのかを知るためである。そして最後に、最も明白なこととして、人々が現在、何について合意していないのかを、理解する必要がある。以上はすべてきつい仕事であり、少なくとも極めて時間がかかる。またしてもこのことは、こんな仕事はすべて報われるものなのかどうかと、人々を十分いぶかしく思わせるのである。もちろん、報われないこともあるだろう。これが、〔哲学や政策といった〕分野の境界線をあえて越えようとすることのもつフラストレーションなのである。

　薬物規制に関連して指摘したように、公共政策においては哲学者の好む武器が利用できない、というフラストレーションもさらにある。公共政策においては、相手を論破する議論はありえないし、ある立場が一貫していないと指摘することさえなされない、と思われるのだ。もちろん、われわれがすでに指摘したように、もしある公共政策上の立場が、人々にあることをすると同時に、しないように要求するという点で、恐ろしく矛盾しているとすれば、そこには緊急の解決を要する問題がある。しかし政府の、たとえばアルコールとエクスタシーの取り扱いが一貫していないと示すことは、痛烈な反論というよりは——哲学セミナーであったらそうなったろうが——興味深い詮索でしかない。法律が異なったときに、異なった目的のために、異なった政府によって成立してきたことを考えれば、それが一貫しているとはとても望めない。多くの分野の専門家は、ちょうどある種の宗教批判者が聖書の矛盾点を大喜びで見つけるように、矛盾点をリストアップすることはできる。そして〔聖書と政策の〕どちらのケースでも、そうした異議は論争において、批判者たちが望んだような力をもつことはない。一貫性は確かに美徳なのだが、一貫した政策のセットが、矛盾しているセットよりもつねに好ましいものであるかどうかは確かではない。イギリス国民のほとんどは、アルコールを合法化しながらもエクスタシーはそうしない政策に、一貫していないと思われるが、それらを同等に扱う一貫した政策よりも、より満足しているようだ。哲学者の心情からすれば、これは腹立たしいことだが、これが公共政策の日常的世界なのだ。そしてじつに、私が公共の安全性の章で論じたように、われわれは自分自身の中にさえ、矛盾した、あるいは少なくとも互いに衝突するような見解を抱いている。私が推測するに、安全性の向上のために社会はどれほどお金を費やすべきかについては限界があるという帰結主義者の見解と、生命に価格をつけることは間違いだという絶対主義者の考えの両方に、多くの人は共感するだろう。

この例によってさらに、哲学に傾倒する人々は〔政策論議の実情を〕極めて不愉快に思ってしまうのである。現在の政策は、実際に、生命に値段をつけるものだと言うことができる。哲学者に限らず、誰でもこのことは耐え難い発想だと思うだろうし、本能的な、そして深い直感としては、抵抗したいと思うだろう。実際、「命に値段をつけるのは非道徳的だ」という言葉を述べるのは極めてやさしい。もちろん、答えは、「よろしい、ではそうでなければわれわれは何をすべきか言ってみたまえ」である。哲学者は代替策を提案せずに、批判者であるのは正当なことだとして、次のステップに進むことを拒絶することもあった。私はときとしてこの反応に大いに共感する。だが、繰り返すが、これは公共政策の論争から立ち去ってしまうことなのだ。政策が必要なのである。たいていは、どんなに不完全でも、われわれはすでにある政策をもっている。喫緊の問いは、すでに存在する政策に対して反論があるかどうかではない。それはいつでもあるのだから。むしろ、現状の改善策となり、そして広範囲に受け入れられうるのかとか、政策過程のその他の制約を前提とした上で実行可能なのか、といった他の基準に適合するような代替案があるのかどうか、ということが喫緊の問いなのだ。しかし、その問いに答えるための最初の貢献として、より幅広い論点が検討されなくてはならない。それは、現行の政策の代替案は、純粋な理論のレベルにおいてであっても、どのようなものと考えられるだろうか、ということである。この質問を真剣に受け止める必要を感じるかどうかが、ある人が公共政策に関する哲学的取り組みに、ふさわしいかどうかのテストになる。自分の手を汚すのを拒否することは感心すべきことだが、公共政策の世界では維持できないだろう。

さらに言えば、政策が失敗する危険性はつねにある。最善の意図をもって導入された政策は、その目的を達成するかもしれないし、しないかもしれない。そう言える一つの理由は、政策が不十分に検証された経験的な仮定の上に進められるから、ということかもしれない。われわれは、改革の帰結についての仮定に、根拠がないと示されてしまういくつかの例をすでに見た。ギャンブルについての議論に関連して、比較的小さな〔この手の〕事例も見られた。その事例では、人々のギャンブルの機会を広げることは、ギャンブル中毒者になる人々の割合を増やすのではないか、と幅広く思われていた。しかし、少なくとも現在のイギリスの状況では、もちろん事態は変わりうるが、これは正しくないようである。さらに重要な事例として、1940年代のイギリスで保健制度改革が行われた理由の一つは、保健制度を利用できない人々の健康状態を向上させるためであったと先に指摘した。ナショナル・ヘルス・サービスの導入がこの効果をもたらすだろうということは明らかだと思われる。だが、一部の専門家によれば、そのような効果はなかった。そして、アメリカでも同様の事態になる恐れがある。だが、このケースでは、私はこの経験的証拠を、保健制度への広範なアクセスを導入しないことの理由としてとらえるのではなく、むしろアクセスの拡大がなぜ望ましい政策なのかについて、より反省的であるべき理由としてとらえる。

政策上の失敗が生まれるもう一つの理由は、別の種類の間違った経験的仮定を行うこと、すなわち人間の動機に関して〔間違った〕仮定を行うことだ。実際、これについてわれわれは、二つの相反する誤りを指摘した。一つの種類のケースでは、哲学者、そしてじつに市民が、公共政策上の問題の解決策は法律を通すことだ、とあまりに性急に思いがちであることが問題なのだ。だが、ドラッグとギャンブルに関する法律の事例でみたように、もしわれわれが立法によって問題を解決しようとし、それなのにその法律が広く守られていなければ、われわれはいまや二つの問題を抱え込んだことになる。イギリスでは、われわれはこの教訓を、キツネ狩りを禁止する法律から再び学んでいる。それを実行することが極めて難しいことが明らかになっているからだ。私が知っている最も極端なケースとして、プリーモ・レーヴィ（Levi, P.）による、強制収容所での生活の自伝的報告である『アウシュヴィッツは終わらない――あるイタリア人生存者の考察』を取り上げたい。そこには、収容所の被収容者たちが、もし見つかればただちに処刑されることを知っていながら、自らの生活を少しでもましなものにするために、規則を破っていたさまざまな事例が記されている（Levi 1958［1947］）。だが、仮に強制収容所で広く規則を施行することができないなら、他に規則を実行できる場所などあるのだろうか。ここで示される間違いは、人々が法律を、さまざまな形の行動がもつコストとリスクの分析を変えるものというより、行動に対する絶対的制約を課すものとみなすだろう、と想定することである。しかし、もし法律を破ることの報酬が十分に高ければ、そのリスクは取る価値があるものとなりうる。費用対効果分析をすることにより、法律違反が支持されることもあるのだ。

よって、一つの間違いというのは、少なくともある場合には、法律にこの費用対効果の方法でアプローチする人が少なくとも一部はいるということを、忘れてしまうことだ。これと逆の誤りは、人々がこのことをする程度を誇張してしまうことである。この誤りは、実刑判決を増やすことによって犯罪が減るだろうという想定の背景にある。犯罪と処罰に関する本書の議論によって、これが当てはまる人々はいるものの、刑の長さは概して犯罪の抑止に対してごくわずかな効果しかもたないだろうということが示唆された。それは経験的な調査によっておそらく支えられている推測であり、その調査はまた、検挙率〔の向上〕の方がずっと大きな効果をもつことも示唆している（von Hirsch *et al.* 1999）。このことの理由は、何が費用や利益と見なされるかは微妙な問題であり、人によって異なっているかもしれないから、というものだ。だがさらに、人間の動機は、人によって、またときとともに異なってくるという点で、極めて複雑である。政策立案者は、それが可能である限り、人間の多様性を考慮に入れる必要があるだろう。最後に、動機の問題、あるいは少なくとも人間の〔政策に対する〕反応の問題については、異なった領域間に重要な関連性があることが明らかだと思われる。このやや陳腐な主張を本書の中で最もよく説明する例は、犯罪と刑罰に関する議論である。そこで私は、なぜ人々が犯罪を予期し経験することをそんなにも問題があるとみなすのかを最初に理解することなくしては、われわれの刑罰の実践を理解することは難しいだろうと指摘した。

また、われわれは動機に関するさらなるポイント――ここでは、道徳的議論の力に関するポイント――を忘れてはならない。動物実験に関する議論で私は、少なくとも私自身の場合には、道徳的議論は自身の行動を変えさせるというよりも、その行動について罪の意識を覚えさせる力の方が大きい、としばしば思うということを指摘した。そう考えるのは私だけかもしれないが、そうは思わない。このことは、哲学と公共政策の双方に対して教訓を示唆する。すなわち、道徳的議論はたとえ説得力があっても、それだけでは十分ではないということだ。人々が望むものを得続けられるように、われわれは――ただし曇りのない良心をともなってであるが――外面的条件の変革を追求する必要もあるのだ。行動の変革を促すためには、構造の変革が必要である。したがって、たとえば、ほとんどの人は、気候変動について心配し、幾ばくかの金銭的な犠牲を払う用意があっても、受け入れられる代替策がなければ、ライフスタイルを大幅に変えようとはしないだろう。多くの人は車の運転を減らしたいのだが、安全な自転車道や信頼できる迅速な公共交通機関がなければ、そのようにはしないだろう。この分野で進歩をもたらすためには、他の極めて多くの分野と同様に、道徳的議論にともなう社会的・物質的変革を必要とするのである。

これらの方法論的所見は、おそらくわれわれにとっての中心的な問いを投げかける。それは、公共政策の議論における哲学者の役割とは何であろうか、ということだ。私は、哲学者が道徳的・政治的理論を形作り、そしてそれらが特定の政策領域に適用されるという素朴なモデルに反論してきた。私はまた、哲学者が公共政策の議論に寄与しようとする際に直面するであろう、その他の多くの困難を指摘してきた。では、何が残されているのだろうか。そう、哲学者は、哲学者がすることをしうるのだ。区別をすること。何が何から導かれるのかを考え出すこと。厄介な質問をすること。しかしそれでもなお、そのためになぜ哲学者が必要なのか、と問われるかもしれない。確かに、知的な人間なら誰でも、同じようなことができるのではないだろうか。ある点まではこれは正しいのだが、哲学者としてのわれわれのライフワークは、ある主題についての歴史と現代の最良の業績の研究によって知識を得て、分析と議論のスキルを発達させることなのだ。われわれは議論のパターンと、それに対する標準的な反論や考え抜かれた応答を知っている。われわれは論戦を挑み、挑まれることに慣れている。われわれは、議論から個人的要素を抜きにし、それらを口にした人の権威によってではなく、それらの利点によって考察する方法を知っている。われわれには、必ずしもわれわれが思っていたような仕事ではないが、するべき仕事がある。公共政策は、哲学を必要とする以上に、哲学者を必要とするのだ。

哲学者にとっての一つの重要な課題は、動物実験に関する章に示されている。そこで私は、議論に参加している人々の立場を理解する最善の方法は、ある生物を道徳的コミュニティの一員にするのはどのような特徴か、という古典的な哲学的問いについて意見を闘わせるようなものではない、と論じた。むしろ、動物のもつあらゆる種類の特徴は道徳的な意味があるという、暗黙の合意はあるのだが、それらの各々がどの程度重要とされるべきか、ということについて合意がないのだ。それらの動物の特徴は、〔人間の〕行動に対して絶対的な制約を課すのだろうか、それとも、他の要素との関係でバランスを取られるべき要素にすぎないのだろうか、といった意見の対立がある。動物が権利をもっているかどうかを問うことは、この問題に取り組むための最善の方法ではない。これよりもさらによい例は、ドゥオーキンの中絶に関する研究から得られるだろう（Dworkin 1993）。中絶に関する論争は、通常、「女性の選択する権利」と「胎児の生きる権利」の対立の問題として提示される。これらはキャンペーンのスローガンとしてはよくできているが、ドゥオーキンが論じるように、人々のもっている立場を適切に示すものではない。たとえば、女性の選ぶ権利を信奉する人も、その権利をたいてい妊娠から六ヵ月までに限っている。しかし、女性が選ぶ権利をもっているというなら、それを制限することなどできるのだろうか。なぜ女性は、子どもの誕生の瞬間にいたるまでのすべての段階で、中絶への権利をもってはならないのだろうか。明らかに、このようなことを受け入れる人は、もしいるとしてもごくわずかだろうし、このことは主張されている選ぶ権利というものが、〔中絶賛成派の〕バッジやTシャツに現れるよりも、ずっと限られているということを示していると思われる。同じく、すべてではないが多くの中絶反対派は、レイプや近親相姦の場合には、中絶が認められうることを受け入れている。しかし、〔その場合に〕胎児は生命への権利を放棄するようことを、何かしたのだろうか。胎児の発生の仕方によって、果たしてそのような違いが生まれうるのだろうか。じつに、ドゥオーキンが論じるには、この論争におけるすべての側は、母親と胎児の双方の利益に大きな関心を寄せているのだ。彼らが対立するのは、厳密にはどのように双方のバランスを取るのかというところにある。だがキャンペーンのために、どちらの側も自らの立場を、過度に単純化した、また厳密にいえば誤った仕方で提示してしまうのだ。しかし――そしてここにこそ哲学者にとっての仕事があるのだが――、知的な論争は、もしそれがキャンペーンのスローガンに従って進んでしまえば、もどかしいほど不明確になってしまうだろう。哲学者は、努力の末、対立の核心を明らかにすることができる立場にある。

ひとたび対立点が暴き出されたら、次は何をすべきだろうか。哲学者の衝動としては、論争のどの立場が正しいかを、議論や反証例、そして手に入りそうな役立つ他のすべてのことを考慮して、明らかにしようとすることだろう。しかし、先に説明されたように、公共政策の議論において重要なのは、自分が最善の立場にいると確信することではなく、他人を説得することなのだ。これはプラグマティックな妥協というよりは、どのように人々が、他人からあまりに多くのものを奪い去ってしまうことなく、自分の望むものの多くを得ることができるか、ということを考え抜くということである。道路の安全性の例を使って説明するなら、周知のとおり、車には大きな危険性がある。毎年、世界中で極めて多くの人々が自動車事故で死亡する。しかし、人々に運転をやめさせるのは、多くの命を救うだろうが、極めて割に合わない対応だと一般的に考えられるだろう。それでは、われわれはどうすべきだろうか。そう、われわれが実際にしているのは、人々の運転を認めるが、最も危険な方法で運転するのは認めないことだ。とりわけ人の多いエリアでは、われわれは運転に速度制限を課す。運転前の飲酒量については、制限が設けられている。車は安全検査を通されている。われわれは、安全な道路システムを作ろうとする。

このような方法で、われわれは道徳的なディレンマを「緩和する」のだ。われわれは最も困難なケースを除去し、そうすることによって、少なくとも一定の危険性をなくしながら、人々が運転の利益を最大限に得られるようにする。われわれは、そのような政策についてあら探しをするのはいつでもできるが、〔そうした政策によって〕すべての人々が、自分の望むことの多くが得られる可能性が生まれるのだ。

もちろん、運転についてのディレンマは哲学者の注意をひきつけてきたものではない。それは、解決策がかなり明白だからだろう。しかし、いくつかのケースにおいては、すべてというわけではもちろんないが、この例はどのように〔政策の議論を〕発展させるかのモデルを提供してくれると、私は言いたい。われわれはこのことを、たとえばギャンブルについての章で見た。イギリスにおいて、ギャンブルは規制された形で認められている。それは、最も中毒になりやすい種類のギャンブルに、規制がなかった場合よりもアクセスしにくくするためだ。われわれが検討した他の例は、動物実験を擁護する人も批判する人も、限定的にではあるが、三つのRのドクトリン——改善、削減、置き換え——を受け入れることができるというものだ。両者とも使用される動物の数を減らし、動物の苦痛を減らすことに、とりわけそれが科学〔の進歩〕を妨げないのであれば、満足するだろう。だが、動物実験を擁護する人たちはまた、たとえ得られる情報の質がそれほどよいものではなくても、これらの実験のいくつかを生体組織のサンプルに対する実験に置き換える用意が十分あるかもしれない。この種の例について非常に心強いことは、公共政策における進展が、あるグループにとっては大きな前進となるが、もう一方のグループにとっては最小限の妥協にすぎないような、比較的小さな変革によって生まれうるということである。その例を言えば、現在イギリスでは、化粧品を動物によって試験するための許可を得ることはできない。その目的があまりに取るに足らないので、動物の苦痛を正当化できないとみなされるからである。これは動物の福祉の運動家にとっては大勝利だったが、化粧品会社にとってもほとんど損失にはならなかった。それはマーケティング上の目的において、化粧品会社の利益になった場合もあるかもしれない。

しかし、われわれがどの程度、政策の領域に踏み込めるかということの限界点は、再び障碍の問題によって明らかになる。私はそこで、障碍者の権利の運動家は機会の均等を主張するが、実際には彼らの目指すものは、このキャンペーンのスローガンが示唆するほどには包括的ではないと指摘した。むしろ、彼らの目標は、「人生の競争」において、障碍がもはや特別なまたはさらなる重荷でなくなることなのだ。しかしこのキャンペーンは、高いIQやその他の才能に報酬を与えるような、職場で起こりうる不公平さには何ら関心を向けない。むしろ運動家が、障碍者に自らの能力と技術を最大限活用することができるようにさせたいと思っている事例も、少なくともいくつかある。これは価値あるプロジェクトである――そしてそれはジェンダーや人種上の正義のための他のキャンペーンにも反映されている――が、一見そう〔普遍的な機会の均等を目指していると〕思えるほどのものではないのである。

哲学は明白に、これらの問題を明らかにするのに役立つが、この本の主張は、この利益は哲学と政策の双方にとってであるというものだ。たとえば、動物実験についての議論によって、政策領域に取り組むことには、哲学にとっても得るものがあることが示される。われわれの動物に関する実践を調べることによって、人間や動物を道徳的コミュニティの一員とするものについての論争は見当違いであることが理解できると、私は論じた。それは「イエスかノーか」のようなものではなく、人間や動物がどのように扱われるべきかは、それが道徳的に意味ある特徴を備えているかということに大いによる、というのがわれわれの態度であると思われる。これは政策領域での実践についての考察によって生まれたものだが、哲学的な重要性のある結論であり、もしかすると、純粋に哲学的な論争にも影響しうるかもしれない。私の意見では、当然それはそのような論争をかなり向上させるだろう。このことがさらにはっきりするのは、私が思うに、障碍に関する議論においてである。そこでは、障碍者問題に関する活動家や理論家の関心事を調べることによって、分配的正義に関連した障碍の哲学的議論の多くは、活動家の関心事にまったく関係がなく、もしその哲学的議論に従ったなら、現状からの後退をもたらすかもしれないことが分かる。政治哲学が障碍問題に関われるように、それを適切に修正することは、双方にとって実りがある。それは、政治哲学者が障碍をめぐる政策論争に参加できるようにしてくれるだけではない。私の意見では、それはまた、政治哲学を豊かにし、人間の厚生（well-being）と政治的・公共的行動の可能性についてのよりよい説明を与えてくれる。このケースでは、哲学と政策は出会うことによって、どちらの側も利益を得られるのだ。

ここで、私が先に言及した注意点を再び言う必要がある。私は、どのように道徳・政治哲学者が政策論争に取り組み、貢献し、また学ぶことができるかを明らかにしようとすることで、それがこれらの分野の哲学者がすべきことのすべてであると示唆しているわけではまったくない。われわれは、多種多様なアプローチと方法論、そして関心を必要とし続けるのだ。これは、「理想的理論（ideal theory）」として知られるようになったもの——それは哲学者が実際の実行可能性を気にすることなく、物事はどうあるべきかについてのヴィジョンを示すものである——を含んでいる。先に言及したように、議論は理想的理論を必要とする。それなくしては、議論は沈滞し、想像力に欠けてしまうだろう。もし極めて知的な理論家がある問題について長期にわたって懸命に思索し、体系的で洗練された、そして想像に富む綿密な提案を考えついたなら、それは真剣に受け止められる必要がある。それが完全に誤っているということはありえないだろう。他方で、それが完全に正しいということもまたないだろう。おそらく、哲学で最もよくある過ちは、自分は真理の一部しか知らないのに、そのすべてを知っていると思うことなのだ。

ここで薦められたアプローチ――つまり、幅広く有益だと思われるであろう小さな変革を求めること――は、あまりに保守的だと懸念する人もいるかもしれない。大きな変革はときとして必要だし、それはこれまでにも起きてきたと言われるだろう。たとえば、ジェンダー、人種、そして性的指向に関する平等を目指す法改正について考えてみよう。正義の諸理論が妥協なく唱えられた結果、比較的短期間のうちに、多大な進歩がもたらされたのだ。現状は幾度となく破られてきた。もし私が考えるように、現状にとって有利なバイアスが不可避的にあるとするなら、どのようにしてそれは起こりえたのだろうか。

この問いを考えるために、道徳の観点から近年では最も重要な法改革の一つを検討するのが有益だ。それは、同性愛の法的地位の変化である。たとえばイギリスでは、16世紀以来、男性の同性愛の諸々の形態は違法であったが、1967年に法改正され、二一歳以上の合意した成人の間で私的に行われる同性愛行為は刑事犯罪ではなくなった。この改革は通常、まさにこの勧告をしたウルフェンデン報告書――『同性愛犯罪と売春に関する委員会報告書』(Home Office 1957)――の勧告の結果だと考えられている。ではどのように、ウルフェンデン報告書はこのような劇的な形で、現状をひっくり返すことができたのだろうか。

現状についての考え方を二つに区別することが有益かもしれない。一つは、現行の法や規制についての現状である。もう一つは、市民の意見や価値についての現状である。時がたち、市民の見解が変化するにつれて、現状の法と現状の価値の間に対立が生まれる可能性があり、この観点から、法は時代遅れで邪魔に見えてくる。この時点で、法律を抜本的に改正することは可能かもしれないが、背景にある〔市民の〕価値を無視することはできない。ウルフェンデン報告書がポイントを示している。「いかなる社会の法も、それらが尊重され、実行されるには、共同体の一般的な道徳感覚にとって受け入れられるものでなくてはならないということを、われわれは明確に認識している。……確かに、いかなる立法も、もし世論とかけ離れていれば、ただちに信用を失墜するというのは明らかである」（Home Office 1957, 9, 10）。では、同性愛の非犯罪化の望ましさについて、1950年代に市民はどのような意見をもっていたのだろうか。興味深いことに、委員会はこの問いに詳細に立ち入る必要を感じていなかったようである。報告書は以下のように述べている。「われわれが対処するよう求められた問題について、われわれははっきりした『世論』を見出すことはできなかった。そしてわれわれは、しばしば短期間に移ろいやすく、正確に確認することがほとんどできないもの〔世論〕を基に結論を出すよりも、われわれの手で結論に至るよう努めなければならないと感じてきた」（Home Office 1957, 10）。

だが、この見解は、同じ非常に短い章において、報告書の執筆者たちが法の機能、というよりむしろ、その機能は何でないかについて自らの見解を提示した発言と対照をなしている。それは、「われわれの見解では、市民の私的生活に干渉することは法の機能ではない」（Home Office 1957, 10）というものだ。この報告書のずっと後の方で、同性愛ではなく売春について論じる中で、その報告書はかつて（192

8年）の「路上犯罪委員会」を次のように引き合いに出している。「われわれは、路上犯罪委員会の言葉を引用する以上のことはできない。それによると、『一般的命題としては、法は私的な道徳や倫理基準に関わることはない、ということはあまねく受け入れられるだろう。他方で、法は市民の外的な行為については、その行為が他の市民の権利に有害な影響をもたらす限りにおいて、明白に関わるのだ』」(Home Office 1957, 80)。

委員会は、同性愛行為が違法とされ続けるべきかどうかについて、明確で一義的な世論があるということは示しえない——彼らはこの主張をまったく立証してはいないが——と感じていたようである。同時に、彼らは、ほぼあまねく受け入れられていると彼らが考えた法の目的についての見解を提示し、そしてこの見解に基づいて法は改正されねばならないと論じた。このように、その報告書は、法は同性愛行為の犯罪化から手を引くべきだと論じるために、法の適切な目的についての重要な公的価値と彼らがみなすものに依拠していると解することができる。そこで、執筆者たちは間違いなく、現状の規制に挑戦するために、現状の価値に関する一つの潮流に依拠していた。だが、1957年にあって、一般国民の大多数が、同性愛に関する法改正を望んでいなかった、という可能性はかなりある。しかし、当時には、抜本的な改正の可能性を検討課題に載せるためには十分な、〔価値と法の〕緊張関係があったのだ。だがわれわれは、一部にはその法案を支持しようという熱意が以降の政権になかったためではあるが、報告書から法改正までは十年のときがあったことに注意するべきである。この間に、ウルフェンデン報告書の影響を大きく受けて、法と市民の価値がもはや一致しないと言えるようになるほどにまで、改革へのプレッシャーが醸成されていった。これが、法改正が一般に受け入れられる状況を作り出したのだ。

したがって、一般的に言えば、大きな変革が起きるためには、世界はその準備ができていなくてはならない。別の例として、「温室効果」は19世紀後半に、スウェーデンの科学者、スヴァンテ・アレニウス（Arrhenius, S.）によって初めて提起されたと言われている。しかし、1960年代までは彼の考えが他の科学者によって取り上げられることはなかったし、20世紀の終わりまで、それは科学界の主流意見とはならなかった（たとえば、Maslin 2008を見よ）。もし人々がアレニウスの言うことを聞いていたら、われわれは地球温暖化を予見し、緩和することができたかもしれない、という教訓をここから引き出す人もいる。しかし、アレニウスが自らの推論を発表した年には、やがて価値がないとわかったのだが、もし正しければ潜在的に非常に重要な、極めて多くの新しい理論があったことに疑いはないのである。人々はアレニウスを、われわれがみな注目すべき一つの理論を提供しているとして取り上げることが、果たしてできたのだろうか。いかなる大規模な変革を起こすにも、さまざまなバックグランドをもち、さまざまな関心を抱く多くの人々が、おそらくは違った理由によってであっても、同様な結論に達するということが必要なのである。孤独な哲学者は、このプロセスに貢献することができるが、われわれのほとんどは、風にそよぐ葦の一本でしかない。だが、そのような貢献なくしては、いかなる変革も起きはしないのである。

文献案内

序論

極めて異なった道徳的見解をもつ人々の間であっても、いかに合意が可能かについて関連する考えとしては、Sunstein（1995）を参照すること。哲学者やその他の知識人が公共生活に介入することが、いかに恐ろしいほど間違いうるかに関する警告については、Lilla（2002）を参照せよ。

第一章　動物実験

動物の解放に関する古典的な哲学文献は、もちろんピーター・シンガーその人による著作（Singer 1995）である。リチャード・ライダーの『科学の犠牲者』（Ryder 1975）もまた、十分読むに値する。ピーター・カラザーズは、この立場を批判する名高い人であり、動物の権利に関する今日の関心は、世の道徳的頽廃の兆候であると示唆している（Carruthers 1992）。さまざまな立場に関するすぐれたサーベイは DeGrazia（2002）である。ロジャー・スクルートンは、今日のいくつかの実践状況に批判的ではあるが、やや常識的で保守的な立場を明瞭かつ興味深い形で提示している（Scruton 2000）。アリソン・ヒルズは、今日の実践状況に近いものを哲学的に筋の通った形で擁護しようとし、それによってシンガーとカラザーズの極端な立場を退ける入門書（Hills 2005）を著している。ナフィールド審議会の報告書は、NCB（Nuffield Council on Bioethics）（2005）として公表されている。

第二章　ギャンブル

『ギャンブル制度再検討委員会報告書』――私が共同での公共的議論に最初に参入したものだ――は、いまでは探すのは困難だが、それが文化・メディア・スポーツ省のサイトから消える前に、私はその一部の章を自分のウェブサイトに載せた。現在では以下で閲覧できる。http://www.homepages.ucl.ac.uk/~uctyjow/Gambling★10

ギャンブル中毒に関する古典的説明は Lesieur（1977）であり、この分野での長年の専門家によるより最近の説明は、Bellringer（1999）である。ギャンブル中毒者に去来する希望と絶望の循環を華麗に描写する、有名な中編小説は、Dostoevsky（2008［1867］）である。ジョン・スチュアート・ミルの生涯と思想に関する見事な説明としては、Reeves（2007）を参照すること。Elster and Skog（1999）は、中毒に関するすぐれた学術論文集であり、P. Adams（2008）と Doughney（2002）は、それぞれニュージーランドとオーストラリアにおけるギャンブル制度を鋭く批判している。

第三章　ドラッグ

ダグラス・フサークは、とりわけアメリカにおける薬物法制を長年にわたって批判している重要な人物である。その哲学的議論をより詳細に探ることのできる1つのすぐれた文献は、Husak and de Marneffe（2005）である。デイヴィッド・ナットが、タバコおよびアルコールと比較した、違法薬物の相対的な害悪性をイギリス政府に理解させようとする試みは、Nutt *et al.*（2007）において最も科学的に提示されている。ただし、これは本質的には、証拠に基づいた研究というより、科学者や専門家の意見を調査した文献――神話上のデルフォイの神託にちなんで名づけられた、「デルフォイ的（どうとも取れる）」研究――である、ということに注意してほしい。しかし、あるドラッグ――大麻――の害悪に関して、すぐれた、バランスのとれた説明をしているものとして、W. Hall and Pacula（2003）を参照せよ。

第四章　安全性

民営化直後のイギリスにおける鉄道の状況に関しては、Jack（2001）とWolmar（2001）を、また本書で説明した鉄道事故の詳細な説明については、S. Hall（2003）を参照すること。デイヴィッド・ヘアはハットフィールド衝突事故に基づいた戯曲を執筆した。それは『軌道』（*The Permanent Way*）――決して皆が評価したわけではないであろう語呂合わせだが――と呼ばれる（D. Hare 2003）。'permanent way' とは、鉄道技術者が線路を指していう言葉である。★11 より一般的に、リスクと安全性の問題に関してはJ. Adams（1995）とGigerenzer（2002）を参照せよ。安全性に対する衛生安全委員会のアプローチに関する説明（HSE 2001）は、十分検討するに値する。

第五章　犯罪と刑罰

哲学者は犯罪の問題に多くの時間を費やしてこなかったが、刑罰の正当性に関する哲学的文献は多く、いまだに増え続けている。すぐれた読本はDuff and Garland（1994）であり、ダフ自身によるモノグラフ（Duff 2001）は極めて洗練された著作である。刑罰に関するかなり思想的な歴史叙述は、Foucault（1991［1975］）であり、これは「弑逆者ダミアン」の刑罰を、驚くほど写実的に描写することから始まっている。イングランドにおける死刑に関する見事な説明については、Gatrell（1994）を参照すること。

★10　現在ではリンクが切れている。

★11　permanent wayには、鉄道用語の「軌道」と、（本書で説明されたように、衝突事故後に多くの人がいつ目的地に着くか分からないまま、長時間鉄道に乗ったという）「永続的な道」という二つの意味がかかっている。

第六章　健康

この章における議論の多くは、ブラック報告書（Black *et al.* 1982）に示された諸問題によって触発された。健康の社会的決定要因を見事に説明しているのは、Marmot（2004）である。リチャード・ウィルキンソンもまた、健康の社会的決定要因に関する考えを発展させた先駆的人物である。ウィルキンソンは近年、ケイト・ピケットと共同で、やや論争的ではあるが、所得の不平等と他の社会悪との関係にも自らの分析を広げている（Wilkinson and Pickett 2009）。

第七章　障碍

障碍が、もしそれが一般的なものであれば、いかに「ノーマライズ」されうるかに関する見事な説明は、Groce（1995）である。これは、耳が聞こえなくなることの原因となる遺伝子を多くの人が受け継いでいる、アメリカのマーサズ・ヴィニヤード島における共同生活を調査したものである。この本のタイトル――『ここではみなが手話で話した』――がそれを物語っている。障碍者問題の運動家による文章を集めた刺激的な読本としては、Shakespeare（1998）がある。またこの問題に関するセンシティブな哲学的議論については、Silvers *et al.*（1998）を参照すること。著名な哲学者が障碍の問題を理解しようとする重要な試みとしては、MacIntyre（1999）とNussbaum（2006）がある。

第八章　自由市場

市場の道徳的制約に関する古典的議論は、マルクスの『経済学・哲学草稿』における論文「貨幣について」（Marx 1975a［1844］）である。マイケル・ウォルツァーは、マルクスの主題を現代の論争に再導入した（Walzer 1983）。マーガレット・レーディン（Radin 1996）も同様のことをした。マイケル・サンデルは、公刊されたタナー講演集（Sandel 1993）と、まだ公刊されていないＢＢＣのリース講演において、自身の見事な文章による貢献をなした。後者については、ＢＢＣのウェブサイト（２００９年）から音声形式で入手可能である。Debra Satz（2010）はこの問題に関する最近の主要な研究である。

第九章　結論

本書を執筆する中で、私はいかにバーナード・ウィリアムズとアラスデア・マッキンタイア、そしてアマルティア・センの著作から影響を受けているかを、ますます意識するようになった。それは、ウィリアムズについては、この章で触れたWilliams（2005）だけでなく、Williams（2006［1986］）であり、マッキンタイアについてはMacIntyre（1981, 1999）、センについては、とりわけSen（1999）だが、多くの点でこの章に似た一般的な立場を示しているSen（2009）である。

訳者解説

I　ジョナサン・ウルフの政治哲学から何を学ぶか[*1]

本書は、英語圏において現在最も高名な政治哲学者の一人で、イギリスにあるユニヴァーシティ・カレッジ・ロンドン（University College London, UCL）の哲学部教授として長年活躍し、2016年9月からオックスフォード大学・ブラバトニック公共政策大学院（Blavatnik School of Government）の教授となった、ジョナサン・ウルフ（Jonathan Wolff）の著書、*Ethics and Public Policy: A Philosophical Inquiry* の全訳である。（なお、本訳は日本語のみに通じた一般読者や大学学部生を主な読者として想定しているため、それぞれの章の来歴を記した Note on the chapters は割愛した。）ウルフの著書の日本語訳には、すでに『ノージック——所有・正義・最小国家』（森村進・森村たまき訳、勁草書房、1994年）と『政治哲学入門』（坂本知宏訳、晃洋書房、2000年）の二冊がある。以上の訳書から、ウルフの政治哲学はある程度日本においても知られているが、本書の読者には政治哲学については興味があってもあまり詳しくない方もいるだろう。また、イギリス政治への関心から本書を読まれる方もいると思われる。そこで、訳者解説では本書についての専門的な論説や批判ではなく、本書をより深く理解し活用するための情報を提供したい。そのためこの解説は、ウルフの政治哲学を解説する前半（大澤担当）と、イギリスにおける政治と哲学の関係について解説する後半（原田担当）に分けることにした。

1　政治哲学の状況

数年前、ＮＨＫで放送されたマイケル・サンデルの講義がブームとなり、政治哲学という学問分野への認知度は日本でも飛躍的に向上した。その際、アメリカやイギリス（ここでは英米圏と呼ぼう）では政策的課題に哲学が応用されるのかと、目を見張った読者も多いと思われる。それは完全な間違いではない。（たとえば、イギリス政治での哲学者の活躍ぶりについては、後半の解説を見てほしい。）しかし哲学分野の著名人というよりも、多くの学者が黙々と研究に従事する政治哲学分野の学術の世界（学界）一般に目を向ければ、かなり異なった状況がある。すなわち、近年の英米圏における政治哲学の学界において重大な課題の一つは、いかにこれを現実世界、とりわけ政策に応用できるか、というものだからである。この課題の背景には、英米圏において政治哲学研究の主流である分析的政治哲学と呼ばれる分野が、高度に専門化しすぎ、現実離れしてきたこと、またその研究が極端に理想化された前提をおくため、現実への適用に困難があることなどがある。このような問題に対処し、より適切な政策への適用を前提とした政治哲学への取り組み方（方法論）を検討しようとしたのが本書である。（そのため本書の各章は、さまざまな社会問題に取り組むことから得られた、「哲学にとっての教訓」で閉じられている。また本書は、このような教訓を導きつつ、哲学者以外のさまざまな人々に、政策を哲学的に考えるための素養を身に付けさせることを意図しており、論文集や教科書の体裁をとらず、読み物風のアクセスしやすいスタイルで書かれている。本書には哲学者に対しての教訓や提言が多いが、これらはかなりの程度、哲学者のように考える道徳に敏感な市民、にも当てはまるだろう。）

では、分析的政治哲学とは何であろうか。その理解はさまざまだが、さしあたっては人々の政治や社会に関する道徳的判断（善し悪しの判断）から情報の錯誤や論理的な混乱などを取り除き、一貫した体系に仕立て上げることを目的とするような哲学分野と考えられよう。その際、それぞれの道徳的判断の根拠となっているいろいろな理由の適切さを論証することに重点が置かれる。たとえば、「貧しい人を救済すべし」、という道徳的判断の理由には、人々に自由な人生を享受させるため、国民の助け合いを奨励するため、デモクラシーを適切に維持するため、などさまざまな理由がありうる。これらの諸理由の道徳的根拠やその論理的展開を分析し、それによってわれわれの日常的な道徳的判断をより明晰で一貫したものに鍛え上げていく、そしてできれば、その中で最も適切なものを選択する、ということが、この分野の仕事である。重要なこととして、この作業によって、ある道徳的判断がどのようなケースにどのような行為を命じるかがよりはっきりしてくることも見逃せない。たとえば、「貧しい人を救済すべし」という判断が、国民は相互に助け合うべきだから、という理由に基づくのであれば、国内外にいる外国人の貧困は救う必要のないものともなりうる。道徳的判断の明晰化は、行為に具体的な指示を与えるのである。[*2]

さて、このような道徳的判断の明晰化によって、われわれは今後の行為を導く何らかの道徳的原理を得ることになるだろう。それは大変有用なものと期待されるだろうし、研究されるにふさわしい十分な社会的価値があると思われるだろう。事実、分析的政治哲学の研究は、政治哲学それ自体を復活させたといわれるほどの影響力をもった、ロールズの『正義論』（1971年）――この作品自体も道徳的判断の明晰化と原理の抽出という分析的政治哲学の特徴を備えている[3]――以降、英米圏において汗牛充棟の様相である。とりわけ、平等とは何か、正義とは何か、自由とは何か、そしてそれらの概念はどのような「あるべき社会」についての理念を導くのか、といった問題に関して、さまざまな論者が極めて興味深い議論を展開している。これらが現実社会の役に立つのであれば、すばらしいことと思われるかもしれない。

　しかし英米圏でさえ、あまりその期待は満たされていない、と考える研究者は多い。まず、分析的政治哲学にアクセスすることが難しい。大学などに籍を置く研究者が読むための、極めて専門的な学術雑誌を中心に展開される議論は、ほとんど世間に知られることはない。難解な専門用語と現実離れした思考実験に満ちた論文は、それがどんなに重要でも、あまり一般読者向きではないだろう。ウルフと同じくイギリスで活躍している著名な政治哲学者のアダム・スウィフト（Adam Swift）やスチュアート・ホワイト（Stuart White）は、政治哲学の専門家と一般人を結ぶ役割を誰かが果たさなくてはならないと言ったが[4]、それほど状況は芳しくない。また、分析的政治哲学の魅力を疑う人もある。道徳的判断や原理というものにしたがって行動する人が、実際どれだけいるかと問えば、それほど多くはなさそうだ。ロールズ以降、分析的政治哲学は、人や社会に関する現実的な想定をしない理想的理論を中心に発展してきたが、これもこの分野の現実への応用を阻み、魅力を損なってしまう恐れがある。結局、社会的影響力という点から見れば、分析的政治哲学はその重要性にもかかわらず必ずしも成功していない。多くの研究者は過去四〇年間ほど、平等や正義の議論に熱中してきたが、その間に英米圏の社会では貧富の差が大きく開いた。このような問題意識から、近年、現実への応用により適した政治哲学の形を積極的に考えていこうとする動きがある。

本書もそのような動きと関連している。日本語には訳されていないが、ウルフがド・シャリト（Avner De-Shalit）と共に書いた著作に、『不利益』（*Disadvantage*, Oxford University Press, 2007）がある。この著作の方法論を概説する箇所で、彼らは、現在の平等主義的政治哲学が現実離れしてしまった一方で、政策立案者が社会的不利益に関する哲学的に解明された立場を必要とすることを述べている。政治哲学と現実的な政治・政策実践をいかにつなぐかが、ウルフの関心であることがここからも理解される。

2　ウルフの政治哲学上の関心

では本書を通じて理解されるべきウルフの政治哲学とはどのようなものだろうか。かなりの部分が本書に書かれているが、訳者（大澤）はＵＣＬにウルフを訪ね、取材を行ったので、その際に彼から教示されたことも含めて解説したい。[*5]

ウルフによれば、本書を通じて一般読者に求めたいことは、さまざまな政策的課題の背景には道徳的な価値の対立があることを知り、そしてそこに道徳的価値の多元主義――諸価値の対立を収めることのできる至上にして唯一の価値はないこと――を認め、さらには、それゆえに絶対に正しい唯一の政策上の解決策や態度はないことを理解する、ということである。たとえば、市場経済における自由と、社会における平等は相反しうる価値であるが、このいずれか一方のみが真実の価値であり、他方はすべからく排除されるべきである、ということは、価値の多元性からは適切ではないのである。そうであるから、経済政策の議論において、自由か平等か、という議論はそもそもナンセンスであり、自由と平等のバランスが求められることになる。また、政治的な運動では、一方が他方を批判するあまり、自らにとっての中心的な価値（たとえば自由）のみを絶対視し、他方が重視する価値（たとえば義務）を一方的に否定することがあるが、これは価値の多元性を前提とすればやはり適切ではなく、むしろ社会で求められるべきはそのバランスである、ということになる。道徳的価値の多元性を認めるならば、絶対に正しい政策というものはない、ということが本書を通じて理解されるべき中心的な主張の一つである。

　このような価値の多元主義を前提として、ウルフは社会的問題への哲学的で実践的なアプローチを提案する。それは、人々が支持する道徳的価値を前提とした上で、問題の中に含まれている多様な社会的利益にはどのようなものがあるかを知り、それらの対立を調停するべく、あらゆる人が自らの望む社会的利益をあまり失うことがないような解決策を探る、というものだ。ここには、社会の現実に即した道徳的な進歩を、あらゆる立場の人々に対する尊敬を失うことなく実現する、という意図がある。本書はまさに、このアプローチをイギリスの社会問題に対して適用したものである。動物実験や交通の安全性など、さまざまな政策領域において、どのような道徳的価値やそれに根付いた社会的利益をめぐって人々が対立するのかを手際よく分析し、そこから一定の解決策を導く手腕は鮮やかである。

　ウルフは、何らかの道徳的理想や理念によって社会を根こそぎ変革する試みには極めて慎重である。彼は社会変革がもたらすコストにも注意を払っているからだ。社会変革は、それがたとえ善意に基づくものであっても、結果として社会に深刻なコストを負わせる社会実験になってしまう恐れがある。むしろ、近年アマルティア・センなどが主張するように、最善の正義を目指すよりも明白な不正義を減らすべく、漸進的な改革を目指す方が重要であるというのが彼の主張である。*6

また、彼の「政治哲学と福祉国家の現実世界」('Political Philosophy and the Real World of the Welfare State', *Journal of Applied Philosophy*, 32(4), 360-372, 2015) と題する最近の論文では、政治哲学の歴史を1940年代から振り返りつつ、人々の意見の対立に対処すること自体が喫緊の課題となっている現在の自由主義社会において、政治哲学が取り組むべき課題を次のように指摘する。すなわちそれは、道徳的に最善の世界を目指すことではなく、コンセンサスが得られない具体的な政策課題において、見逃されたり無視されたりしている価値や、逆に重視されすぎている価値——たとえば、福祉国家においての社会的連帯の価値と自己責任の価値——に注意を払い、それによって生じる不正義に対処することなのである。社会問題において、価値と価値の対立が見られる際に、ある種の「価値のバランスの回復」を行うことが政治哲学者の重要な役割とみなされているといえよう。

このようなウルフの思想には、20世紀後半から21世紀初頭の英米圏において、正義論の旗手として華やかに活動したロールズやドゥオーキンなどの思想家が築き上げ、今日の主流となった伝統に収まりきらない内実がある。ウルフによれば、彼はアイザイア・バーリンやプラグマティズム、アリストテレスなどの思想にも啓発を受けていると言うが、本書で主張されるプラグマティックな平等などのアイデアには、そこから学ばれたものが数多く含まれている。

ウルフ自身が本書で指摘するように、このようなアプローチは、哲学的には不徹底なのではないかという疑念を生む。とくにこれまでの政治哲学の主流は、社会の統治に役立つ道徳的原理(たとえば正義の原理）を明確に定め、それに基づいて世界を改革すべく努力する、という暗黙の方法論に支えられてきた。また、多くの人々も政治哲学に「正しい社会への処方箋」としての道徳的原理の提供を期待しがちである。しかし、ウルフはそのような道徳的原理の役割には懐疑的である。ウルフの見方に従えば、道徳的原理は確かに重要であり、それは来るべきより良い社会に向けて、長期的に世論を準備する中で重要な役割を負う、ということになろう。しかしウルフは、人々の道徳的な生活は道徳的原理の実践や実行に尽きるものではないことにも着目する。政策を含め、人々の道徳的な決定には、原理の他にも、直観や判断、感情などに基づく実践的な知恵が深く関わっており、これを無視して哲学者が頭の中で考えた原理を押し付けてもうまくはいかないと言う。また、そもそも道徳的原理は、実践的な知恵と相互に補完しあい、修正しあいながら、発展してきたものだと言う。つまり、道徳的原理は道徳的な生活やその進歩には必要ではあるが十分ではなく、補助的な役割をもつにとどまり、またそのような補助的役割を果たしてこそ適切に発展していく、ということになるだろう。ここに、多種多様な道徳的原理と実践的な知恵をつき合わせ、望まれている社会的利益を誰からもできるだけ奪わない政策を作り上げてゆくという、デモクラシーの役割もまた発見される。

先の疑念に関連しては、ウルフの方法論的な関心に「価値のバランスの回復」があることも想起されるべきであろう。前掲の論文（「政治哲学と福祉国家の現実世界」）において彼は、価値のバランスの回復はむしろ、バランスの回復などを気にせず、自らの信じる価値を声高に主張する政治哲学者によってなされるかもしれない、という逆説も承認している。つまりウルフは、より哲学的に徹底したアプローチを取る政治哲学の形を否定しているのではないと理解できる。その意味では、政治哲学者が己の社会的な役割、とくにデモクラシーの中で果たすべき役割を自覚することこそが一番重要なのだ、というのが、政治哲学のあり方に関する彼の根本的態度なのかもしれない。ウルフ自身もいろいろと模索している最中なのだろうが、政治哲学者は真剣に現実的な社会の課題に向き合うべきだ、という彼のメッセージは真摯に受け止められるべきだろう。

3　政策問題への政治哲学的アプローチ

以上、ウルフの政治哲学的関心を概説したが、われわれはそれを無批判に受け入れる必要はなく、本人もそのようなことは望まないだろう。日本語版序文にもあるように、本書はそもそも英米圏の読者を想定しており、日本ではまた事情が異なるからである。

英米圏の研究においては、あまりにも専門的かつ理想を追求するような形で分析的政治哲学の研究が展開したため、その状況への対応として、ウルフはそうではないアプローチを模索していると考えられる。（これも一種の「バランスの回復」である。）だが、本書でも繰り返されるように、ウルフは分析的政治哲学を中心とする研究それ自体がもつ価値を否定しているのではない。そこで、日本においてウルフのようなアプローチへの大規模な転向が必要なほど、分析的政治哲学の研究が蓄積されているかといえば、重要な研究はあるものの、英米圏に比して量的にはまだ少なく、今後さらにこの分野の研究の蓄積と社会への浸透が必要であろう。（訳者自身も多分に分析的政治哲学のアプローチを採用している。）このような研究が長期的に人々の道徳的思考にもちうる影響力は甚大であるからであり、そのことによって政策上の価値のバランスの回復が起きるかもしれないからである。だが、今後の日本における政治哲学の発展において、英米圏の学界の教訓を活かさない手はないのだから、ウルフの診断とアプローチをあらかじめ学ぶことには大きな意味がある。[*7]

また、単に分析的政治哲学との関係においてのみならず、ウルフのアプローチが、政策的課題に対して政治哲学者が取るべき対応について、いわゆる政治活動とは異なるものを示唆している点は興味深い。つまり、一般的に政治活動にあって、われわれは特定の政治的または道徳的立場に固執して政治的組織を作り、署名をあつめたり、スローガンを叫んだり、選挙活動を行ったりすることに終始しがちである。しかし、政治哲学者は市民としてこれに参加することもできる一方で、その学術的訓練と特性を活かして違うアプローチを取ることもできる。つまり、政策的問題に関する事実を検証した上で、含まれている道徳的価値と社会的利益の分析を行い、どのように対立が起きているのかに関する徹底した理解の下で、さまざまな立場の人にとって受け入れ可能な立場を探るというアプローチである。広くいえば、（後半の解説で原田氏が指摘するように）政策課題をめぐって対立する市民が適切な解決策に導かれるよう、彼らのコミュニケーションを助けることは、政治哲学者が果たしうる重要な役割になりうるのである。さまざまな活動を通じて自らの信念を表明する政治哲学者のみならず、対立する市民の仲介者として働く政治哲学者も必要であるかもしれない。

またウルフのアプローチは一般市民にも示唆するところが多い。政治哲学者ではない一般の市民であっても、センシティブな政策的課題に直面すると、自らの道徳的価値観のみに基づいて思考しがちである。しかし、人々の意見は多様化しており、ある特定の立場に基づいた解決策がすんなりと受け入れられるということはほとんどない。ここでは、ロールズの言う、デモクラシーが生んでしまう価値の多元性を真剣に受け止める必要がある。すなわち、デモクラシーの社会ではさまざまな自由が保障された結果、人々は自由に思考できるので、政策的課題への対応についても、きちんとした理由がありしかも互いに対立する立場が、いくつも出てきてしまうのである。[*8] そこで、自らの政治的な確信からは（それを保持しつつも）一歩身を引いて、改めて政策的課題の事実的前提を検討し、さらにそこから、政策的論争を引き起こしている道徳的価値と社会的利益に関する人々の対立を理解した上で、少なくとも現状よりはましな政策についてのコンセンサスを、自分自身と異なる立場の者との間で得ようとすることは、より多くの人にとってベストではないが納得のいく政策形成に資するだろう。（もちろん、ウルフにならえばこれは一つのあり方にすぎず、長期的な変革を起こすためには、自らの確信に忠実であり続ける人も必要である。ここでも大事なことは、自分と他人が政治において果たしている役割の自覚である。）

以上のような政治哲学（あるいは政治的道徳）と政策の関係についてのウルフの論点は、それへの賛否によらず、政治哲学の専門家にとっても、一般の市民にとっても、有益なものとなろう。もちろん、このようなことを抜きにしても、本書はそれぞれの政策課題についての読み物として大変面白いし、また近代デモクラシーの母国、イギリスにおいて政策がどのように哲学的に考察されているのかを知る実例になっている点でも、極めて興味深い。読者が自身の関心にしたがって、本書を役立てていただければ幸いである。

（大澤　津）

Ⅱ　現代イギリスにおける政治と哲学

1　イギリスの公共政策と倫理

哲学的・道徳的・宗教的な価値の根本的な一致を望みえない今日の多元的社会において、より多くの人々が（異なった根拠に基づいてでも）合意することのできる公共政策を構築することは喫緊の課題である。こうしたロールズ的問題状況において、（自由や平等などの）普遍的な哲学的原理を構築するより、政策上のコンセンサスを見出すという課題により関心をもつ実践的政治哲学の書が本書であると言えよう。ウルフは基本的にはミル流の、あるいは平等主義的リベラリズムの系譜に連なりつつも、むしろその哲学的立場が政策上の必要性との間でもたらすギャップを正面から受け止め、なお哲学が公共政策に寄与しうる余地を探ろうとする。このアプローチがもつ政治哲学方法論上の意義については大澤氏による解説に委ね、以下では（政治）哲学が直面する公共政策をめぐる倫理的問題のありかについて、若干の叙述を試みたい。

ここで、倫理的問題を伴う公共政策における解決とは、当該社会の市民の広範な支持や理解を得られる法律が制定され、それが安定的に運用されていること、と暫定的に理解できよう。そのためには、人々の多様な倫理的価値観と法律との間のギャップをできるだけ最小化し、社会の安定性を損なうほどのリスクを生じさせないための、現実に対するバランスある理解が不可欠である。社会によって異なる多様な哲学的・道徳的・宗教的伝統や、現在の法制を裏づけている（漠然としていることの多い）道徳的感情への冷静な洞察も必要である。こうした考慮を要する政策領域は、いわゆる「モラル・イシュー」――人工妊娠中絶や同性愛、生殖医療など――にとどまらない。ウルフは本書でむしろ、犯罪と刑罰、社会の安全性、保健制度、市場の規制といった、一見倫理的な争点が明らかではない問題にもひそむ原理的対立を探ろうとする。そしてその多くは、哲学者の視点が役立ちうるとして彼自身が参画した、喫緊の対応を求められた諸課題でもある。[*9]

イギリスでは、どのような分野であれ、新たな立法措置が講じられる際のプロセスはほぼパターン化している。まず、社会の中で法的対応を要する課題が存在する場合、または政府や議会がある政策を推進しようとする場合、国民の多様な意見を吸い上げるための委員会が設置されることが多い。その多くは政府の省庁に設置されるが、より広範な、長期の検討を要する課題については王立委員会（Royal Commission）が設置されることもある。委員会は関係団体や一般国民から意見を募りつつ、広く問題を検討し、報告書を公表して国民の前に問題提起をする。これに対する国民からのさらなる反応をもとに、主に政府が法案を作成し、議会での審議を経て法律が可決・成立する（宗教や倫理に絡む法案は、多くの場合自由投票に付される）、というプロセスである。議員立法の場合はこの限りでなく、また有識者委員会の答申が必ずしも政府に受け入れられるわけではないが、国民との間の充分なコンサルテーション・プロセスは極めて重要である。民間や学界で独自に設置される審議組織（たとえば生命倫理に関するナフィールド審議会）からのインプットもますます重要になっており、その中には準公共的地位を得ているものもある。問題が生起するたびに、また時代状況の変化に応じて、多様な意見を俎上に上げてプラグマティックな合意を志向するイギリスの政策形成過程に、学べるところは多いのではないか。

いわゆる「モラル・イシュー」に関して言えば、イギリスでは、道徳的保守勢力が伝統的に強いカトリック国（スペインやイタリア、アイルランド）、またフランスやドイツとも異なり、限定的な形で自由化を進めるというプラグマティックな法制がとられやすかった。世俗的・進歩的勢力に対して、宗教的な保守的勢力が強固に対峙する、という構図が比較的弱かったからである。それでも一定の道徳的保守派の役割を果たしてきたイングランド国教会は、1950年代から60年代以降、イギリス社会とそこにおける教会の役割に関する認識を変えた。つまり、国教会の理解するキリスト教を社会全体あるいは公法の基礎として追求することを放棄、断念し、世俗的原則に基づいて運営されるリベラルな法に関する考えを受け入れたのである。これにより、たとえば国教会は組織として、同性愛の非犯罪化を提言したウルフェンデン報告書（1957年）に賛同し（むしろ先んじて非犯罪化を唱えた）[*10]、主教の一部は中絶を合法化し、離婚可能要件を緩和する1960年代の諸立法にも賛成した。

じつに1960年代は、イギリスの倫理と公共政策をめぐるターニングポイントであった。いわゆるpermissive society（許容／寛容社会）に向けての立法が次々となされたが、その象徴は1967年性犯罪法と1967年中絶法である。これは、同性愛者への脅迫や、危険かつ高額で行われていた闇中絶といった望ましくない状況を除去するため、同性愛行為と中絶をそれぞれ合法化したものである。60年代の法改革は、同性愛や中絶、離婚、賭博、猥褻出版物等の許容範囲に関する人々の一般感覚に、法が遅ればせながら対処した――執行不能になっていた従来の禁止法を改め、法の建前と実態を合わせた――試みであったとも言えよう。単に現状を追認しただけのこの法改正はさほどラディカルではなく、さらに、公法では合法化された行為が、私的には悪や罪とみなされ続ける余地も残ったという限界を指摘する見方もある。公的には禁止されなくなった行為は、なお私的領域で、各人の重い責任の下で選択されねばならないということは、「自由」の本質的帰結でもあろう。

ただし、60年代の法改革は、その多くを主導したジェンキンズ元内相の言葉によれば'civilised society'（野蛮な抑圧がなく自由で洗練された社会）を目指すものだったが、意図せざる帰結をもたらしたともみなされている。つまり立法の第一の目的は、（当時の推進派の主流的見解によれば）極めて制限的な旧法によって生じていた、先述の悪しき事態を除去することであり、決して中絶や同性愛、離婚、賭博等を「奨励」することではなかった。しかし実際にはこれと逆の事態が生じた、ということは道徳的保守派の間でくすぶり続けている不満である。もちろん立法当時にも強い反対意見はあったが、60年代には（法律が可決するだけの）一定の国民的コンセンサスが存在していたともみなせる。しかしpermissive societyの帰結は、その後の政治対立の一つの争点とも化し（道徳的保守派はサッチャー政権の誕生に寄与した）、従来のコンセンサスとは異なる事態を生じさせたのは確かである。さらなる自由化を求める進歩派と、制約を求める保守派がなお激しく対立を見せる領域もある。当初は想定されなかった問題に、新たに対処せねばならなくなった領域（本書でも扱われたギャンブル法制など）もある。他方で、一定の世論の支持を得て、さらなる自由化の方向でコンセンサスが「更新」された例もある（たとえば、シヴィル・パートナーシップと結婚が認められた同性愛者の権利の問題[*11]）。

コンセンサスが今なお形成されていない領域も多い。たとえば、安楽死の合法化やドラッグの規制緩和の問題は、長年の国民的関心事であるが、新たな法制が試みられるほどの充分なコンセンサスができていない。さらに、バイオテクノロジーでの最先端を目指すイギリスの国家政策とも相まって日々進展する、生殖医療の領域は、人々の道徳感覚と法的規制との間の注意深い調整を必要とする、最も困難な課題の一つであろう。クローン技術を含む生殖医学は、科学の進歩に対して法的規制が遅れがちな、極めて流動的な領域でもある。2008年に、ヒト・動物混合胚の作成や、いわゆる'saviour siblings'(救いの弟妹)[*12]の出生をより広範に認める「2008年ヒト受精及び胚研究法」が成立したが、その際に、国民的コンセンサスの形成がなお困難であることを感じさせる、大きな反対運動があった。[*13]

戦後のイギリスにおいて、生殖医療に抜本的に対処した最初の法律は1990年の「ヒト受精及び胚研究法」である(先述の2008年法はこの改正法である)。これは、1978年の世界初の(イギリスでの)体外受精児の誕生以来、ますます発展し続けていた生殖補助技術とヒト胚を用いた研究を、公的な管理の下で基本的に容認するものだった。同法によって新設されたヒト受精・胚研究認可機構(HFEA)が生殖医療の研究と実践を一元的に管理する体制は、科学界や一般国民の評価を広く得ている。法律は一般的な枠を定め、具体的な事例は独立した機構が個別に判断する、そして大きな技術進歩が生じた場合には、(数年、数十年間隔で)立法措置が取られる、というフレキシブルな枠組は、この領域におけるモデルとされる。この1990年法のもとになったのは、哲学者メアリー・ウォーノックが長を務めた「ヒト受精及び胚研究に関する調査委員会」による報告書(1984年)である。[*14] この報告書の作成と立法に至るプロセスは、倫理に関わる公共政策の形成における模範的事例であるだけでなく、本書の論じる、哲学者がどのように政策上の実践的役割を担いうるかについての注目すべき実例であるので、以下ではこの点を少し説明したい。

2 哲学者と公共政策――ウォーノック委員会の例

オックスフォードとケンブリッジで現代哲学を研究、教育してきたウォーノックは、それまでも特別支援教育、動物実験、環境汚染等に関する政府委員会に参加していたが、1982年に保守党政権により、生殖医療の法的規制を検討する委員会の長に選ばれた。彼女はグランドセオリーや抽象的原理の単純な適用を忌避する、哲学的プラグマティストでもあり、公共問題に関する学識ある仲裁者として党派を問わず重宝されていた[*15]。同委員会は、生殖医療の一人歩きに対して国民が抱く道徳的懸念と、生殖医療がもたらす利益（不妊や難病の治療）を比較衡量し、認められるべき技術とそうでないものを峻別しようとした。本書の言葉を使えば、同報告書は（生殖への人工的介入を一切認めない）道徳的絶対主義と、（科学の進歩を第一に追求する）厳格な功利主義を退ける。そして、最終的な見解の一致の望めない生命や人格の定義、「人はいつ誕生するか」といった問いに関し特定の立場をとらず、胚研究に関しては、どのようなヒトの胚の状態が法的な保護に値するものとみなしうるか、という問いに答えようとする。

そして報告書は、生物の漸進的な発達過程を想定し、ヒト胚は受精後、初期の神経系が発達する（後に脊髄となる原始線条が発達し始める）14日間以降になって、法的保護に値する「特別の地位」を得る、という基準を設ける。よって、14日間以内の胚を用いた研究が解禁されることになる。この勧告はウォーノック報告書の一つの肝だが、これに対しては、哲学的根拠が不明だといった批判がある。しかし委員会は、生命の起源に関する原理的議論を棚上げし、人々の道徳的呵責が事実上抑えられる（というのは、多くの人々もまた、人間の誕生する時期や状態について確たる考えをもっていないからである）、安定した法的管理体制を構築することを第一の目的としていた。そして、人の命についての考えは多様であっても、多くの人々が医学上の利益のために胚研究を認めうるのは、受精後14日以内である、という線引きをしたのである（もちろんこの基準には医学的根拠があり、他の多くの国の法制でも採用されている）。[16]

委員会は、人々の平均的な道徳感覚に照らして合理的と判断されうる、科学研究の限度を見究めるという狭い道を歩む。このアプローチは、「生命の神聖性」を奉ずる道徳的絶対主義と、無制限な胚研究を認める科学絶対主義の双方を退けるものだろう。公法は両者の間のどこかに位置しなければならない。そして、（交通安全対策の限度を論じた）本書第四章にならって言えば、患者や社会に利益をもたらす研究を可能にし、かつ人間の胚の「特別な地位」（尊厳）を守るために、どこかに境界線を設けることは、果たして不当であろうかという状況に対処したと言える。

ウォーノックは、生殖技術や胚研究の進歩に対して人々がもつ道徳感情（moral feeling）や道徳的懸念は、公法が正当に対処すべき事柄であると認める。しかし彼女は、法を社会の共通道徳の反映と考えるデヴリン卿のようなリーガル・モラリストでは全くない。[17]彼女は、万人が共有する「共通道徳」の存在に否定的である。また、胚研究は公法が規制すべき領域だと考えたが、公法が介入すべきでない領域も当然認める。1984年報告書は、代理出産の斡旋を、人々の道徳感覚を根拠に含めつつ違法化すべきと勧告するが、これには一定の批判がある。しかし報告書は同時に、体外受精、AIH（配偶者間人工授精）、AID（非配偶者間人工授精）も、「多くの人が問題とみなしていない」、「すでに広く行われている」といった一般通念や事実性に依りつつ、明確に合法化すべきと提言する。社会問題に関して、ウォーノック自身は基本的には、プラグマティックなリベラルないし穏健な進歩派に近い立場だと言えるが、[18]社会的合意に依存するアプローチは、その相対主義や機会主義に起因する（結論の）恣意性が伴わざるをえない。公法が、多数派世論の専制と化すリスクも皆無ではない。

また報告書は、「明確な世論のコンセンサスのない領域に、新たな法律があまりに性急かつ広範囲に介入することは危険である」とするが[*19]、まさにコンセンサスがない場合は、いかなる規制もないまま実態が放置されることにもなろう。法は常に後手に回り、状況対処的なものにとどまるかもしれない。生殖医療について言えば、1978年の衝撃以来、六年後に報告書が作成され、立法までに計12年を要したことは、社会的合意を優先するアプローチゆえのデメリットかもしれない。しかしそれでも、人々の実践を通じて何らかの共通理解が形成される前に、法が介入することよりもましだと（ウォーノック一人ではなく政府や議会全体の判断において）考えられたのだろう。

しかし、慎重かつ広範な審議の末に結論された、64におよぶ包括的な勧告は1990年法の基礎と化し、今日にまで続くHFEAを中心とする管理体制に反映されている。立法されるまでの暫定措置として、専門家による自主監督組織（体外受精・胚研究自主認可機構）が設置された。1990年法は、法が大枠で禁止すべきこと、HFEAが事例ごとに判断すべきこと、学会や研究者の自律性に委ねるべきこと、などさまざまな規制レベルを区別した。プロフェッション（専門家）の自律性を尊重することは、イギリスの公共政策の形成と実施における特質であるが、HFEAの運営委員会の半数は、委員長と副委員長を含め、不妊治療や胚研究に携わっていない非専門家であることが要される。調査委員会がそうであったように、独立した素人的な感覚と、専門家の視点を組み合わせた体制だと言える。

以上の過程でウォーノックは、ウルフが公共政策の形成において哲学者に求めた資質の多くを発揮したと考えられる。まず、自分が正しいと考える抽象的原理から出発するのではなく、現在のプラクティスと国民が広く抱いている感覚から出発すること。広範な意見聴取から得られた、問題に関する対立状況を把握し、さまざまな賛成・反対の立場を検討すること。そして、対立する両極端の立場からの批判や、恣意的で一貫性がないとの「哲学的」観点からの批判を覚悟しつつ、多くの人が納得しうる境界線（胚研究の場合では受精後14日）を見出すこと。[*20] さらに、政治的にも受け入れられ、科学者にとって運用可能な法制度を、効果的な形で提案することである。ウォーノック自身は、「哲学者委員長」の役割は、問いの本質や概念を明瞭に説明しつつ、委員間の議論を喚起することであるとも加える。[*21] 共通見解が容易に見出せない領域においては、このことは極めて重要である。

社会的合意を重視するアプローチは、特定の国や時代に存するバイアス――イギリスでは、科学の進歩に基本的に好意的なバイアス――に哲学者を引き込み、その「手を汚さ」せることにもなろう。[*22] しかしそれは、議論を明瞭化し、現実をよりましなものにする――ウォーノックの場合では法的規制がない状態を正すこと――ための資質を備えている、「哲学者抜きで話が進んでしまう」帰結との間で、各人が判断すべきトレードオフないしディレンマである。いずれの選択をした場合でも、社会的コンセンサスとされたものそれ自体を、批判的に吟味することも必要だろう。しかし、そうした批判的検討を経た上で求められるかもしれない、既存の（問題ある）世論の変化や説得を容易に望めない場合には、結論が出ないまま現実を放置するよりも、何であれ実効ある政策を提示することが求められる、ということも一つの起こりうるディレンマなのである。あるいは、一部の強い意見や「合理的」な立論を無視してでも、結論を出さねばならない状況もある。

3　政治哲学の可能性

価値多元化した現代において、人々の道徳観に影響する公共政策に関しどう重なり合うコンセンサスを形成するかは、リベラルな社会にとって大きな課題である。ウォーノック委員会が合意形成を図ろうとしたアプローチとプロセスは、生命倫理以外の領域や他の社会にとっても学べるところが大きい。合意の内容それ自体ではなく、政府や議会、関連団体、専門家、ジャーナリズム、国民の間のコミュニケーションを通じて、立法に結実させるイギリス流のプラクティスについてである。

イギリスに関して言えば、倫理的関心を引き起こす公共政策上の課題はまだまだ多い。戦争と平和の問題、環境問題、人種や移民、平等・包摂政策に関わる問題、国際援助、宗教教育、倫理的な市場や企業のあり方などである。そしてそれらを学術的に研究する（政治）哲学者は、現実の政策形成に対しても、なおさまざまな形で貢献しうる。ウォーノック以外にも、公共問題に関する議論を喚起し、可能な場合には政策形成に寄与してきたイギリスの（政治）哲学者はじつに多い。近年の顕著な例としては、1998年に労働党政権の下でシティズンシップ教育に関する報告書を取りまとめたバーナード・クリックが挙げられる。本書で何度も言及されたバーナード・ウィリアムズは、ギャンブルに関する王立委員会に参加したほか、1978年に労働党政権が設置した「猥褻と映画検閲に関する委員会」の長としても活躍した（ただしその答申は、ミル流の強い自由の原理〔他者危害原則〕に基づき、大胆なポルノグラフィの規制緩和を唱えたことから、立法化されなかった）。政治学者のビク・パレクは、民間のラニミード財団の委嘱により「多民族的イギリスの将来に関する委員会」報告書（2000年）をまとめ、多文化主義論議に影響を与えた。非専門家が就くＨＦＥＡの委員長には、思想史家のリサ・ジャーディンが任命され（2008‐14年まで）、哲学者のオノラ・オニールが平等・人権委員会委員長を務める（2013年より）など、公的機関の重責を担う人文系学者は多い。これらには、組織の単なる「お飾り」や「権威づけ」となる例もないわけではないが、学者がイニシアティヴをとるケースもある。

その他、実際の政策過程に参画したかどうかとは無関係に、イギリスの公共生活に広く影響を及ぼした、いわば「公共的哲学者（public philosopher）」には、古くはベンサム、ミル、T・H・グリーン、R・H・トーニー、ハロルド・ラスキ、戦後はバートランド・ラッセル、アイザイア・バーリン、マイケル・オークショット、エリザベス・アンスコム、H・L・A・ハート、アンソニー・クイントン、ブライアン・マギー、ロジャー・スクルートン、ジョン・グレイ、アマルティア・セン、A・C・グレイリングなど枚挙にいとまがない。学問と実践の垣根の低いイギリス的アマチュアリズムの伝統は、近年は廃れているとはいえ、学者が現実の改善に貢献できる余地はなお大きい。イギリスでは、多様な分野の学者が、功績に基づいて一代貴族（life peer）に任命される（ウォーノックとオニールは無所属の、パレクは労働党の一代貴族である）ことにより、貴族院が一種の専門的審議の場としても機能する。また、とりわけ倫理に関わる政策形成においては、宗教界からのインプットも重要である。その26人の（大）主教が貴族院の聖職議員でもあるイングランド国教会のほか、スコットランド教会、カトリック教会、改革派教会等のキリスト教、そしてユダヤ級、イスラム教、ヒンドゥー教、シーク教などが、イギリスの主な宗教的伝統である。近年では、世俗主義、ヒューマニズム（人間至上主義）あるいは無神論も、一つの確立した信条として尊重されるべきだとの声も高まっている。

以上に述べたことは、当然イギリスに固有の事柄であり、社会ごとに倫理と公共政策をめぐる問題状

況は異なるが、本書を多面的な観点から理解する上での一助になればと思う次第である。[*23]（原田健二朗）

訳者謝辞

最後に、翻訳にあたってお世話になった方々にお礼を述べたい。

まず、著者のジョナサン・ウルフ先生は、ご多忙中にもかかわらず、訳者（大澤）の取材に快く応じてくださり、また日本語版序文を執筆してくださった。とくに取材の際には、ここには載せられなかったさまざまな貴重なお話をうかがうことができ、また最近の政治哲学研究の動向に関する質問にも、丁寧に意見を寄せてくださった。厚く御礼申し上げる。

本書の翻訳を勧められたのは、訳者（大澤）がＵＣＬにおいて指導教員としてお世話になった、サラディン・メックレド－ガルシア（Saladin Meckled-Garcia）先生である。先生には現在でもさまざまな指導と助言を賜っており、この場を借りて厚く御礼申し上げたい。

本書の訳出は大澤が単独で行っていたが、途中多忙となったため、原田健二朗氏に共訳を依頼した。政治思想史研究の分野で高く評価されている著書『ケンブリッジ・プラトン主義――神学と政治の連関』（創文社、２０１４年）で知られる原田氏には、他にも現代イギリス政治に関する貴重な英語論文や、ロールズについての日本語学会論文もあり、まさに気鋭の研究者である。政治哲学、現代イギリス、語学のそれぞれに十分な知識がある点で、原田氏は実に適役であった。

翻訳に際しては、大澤が日本語版序文と一、六、七、八、九章を、原田氏が謝辞、序論、二、三、四、五章、文献案内をそれぞれ担当し、訳文が完成した段階でそれを互いにチェックして意見を出し合い、改定するという作業を行った。とくに原田氏は、正確さを期しつつも読みやすさを第一に考慮して、多大な労力を払い極めて入念な訳文改定をされたことを、感謝をこめて記しておきたい。

勁草書房の渡邊光氏には、本書の企画の段階から大きなご理解とご支援、そしてご辛抱を頂き、深謝申し上げる。

なお、ウルフ先生への取材を可能にしてくれたのは北九州市立大学である。教員の研究に対して支援を惜しまない同大学、また日々お世話になっている法学部の先生方とゼミ生・その他の学生諸氏に厚く御礼申し上げたい。

また、訳者二人が多大な学恩を受けている数多くの先生方、とくに学部生の頃から指導と激励を頂いている鷲見誠一先生、堤林剣先生、萩原能久先生、田上雅徳先生に、二人から感謝を申し上げたい。

最後に、本書を手にしてくださった方々に、心から御礼を申し上げる。本書によって政治哲学と公共政策への興味を深められ、積極的に政策をめぐる議論に参加されることを願ってやまない。

（大澤　津）

注

＊1　訳者（大澤）はかつて本書について手短な書評を書いた。あわせて参照されたい。大澤津「政治哲学は公共政策にいかに取り組むべきか —— Jonathan Wolff, *Ethics and Public Policy : A Philosophical Inquiry* (London : Routledge, 2011) を読む」『政治思想学会会報』、第36号、２０１３年、７頁。

＊2　分析的政治哲学に関しては、一義的な定義がされているわけではなく、理解はさまざまである。ここでは以下の文献も参照した。ダニエル・マクダーモット「分析的政治哲学」（遠藤知子訳、デイヴィッド・レオポルド、マーク・スティアーズ編著、山岡龍一、松元雅和監訳、『政治理論入門 —— 方法とアプローチ』所収、慶應義塾大学出版会、２０１１年、15－39頁）、松元雅和『応用政治哲学 —— 方法論の探究』（風行社、２０１５年）、井上彰「分析的政治哲学の方法とその擁護」（井上彰、田村哲樹編『政治理論とは何か』所収、風行社、２０１４年、15－45頁）。

また、英米圏の政治哲学といっても、実際にはイギリスとアメリカでは状況が異なり、アメリカではより多様なアプローチが尊重されている。これにはイギリスも追随しつつあり、分析的政治哲学の深化と同時に、相対化が進んでいると言えよう。（この点についてはオックスフォード大学の蛭田圭氏に教示を頂いた。）

＊3　この点については、前掲井上「分析的政治哲学の方法とその擁護」29－32頁を参照。

＊4　アダム・スウィフト、スチュアート・ホワイト「政治理論、社会科学、そして現実政治」（大澤津訳、前掲『政治理論入門』所収、69－98頁）。

＊5　もちろん、訳者の理解した範囲での解説であるから、この解説は一つの解釈以上のものではない。あくまで本書を理解する一助にして頂ければ幸いである。なお、インタビューは２０１４年６月16日にＵＣＬのウルフのオフィスで行われた。

＊6　センの主張については、アマルティア・セン『正義のアイデア』（池本幸生訳、明石書店、２０１１年）を参照。

＊7　これに関連して、日本においても、分析的政治哲学のより具体的な政策課題への適用の問題を真剣に捉えた研究が

既に存在していることは銘記されるべきだろう。前掲の松元『応用政治哲学』は方法論から具体的応用例までを一冊でカバーする好著である。また、宇野重規、井上彰、山崎望編『実践する政治哲学』(ナカニシヤ出版、２０１２年)も参照されたい。

＊８ Rawls, J. (2005) *Political Liberalism*, Expanded Ed. Columbia University Press.

＊９ なおイギリスでは、中絶や同性愛といった問題は、アメリカにおけるほど先鋭な政治的争点と化していない。たとえば中絶については、妊娠より24週間以内の実施が認められる現行法制が、(少数の強い反対者を除けば)広く承認されており、新たな立法や見直しを要する問題とはみなされていない。

＊10 国教会の精神的福祉委員会は１９５４年の中間報告書『同性愛の問題』で、教会独自の規範とは区別される世俗法において、同性愛を非犯罪化すべきと提言した。

＊11 同性婚について、数々の世論調査では執筆時点でおおむね６－７割の支持がある。

＊12 移植の必要な難病を患う兄や姉を救うために、ドナーとして適合する遺伝子を選別して生まれた子供のこと。

＊13 キリスト教福音派を中心とする組織的な反対運動が展開され、これはイギリスにおける(アメリカ流の)「宗教右派」勢力の誕生であるとさえ論評された。

＊14 邦訳はメアリー・ワーノック、上見幸司訳『生命操作はどこまで許されるか――人間の受精と発生学に関するワーノック・レポート』協同出版、１９９２年。

＊15 Andrew Brown, 'The Practical Philosopher', *The Guardian*, 19 July 2003. http://www.theguardian.com/books/2003/jul/19/society1

＊16 もちろん、この立場をとることにより、報告書は受精後14日以内の胚は(決して殺されてはならない)生命や人格そのものではない、ということを言外に認めることになる。なおウォーノックは中絶を認める立場である。

＊17 ワーノック『生命操作はどこまで許されるか』22－24頁。

＊18 たとえば彼女は安楽死の合法化を唱えている。

＊19 ワーノック『生命操作はどこまで許されるか』45頁。

＊20 ウォーノックは、法律には哲学と異なり一義的な明快さが必要だとする。

＊21 Mary Warnock, *The Uses of Philosophy* (Oxford: Blackwell, 1992), p. 5.

＊22 イギリスは、ナチスの経験から生命操作や優生学への転化を強く警戒するドイツや、「人権」の伝統の下で人体の保護を重視するフランスなどと異なり、この分野で最も先進的な国の一つである。

＊23 以下に、現代イギリスの政治や社会、文化の全般を知るための参考書を掲げておきたい。川勝平太・三好陽編『イギリスの政治——改革に揺れる伝統国家』早稲田大学出版部、1999年。黒岩徹・岩田託子編『イギリス』河出書房新社、2007年。小池滋監修『イギリス』新潮社、1992年。小泉博一・飯田操・桂山康司編『イギリス文化を学ぶ人のために』世界思想社、2004年。ポール・スノードン、大竹正次『イギリスの社会——「開かれた階級社会」をめざして』早稲田大学出版部、1997年。アンドリュー・ローゼン、川北稔訳『現代イギリス社会史 1950―2000』岩波書店、2005年。事典類としては、イギリス文化事典編集委員会編『イギリス文化事典』丸善出版、2014年。出口保夫・小林章夫・齊藤貴子編『21世紀イギリス文化を知る事典』東京書籍、2009年。日本イギリス哲学会編『イギリス哲学・思想事典』研究社、2007年。橋口稔編『イギリス文化事典』大修館書店、2003年。

著者略歴

ジョナサン・ウルフ（Jonathan Wolff）

オックスフォード大学ブラバトニック公共政策大学院教授。著書に『ノージック――所有・正義・最小国家』（森村進／森村たまき訳、勁草書房、1994年）、『政治哲学入門』（坂本知宏訳、晃洋書房、2000年）など。

訳者略歴

大澤津（おおさわ しん）

慶應義塾大学法学部政治学科卒業。University College London, Department of Political Science/School of Public Policyにて博士課程を修了（Ph.D. in Political Science, University of London）。現在、北九州市立大学法学部政策科学科准教授。主要論文に「分配の原理と分配の制度――ロールズの財産所有制民主主義をめぐって」（『政治思想研究』第11号、2011年）、「ロールズ正義論と『意味ある仕事』」（『法哲学年報2012』、2013年）など。

原田健二朗（はらた けんじろう）

慶應義塾大学大学院法学研究科後期博士課程単位取得退学。博士（法学）。現在、慶應義塾大学非常勤講師。著書に『ケンブリッジ・プラトン主義――神学と政治の連関』（創文社、2014年）、論文に「ロールズの政治的リベラリズムと宗教――公共的理性と宗教的な包括的教説との関係」（『政治思想研究』第13号、2013年）など。

人名索引

アレニウス　Arrhenius, S.｜280
ウィクラー　Wikler, D.｜222
ウィトゲンシュタイン　Wittgenstein, L.｜225
ウィリアムズ　Williams, B.｜55, 258, 285
ウォルツァー　Walzer, M.｜237, 239-40, 241, 284
ウルストンクラフト　Wollstonecraft, M.｜262
カント　Kant, I.｜7, 25
キート　Keat, R.｜249
クリネンバーグ　Klinenberg, E.｜153-4
ゲーテ　Goethe, J. W. von｜237
サス　Szasz, T.｜93, 96
サッチャー　Thatcher, M.｜55, 184
サンスティーン　Sunstein, C.｜190
サンデル　Sandel, M.｜237, 284
シェイクスピア　Shakespeare, W.｜237
ショー　Shaw, G.B.｜193
シンガー　Singer, P.｜19, 24, 32-3, 109, 261, 281
スミス　Smith, A.｜231-4, 236
セイラー　Thaler, R.｜190
セン　Sen, A.｜12, 216, 285
タウンゼンド　Townsend, P.｜176
ダニエルズ　Daniels, N.｜176
ダン　Dunn, J.｜12
ティトマス　Titmuss, R.｜250-1
テイラー　Taylor, H.｜67
デカルト　Descartes, R.｜18
ド・マーネフ　de Marneffe, P.｜100, 106
ドゥオーキン　Dworkin, R.｜200, 201, 203, 204, 205, 208-10, 215, 218, 223, 272
ドーリング　Dorling, D.｜161
ドレベン　Dreben, B.｜4
ナット　Nutt, D.｜86-7, 282
ヌスバウム　Nussbaum, M.｜216
ノージック　Nozick, R.｜151
バーチ　Burch, R.｜45
ハート　Hart, H.L.A.｜162
ハイエク　Hayek, F.｜232-3, 236
パレート　Pareto, V.｜231
ファインバーグ　Feinberg, J.｜8
ファレリー　Farrelly, C.｜12
フサーク　Husak, D.｜90, 100, 103-6, 108-9, 282
フロイト　Freud, S.｜4, 261
ヘア　Hare, R.M.｜43
ベンサム　Bentham, J.｜23-4, 124, 151-2, 154, 170-1
マキューアン　McEwan, I.｜150-1
マッキンタイア　MacIntyre, A.｜249, 285
マルクス　Marx, K.｜147, 230, 237, 239-40, 257, 284
ミル　Mill, J.S.｜9, 61-3, 65-7, 69, 80, 82, 85, 96, 98-100, 124, 261, 282
ミルグラム　Milgram, S.｜34
ラッセル　Russell, W.｜45
ラドクリフ・リチャーズ　Radcliffe Richards, J.｜12
ルソー　Rousseau, J.-J.｜108, 155
レーヴィ　Levi, P.｜269
ロールズ　Rawls, J.｜6, 22-3, 47, 199-200, 208
ワール　Waal, H.｜93

事項索引

＊さ

＊た

＊な

＊は

参考文献

Academy of Medical Sciences (2008) *Brain Science, Addiction and Drugs* (London: Academy of Medical Sciences).

Acheson, D. (1998) *Independent Inquiry into Inequalities in Health* (London: The Stationery Office).

Adams, John (1995) *Risk* (London: UCL Press).

Adams, Peter J. (2008) *Gambling, Freedom and Democracy* (New York: Routledge).

Albrecht, Gary L. and Patrick J. Devlieger (1999) 'The Disability Paradox: High Quality of Life against All Odds', *Social Science and Medicine* 48: 977-88.

Allotey, Pascale, Daniel Reidpath, Aka Kouamé and Robert Cummins (2003) 'The DALY, Context and the Determinants of the Severity of Disease: An Exploratory Comparison of Paraplegia in Australia and Cameroon', *Social Science and Medicine* 57: 949-58.

Asch, Adrienne (2001) 'Critical Race Theory, Feminism and Disability: Reflections on Social Justice and Personal Identity', *Ohio State Law Journal* 62: 390-423.

Barry, Brian (2005) *Why Social Justice Matters* (Cambridge: Polity Press).

Beattie, J., S. Chilton, J. Covey, P. Dolan, L. Hopkins, M. Jones-Lee, G. Loomes, N. Pidgeon, A. Robinson and A. Spencer (1998) 'On the Contingent Valuation of Safety and the Safety of Contingent Valuation: Part 1-Caveat Investigator', *Journal of Risk and Uncertainty*, 17: 5-25.

Bellringer, Paul (1999) *Understanding Problem Gamblers* (London: Free Association).

Bentham, Jeremy (1843 [1803]) Panopticon versus New South Wales, in *The Works of Jeremy Bentham*, 11 vols, ed. John Bowring (Edinburgh: William Tait).

Bentham, Jeremy (1987 [1796]) *Nonsense upon Stilts*, ed. Jeremy Waldron (London: Methuen). (See 'Anarchical Fallacies' and 'Supply without Burden'.)

Bentham, Jeremy (1996 [1781]) *An Introduction to the Principles of Morals and Legislation* (Oxford: Oxford University Press).

Berridge, V. (2010) 'The Black Report: Reinterpreting History', in H. J. Cook, S. Bhattacharya and A. Hardy (eds) *The History of the Social Determinants of Health* (Andhra Pradesh, India: Orient Blackswan).

Bickenbach, Jerome (1993) *Physical Disability and Social Policy* (Toronto: University of Toronto Press).

Black, D., J.N. Morris, C. Smith and P. Townsend (1982) *Inequalities in Health: The Black Report* (London: Penguin).

Brock, Dan (1984) 'The Use of Drugs for Pleasure: Some Philosophical Issues', in H. Murray Thomas, Willard Gaylin and Ruth Macklin (eds) *Feeling Good and Doing Better* (Clifton, NJ: Humana Press), pp. 83-106.

Bruce, Anthony (1980) *The Purchase System in the British Army 1660-1871* (London: Royal Historical Society).

Burke, Edmund (2009 [1790]) *Reflections on the Revolution in France* (Oxford: Oxford University Press).〔半沢孝麿訳『フランス革命の省察』みすず書房、1997年〕

Carruthers, Peter (1992) *The Animals Issue* (Cambridge: Cambridge University Press).

Daily Mail (2004) 'Gambling with Our Futures', *Daily Mail,* 15 October. http://www.dailymail.co.uk/news/article-322008/Gambling-futures.html#ixzz0Q3nm0gW0

Daniels, Norman (1985) *Just Health Care* (Cambridge: Cambridge University Press).

Daniels, Norman (2007) *Just Health* (Cambridge: Cambridge University Press).

Davidson, Donald (1963) 'Actions, Reasons and Causes', *Journal of Philosophy* 60: 685-700.

Davies, A. (1991) 'The Police and the People: Gambling in Salford 1900-1939', *Historical Journal* 34: 87-115.

DCMS (Department of Culture Media and Sport, UK) (2001) *Gambling Review Report* (London: Stationery Office Books).

DeGrazia, David (2002) *Animal Rights: A Very Short Introduction* (Oxford: Oxford University Press).〔戸田清訳『動物の権利』岩波書店、2003 年〕

Descartes, Rene (1985 [1637]) Discourse on Method, in *The Philosophical Writings of Descartes,* vol. 1, trans. J. Cottingham, R. Stoothoff and D. Murdoch (Cambridge: Cambridge University Press).

DfT (Department of Transport, UK) (2007) *The Highway Code* (London: HMSO Books).

DH (Department of Health, UK) (2005, amended 2006) *United Kingdom Drug Situation 2005 Edition: UK Focal Point on Drugs* (London: UK Focal Point on Drugs, DH).

Dixon, Mike, Howard Read, Ben Rogers and Lucy Stone (2006) *Crime Share: The Unequal Impact of Crime* (London: Institute for Public Policy Research).

Dorling, D. (2004) 'Prime Suspect: Murder in Britain', in P. Hillyard, C. Pantazis, S. Tombs and D. Gordon (eds) *Beyond Criminology: Taking Harm Seriously* (London: Pluto Press).

Dostoevsky, F. (2008 [1867]) The Gambler, in *'Notes from the Underground' and 'The Gambler'* (Oxford: Oxford University Press).

Doughney, James (2002) *The Poker Machine State: Dilemmas in Ethics, Economics and Governance* (Melbourne: Common Ground Publishing).

Duff, R.A. (2001) *Punishment, Communication and Community* (Oxford: Oxford University Press).

Duff, R.A. and D. Garland (ed.) (1994) *A Reader on Punishment* (Oxford: Oxford University Press).

Duffy, Simon (2010) "The Citizenship Theory of Social Justice: Exploring the Meaning of Personalization for Social Workers", *Journal of Social Work Practice* 24, no. 3: 253-67.

Dunn, John (1990) 'Reconceiving the Content and Character of Modern Political Community', in *Interpreting Political Responsibility* (Cambridge: Polity Press).

Dworkin, Ronald (1981a) 'What Is Equality? Part 1: Equality of Welfare', *Philosophy and Public Affairs* 10: 185-246.〔小林公・大江洋・高橋秀治・高橋文彦訳『平等とは何か』木鐸社、2002 年所収〕

Dworkin, Ronald (1981b) 'What Is Equality? Part 2: Equality of Resources', *Philosophy and Public Affairs* 10: 283-345.〔小林公・大江洋・高橋秀治・高橋文彦訳『平等とは何か』木鐸社、2002 年所収〕

Dworkin, Ronald (1993) *Life' s Dominion* (London: HarperCollins).〔水谷英夫・小島妙子訳『ライフズ・ドミニオン――中絶と尊厳死そして個人の自由』信山社出版、1998 年〕

DWP (Department of Work and Pensions, UK) (2010) *Family Resources Survey 2008-9* (London: DWP). http://research.dwp.gov.uk/asd/frs

Elster, Jon and Ole-Jorgen Skog (ed.) (1999) *Getting Hooked* (Cambridge: Cambridge University Press).

Farrelly, Colin (2007) *Justice, Democracy, and Reasonable Agreement* (London: Palgrave).

Feinberg, Joel (1987) *Harm to Others* (New York: Oxford University Press).

Fergusson, David M., Richie Poulton, Paul F. Smith and Joseph M. Boden (2006) 'Cannabis and Psychosis', *British Medical Journal* 332: 172-75.

Foucault, Michel (1991 [1975]) *Discipline and Punish* (London: Penguin). 〔田村俶訳『監獄の誕生』新潮社、1977 年〕

Freud, Sigmund (1963 [1930]) *Civilization and Its Discontents* (London: The Hogarth Press). 〔中山元訳「文化への不満」『幻想の未来/文化への不満』光文社古典新訳文庫、2007 年〕

Gatrell, V.A.C. (1994) *The Hanging Tree: Execution and the English People 1770-1868* (Oxford: Oxford University Press).

Gigerenzer, Gerd (2002) *Reckoning with Risk* (London: Allen Lane).

Groce, Nora (1995) *Everyone Here Spoke Sign Language* (Cambridge, MA: Harvard University Press). 〔佐野正信訳『みんなが手話で話した島』築地書館、1991 年〕

Haacker, Markus (2010) 'The Macroeconomics of HIV/AIDS', in M. Hannam and J. Wolff (eds) *Southern Africa: 2020 Vision* (London: e9 Publishing).

Hall, Stanley (2003) *Beyond Hidden Dangers* (London: Ian Allan Publishing).

Hall, Wayne (2006) 'Cannabis and Psychosis', *The Lancet* 367: 193-95.

Hall, Wayne and Rosalie Liccardo Pacula (2003) *Cannabis Use and Dependence* (Cambridge: Cambridge University Press).

Hare, David (2003) *The Permanent Way* (London: Faber & Faber).

Hare, R.M. (1952) *The Language of Morals* (Oxford: Oxford University Press). 〔小泉仰・大久保正健訳『道徳の言語』勁草書房、1982 年〕

Hart, H. L. A. (1997) *The Concept of Law*, 2nd edn (Oxford: Oxford University Press). 〔長谷部恭男訳『法の概念 第 3 版』ちくま学芸文庫、2014 年〕

Hayek, F.A. [von Hayek, F.A.] (1937) 'Economics and Knowledge', *Economica* 4: 33-54. 〔嘉治元郎・嘉治佐代訳「経済学と知識」『個人主義と経済秩序』春秋社、1990 年〕

Hickman, Matthew, Peter Vickerman, John Macleod, James Kirkbride and Peter B. Jones (2007) 'Cannabis and Schizophrenia: Model Projections of the Impact of the Rise in Cannabis Use on Historical and Future Trends in Schizophrenia in England and Wales', *Addiction* 102, no. 4: 597-606.

Hills, Alison (2005) *Do Animals Have Rights?* (Cambridge: Icon Books).

Holt, E.B. (ed.) (1912) *The New Realism: Cooperative Studies in Philosophy* (New York Macmillan).

Home Office (1957) *Report of the Committee on Homosexual Offences and Prostitution* [the Wolfenden report] (London: Her Majesty's Stationary Office).

Home Office (2007) *UK Drug Strategy, National Archives* (UK) website. http://webarchive.nationalarchives.gov.uk/20100419081707/drugs.homeoffice.gov.uk/drug-strategy/

Home Office (2009) *Statistics of Scientific Procedures on Living Animals* (London: The Stationery Office). http://www.homeoffice.gov.uk/rds/pdfs09/spanimals08.pdf

Home Office (2010) *Drugs and the law, Drugs and Alcohol*, Home Office website. http://www.homeoffice.gov.uk/drugs/drug-law/.

Honderich, Ted (1971) *Punishment: The Supposed Justifications* (London: Pelican).
HSE (Health and Safety Executive) (2001) *Reducing Risk, Protecting People* (London: Her Majesty's Stationary Office).
Husak, Douglas (1989) 'Recreational Drugs and Paternalism', *Law and Philosophy* 8: 353-81.
Husak, Douglas (1992) *Drugs and Rights* (New York: Cambridge University Press).
Husak, Douglas (2002) *Legalise This! The Case for Decriminalizing Drug*s (London: Verso).
Husak, Douglas and Peter de Marneffe (2005) *The Legalization of Drugs* (Cambridge: Cambridge University Press).
ICPS (International Centre for Prison Studies) (2010) *World Prison Brief, online resource* (London: IC PS, King's College London). http://www.kcl.ac.uk/depsta/law/research/icps/worldbrief/
Illich, I. (1977) *Limits to Medicine: Medical Nemesis – The Expropriation of Health* (London: Pelican).〔金子嗣郎訳『脱病院化社会――医療の限界』晶文社、1998 年〕
Jack, Ian (2001) *The Crash That Stopped Britain* (London: Granta).
Jones-Lee, M.W., M. Harmmerton and P.R. Philips (1985) 'The Value of Safety: Results of a National Sample Survey', *Economic Journal* 377: 49-72.
Juel, K., P. Bjerregaard and M. Madsen (2000) 'Mortality and Life Expectancy in Denmark and in Other European Countries: What Is Happening to Middle-aged Danes?' *European Journal of Public Health* 10: 93-100.
Kahneman, Daniel and Amos Tversky (1979) 'Prospect Theory: An analysis of Decision under Risk', *Econometrica* 47: 263-91.
Kant, I. (1997) *Lectures on Ethics,* trans. and ed. P. Heath and J.B. Schneewind (Cambridge: Cambridge University Press).
Kaufman, Charles and Leonard A. Rosenblum (1967) 'Depression in Infant Monkeys Separated from Their Mothers', *Science* 155: 1030-31.
Keat, Russell (2000) *Cultural Goods and the Limits of the Market* (London: Palgrave Macmillan).
Kennedy, Randall (1997) *Race, Crime and the Law* (New York: Pantheon Books).
Kittay, Eva Feder (1999) *Love's Labor* (New York: Routledge).
Klinenberg, Eric (2003) *Heatwave: An Autopsy of Social Disaster in Chicago* (Chicago: University of Chicago Press).
Kynaston, David (2009) *Family Britain 1951-57* (London: Bloomsbury).
Lesieur, Henry (1977) *The Chase: Career of the Compulsive Gambler* (Garden City, NY: Anchor Press).
Levi, Primo (1958 [1947]) *If This Is a Man* (London: Abacus).〔竹山博英『アウシュヴィッツは終わらない――あるイタリア人生存者の考察』朝日新聞社出版局、1980 年〕
Levitt, Steven and Stephen Dubner (2005) *Freakonomics* (London: Allen Lane).〔望月衛訳『ヤバい経済学［増補改訂版］』東洋経済新報社、2007 年〕
Lilla, Mark (2002) *The Reckless Mind* (New York: The New York Review of Books).
MacIntyre, Alasdair (1981) *After Virtue* (London: Duckworth).〔篠崎栄訳『美徳なき時代』みすず書房、1993 年〕
MacIntyre, Alasdair (1999) *Dependent Rational Animals* (London: Duckworth).
MacLeod, John and Matthew Hickman (2010) 'How Ideology Shapes the Evidence and the

Policy: What Do We Know about Cannabis Use and What Should We Know?' *Addiction* 105, no.8: 1325-30.
Marmot, M.（2004）*Status Syndrome*（London: Bloomsbury).〔鏡森定信・橋本英樹訳『ステータス症候群――社会格差という病』日本評論社、2007 年〕
Marmot, M.（2006）'Health in an Unequal World: Social Circumstances, Biology and Disease' *Clinical Medicine* 6: 559-72.
Marx, Karl（1969［1863］）*Theories of Surplus Value*, vol. 1（London: Lawrence & Wishart).
Marx, Karl（1975a［1844］）'On Money', part of 1844 Manuscripts, in *Karl Marx Early Writings*（London: Penguin).
Marx, Karl（1975b［1845］）'Theses on Feuerbach', in *Karl Marx Early Writings*（London: Penguin).
Maslin, Mark（2008）*Global Warming: A Very Short Introduction*（Oxford: Oxford University Press).
Masters, Alexander（2005）*Stuart: A Life Backwards*（London: Harper).
McEwan, Ian（2005）*Saturday*（London: Jonathan Cape).〔小山太一訳『土曜日』新潮社、2007 年〕
Milgram, Stanley（1974）*Obedience to Authority*（New York: Harper & Row).〔山形浩生訳『服従の心理』河出文庫、2012 年〕
Mill, John Stuart（1962a［1859］）On Liberty in *'Utilitarianism' and Other Writings*, ed. M. Warnock（Glasgow: Collins).〔塩尻公明・木村健康訳『自由論』岩波文庫、1971 年〕
Mill, John Stuart（1962b［1863］）*Utilitarianism, in 'Utilitarianism' and Other Writings*, ed. M. Warnock（Glasgow: Collins).〔関嘉彦編『世界の名著 ベンサム／J. S. ミル』中央公論社、1979 年〕
Mill, John Stuart（1986）*Newspaper Writings*, ed. A.P. Robson and J.P. Robson（Toronto: University of Toronto Press).
Mishan, E.J.（1971）*Cost-Benefit Analysis*（London: George Allen & Unwin).
Moe. K.（1984）'Should the Nazi Research Data Be Cited?', Hastings Centre Report 14: 5-7.
Mwenda, Lungowe（2005）'Drug Offenders in England and Wales 2004', Home Office Statistical Bulletin 23, Home Office website. http://rds.homeofice.gov.uk/rds/pdfs05/hosb2305.pdf
NCB（Nuffield Council on Bioethics)（2005）*The Ethics of Research Involving Animals*（London: Nuffield Council). http://www.nuffieldbioethics.org/go/ourwork/animalresearch/publication_178.html
NICE（National Institute for Health and Clinical Excellence)（2008）*Guide to the Methods of Technology Appraisal*（London: NICE).
NOMS（Ministry of Justice National Offender Management Service）（2010）'Prison Population and Accommodation Briefing for 27th August 2010', Her Majesty's Prison Service website. http://www.hmprisonservice.gov.uk/resourcecentre/publicationsdocuments/index.asp?cat=85
Nozick, Robert（1974）*Anarchy, State, and Utopia*（Oxford: Blackwell).〔嶋津格訳『アナーキー・国家・ユートピア』木鐸社、1995 年〕
Nussbaum, Martha（2000）*Women and Human Development*（Cambridge: Cambridge University Press).
Nussbaum, Martha（2006）*Frontiers of Justice*（Cambridge, MA: Cambridge University Press).

Nutt, David (2006) 'A Tale of 2 Es', *Journal of Psychopharmacology* 20, no. 3: 315-17.
Nutt, David (2009) 'Equasy: An Overlooked Addiction with Implications for the Current Debate on Drug Harms', *Journal of Psychopharmacology* 23: 3-5.
Nutt, David, Leslie A. King, William Saulsbury and Colin Blakemore (2007) 'Development of a Rational Scale to Assess the Harm of Drugs of Potential Misuse', *The Lancet* 369: 1047-53.
ONS (Office of National Statistics) (2009) *Road Casualties: Deaths on Britain's Roads at All Time Low* (London: ONS). http://www.statistics.gov.uk/cci/nugget.asp?id=1208
Radin, Margaret (1996) *Contested Commodities* (Cambridge, MA: Harvard University Press).
Rawls, John (1971) *A Theory of Justice* (Oxford: Oxford University Press). 〔川本隆史・福間聡・神島裕子訳『正義論 改訂版』紀伊國屋書店、2010 年〕
Rawls, John (1982) 'Social Unity and Primary Goods', in Amartya Sen and Bernard Williams (eds) *Utilitarianism and Beyond* (Cambridge: Cambridge University Press), pp. 159-85.
Rawls, John (1989) *Political Liberalism* (New York: Columbia University Press).
Rawls, John (1999a) *The Law of Peoples* (Cambridge, MA: Harvard University Press).
Rawls, John (1999b) 'A Kantian Conception of Equality', in *Collected Papers* (Cambridge, MA: Harvard University Press), pp. 254-66.
RCG (Royal Commission Gambling) (1978) *Royal Commission on Gambling* (Rothschild Commission) (London: Her Majesty's Stationary Office).
Reeves, Richard (2007) *John Stuart Mill: Victorian Firebrand* (London: Atlantic Books).
Ricaurte, G.A., J. Yuan, G. Hatzidimitriou, B.J. Cord V.D. McCann (2002) 'Sever Dopaminergic Neurotoxicity in Primates after Common Recreational Dose Regimen of MDMA ("Ecstasy")', *Science* 297, no. 5590: 2260-63.
Ricaurte, G.A., J. Yuan, G. Hatzidimitriou, B.J. Cord V.D. McCann (2003) 'Retraction', letter to the editor to retract Ricamte *et al.* 2002, *Science* 301, no. 5639: 1479.
Rousseau, Jean-Jacques (1973a [1754]) Discourse on Inequality, in *The Social Contract and Discourses,* ed. G.D.H. Cole, J.H. Brumfitt and John C. Hall (London: Everyman). 〔本田喜代治・平岡昇訳『人間不平等起原論』岩波文庫、1972 年〕
Rousseau, Jean-Jacques (1973b [1762]) The Social Contract in *The Social Contract and Discourses,* ed. G.D.H. Cole, J.H. Brumfitt and John C. Hall (London: Everyman). 〔桑原武夫・前川貞次郎訳『社会契約論』岩波文庫、1954 年〕
RSSB (Rail Safety and Standards Board) (2008) *ASPR Overview 2008* (London: RSSB). http://www.rssb.co.uk/sitecollectiondocuments/pdf/reports/ASPR%202008%20Overview.pdf
Russell, W.M.S. and R.L. Burch (1959) *The Principles of Humane Experimental Technique* (London: Methuen). 〔笠井憲雪訳『人道的な実験技術の原理』アドスリー、2012 年〕
Ryder, Richard (1975) *Victims of Science* (London: Davis-Poynter).
Sandel, Michael (1998) *What Money Can' t Buy: The Moral Limits to Markets,* The Tanner Lectures in Human Values (Salt Lake City, UT: Tanner Humanities Center, University of Utah). http://www.tannerlectures.utah.edu/lectures/documents/sandel00.pdf
Sandel, Michael 'A New Citizenship', Reith Lectures, BBC Radio 4, 9-30 June. http://bbc.co.uk/programmes/b00kt7sh
Satz, Debra (2010) *Why Some Things Should Not Be for Sale* (New York: Oxford University Press).
Sayre-McCord, Geoffrey (ed.) (1988) *Essays on Moral Realism* (Ithaca, NY: Cornell University

Press).

Schelling, Thomas (1984 [1968]) 'The Life You Save May Be Your Own', rpt. in Thomas Schelling (ed) *Choice and Consequence* (Cambridge, MA: Harvard University Press); originally published in S. Chase (ed.) *Problems in Public Expenditure Analysis* (Washington, DC: The Brookings Institution, 1968).

Scruton, Roger (2000) *Animal Rights and Wrongs,* 3rd edn (London: Metro).

Sen, Amartya (1980) 'Equality of What?', in S. McMurrin (ed.) *Tanner Lectures on Human Values* (Cambridge: Cambridge University Press), pp.195-220.〔大庭健・川本隆史訳「何の平等か？」『合理的な愚か者』勁草書房、1989 年〕

Sen, Amartya (1999) *Development as Freedom* (Oxford: Oxford University Press).〔石塚雅彦『自由と経済開発』日本経済新聞社、2000 年〕

Sen, Amartya (2009) *The Idea of Justice* (London: Allen Lane).〔池本幸生訳『正義のアイデア』明石書店、2011 年〕

Shakespeare, Tom (ed.) (1998) *The Disability Reader* (London: Cassell).

Shakespeare, Tom (2006) *Disability Rights and Wrongs* (London: Routledge).

Shaw, G.B. (1946) *The Doctor' s Dilemma* (London: Penguin). (First produced 1906, published 1911.)

Sher, George (2003) 'On the Decriminalization of Drugs', *Criminal Justice Ethics* 22: 12-15.

Silvers, Anita, David Wasserman and Mary B. Mahowald (1998) *Disability, Difference, Discrimination* (Lanham, MD: Rowman & Littlefield).

Singer, Peter (1989) 'All Animals Are Equal' in T. Regan and P. Singer (eds) *Animal Rights and Human Obligations,* 2nd edn (Englewood Cliffs, NJ: Prentice-Hall), pp. 148-62.

Singer, Peter (1995) *Animal Liberation,* 4th edn (London: Pimlico).〔戸田清訳『動物の解放』人文書院、2011 年〕

Smith, Adam (2003 [1777]) *The Wealth of Nations,* bks I - III (London: Penguin).

Sproston, Kerry, Bob Erens and Jim Orford (2000) *Gambling Behaviour in Britain: Results from The British Gambling Prevalence Survey* (London: National Centre for Survey Research). http://www.gamblingcommission.gov.uk/research_consultations/research/bgps/bgps_2000.aspx

STC (House of Commons Science and Technology Committee) (2006) *Drug Classification: Making a Hash of It?* (London: The Stationary Office).

Stuckler, D., S. Basu and M. McKee (2010) 'Budget Crises, Health, and Social Welfare Programmes', *British Medical Journal* 340: c3311.

Sunstein, Cass R. (1995) 'Incompletely Theorized Agreements', *Harvard Law Review* 108: 1733-72.

Sunstein, Cass R. (2002) *Risk and Reason* (Cambridge: Cambridge University Press).

Szasz, Thomas (1992) *Our Right to Drugs* (New York: Praeger).

Terzi, L. (2004) 'The Social Model of Disability: A Philosophical Critique', *Journal of Applied Philosophy* 2: 141-57.

Thaler, R.H. and C. Sunstein (2008) *Nudge* (New Haven CT. Yale University Press).〔遠藤真美訳『実践 行動経済学』日経BP社、2009 年〕

Titmuss, Richard (1970) *The Gift Relationship: From Human Blood to Social Policy* (London: Allen & Unwin).

Tremain, Shelley (1996) 'Dworkin on Disablement and Resources', *Canadian Journal of Law and Jurisprudence* 9: 343-59.

United Nations (1948) *Universal Declaration of Human Rights,* United Nations website. http://www.un.org/en/documents/udhr/ (accessed 27 June 2010).

von Hirsch, Andrew, Anthony E. Bottoms, Elizabeth Burney and P.O. Wikstrom (1999) *Criminal Deterrence and Sentence Severity: An Analysis of Recent Research* (Oxford: Hart Publishing).

Waal, Helge (1999) 'To Legalize or Nor to Legalize: Is That the Question?', in Jon Elster and Ole-Jorgen Skog (eds) *Getting Hooked* (Cambridge: Cambridge University Press).

Walzer, M. (1983) *Spheres of Justice* (New York: Basic Books).〔山口晃訳『正義の領分』而立書房、1999 年〕

Wardle, Heather, Kerry Sproston, Jim Orford, Bob Erens, Mark Griffiths, Rebecca Constantine and Sarah Pigott (2007) *British Gambling Prevalence Survey 2007* (London: National Centre for Survey Research). http://gamblingcommission.gov.uk/research_consultations/research/bgps/bgps_2007.aspx

Webster, C. (2002). *The National Health Service: A Political History,* 2nd edn (Oxford: Oxford University Press).

WHO (World Health Organization) (2000) *World Health Report 2000* (Geneva: WHO).

WHO (World Health Organization) (2006) *Basic Documents* (Geneva: WHO). http://apps.who.int/gb/bd/PDF/bd47/EN/constitution-en.pdf (accessed 27 June 2010).

WHO (World Health Organization) (2008) *The Top Ten Causes of Death,* Fact Sheet 310 (Geneva: WHO). http://www.who.int/mediacentre/factsheets/fs310/en/index.html (accessed 27 June 2010).

WHO (World Health Organization) (2009) *World Health Statistics* (Geneva: WHO)

Wikler, Daniel (1979) 'Paternalism and the Mildly Retarded', *Philosophy and Public Affairs* 8: 377-92.

Wilkinson, R. (2001) *Mind the Gap* (New Haven, CT: Yale University Press).〔竹内久美子訳『寿命を決める社会のオキテ』新潮社、2004 年〕

Wilkinson, R and K. Pickett (2009) *The Spirit Level* (London: Allen Lane).〔酒井泰介訳『平等社会』東洋経済新報社、2010 年〕

Williams, Bernard (2005) *In the Beginning Was the Deed* (Princeton, NJ: Princeton University Press).

Williams, Bernard (2006 [1986]) *Ethics and the Limits of Philosophy* (London: Routledge).〔森際康友・下川潔訳『生き方について哲学は何が言えるか』産業図書、1993 年〕

Wittgenstein, Ludwig (2009 [1953]) *Philosophical Investigations* (Oxford: Oxford University Press).〔藤本隆志訳『哲学探究』大修館書店、1976 年〕

Wolff, Jonathan (2002) *Railway Safety and the Ethics of the Tolerability of Risk* (London : Rail Safety and Standards Board). http://www.rssb.co.uk/SiteCollectionDocuments/pdf/policy_risk.pdf

Wolff, Jonathan (2006a) 'High Stakes', Guardian, 5 December. http://www.guardian.co.uk/education/2006/dec/05/schools.news

Wolff, Jonathan (2006b) 'Risk, Fear, Blame, Shame and the Regulation of Public Safety' , *Economics and Philosophy* 22: 409-27.

Wolff, Jonathan (2007a) 'What Is the Value of Preventing a Fatality?', in Tim Lewens (ed.) *Risk: Philosophical Perspectives* (London: Routledge).

Wolff, Jonathan (2007b) 'Harm and Hypocrisy: Have We Got It Wrong on Drugs?', *Public Policy Research* 14: 126-35.

Wolff, Jonathan (2007c) 'Market Failure, Common Interests, and the Titanic Puzzle', in K. Lippert-Rasmussen and N. Holtug (eds) *Egalitarianism: New Essays on the Nature and Value of Equality* (Oxford: Oxford University Press).

Wolff, Jonathan (2008) 'Crime and Punishment', *Prospect* 144, 28 March.

Wolff, Jonathan (2009a) 'Disability among Equals, in Kimberlee Brownlee and Adam Cureton (eds) *Disability and Disadvantage* (Oxford: Oxford University Press), pp. 112-37.

Wolff, Jonathan (2009b) 'Disability, Status Enhancement, Personal Enhancement and Resource Allocation', *Economics and Philosophy* 25: 49-68.

Wolff, Jonathan (2009c) 'Cognitive Disability in a Society of Equals', *Metaphilosophy* 40: 402-15.

Wolff, Jonathan and Avner de-Shalit (2007) *Disadvantage* (Oxford: Oxford University Press).

Wollstonecraft, Mary (2008 [1792]) *'A Vindication of the Rights of Women' and 'A Vindication of the Rights of Men'* (Oxford: Oxford University Press).

Wolmar, Christian (2001) *Broken Rails* (London: Aurum).〔坂本憲一訳『折れたレール――イギリス国鉄民営化の失敗』ウェッジ、2002 年〕

Wootton, D. (2006) *Bad Medicine: Doctors Doing Harms since Hypocrites* (Oxford: Oxford University Press).

「正しい政策」がないならどうすべきか
政策のための哲学

2016年10月25日　第１版第１刷発行
2017年２月20日　第１版第２刷発行

著　者　ジョナサン・ウルフ

訳　者　大《おお》澤《さわ》　津《しん》
　　　　原《はら》田《た》健《けん》二《じ》朗《ろう》

発行者　井　村　寿　人

発行所　株式会社　勁《けい》草《そう》書　房

112-0005 東京都文京区水道2-1-1　振替 00150-2-175253
（編集）電話 03-3815-5277／FAX 03-3814-6968
（営業）電話 03-3814-6861／FAX 03-3814-6854
堀内印刷所・松岳社

ISBN978-4-326-15440-1　　Printed in Japan

＊落丁本・乱丁本はお取替いたします。
http://www.keisoshobo.co.jp

広瀬巌著 齊藤拓訳
平等主義の哲学
ロールズから健康の分配まで
A5判 二八〇〇円 10253-2

牧野智和
自己啓発の時代
四六判 二九〇〇円 65372-0

高史明
レイシズムを解剖する
在日コリアンへの偏見とインターネット
四六判 二三〇〇円 29908-9

岸政彦
街の人生
四六判 二〇〇〇円 65387-4

＊表示価格は二〇一七年二月現在。消費税は含まれておりません。